Ruth Kraft
Menschen im Gegenwind

Vision
Verlag

Ruth Kraft

Menschen im Gegenwind

Die Heimkehr

Roman

Vision Verlag
Berlin

Neufassung 1993

ISBN 3-928787-06-3
1. Auflage 1993
Vision Verlag GmbH Berlin
Umschlag: Ines Bussenius
Herstellung: Nationales Druckhaus GmbH, Berlin
Foto: Manfred Vollmer

Plato über den Frieden:

Schüler:
Meister, Sie sprechen ja immer über dasselbe!

Plato:
Mein Freund, es geht auch immer um dasselbe.

Erstes Buch

Der goldene Stuhl

1 Prolog unterm Himmel
2 Heim und Kind
3 Lebenskunst
4 . . . werfen ihre Schatten voraus
5 Mut zur Wahrheit
6 Geschäfte und Freunde
7 Komplikationen
8 Journalisten

1
Prolog unterm Himmel

Papier – Papier – Papier!

Es ist kaum zu glauben, welche Mengen man in rund acht Jahren vollschreiben kann.

Aus den geöffneten Türen des altmodisch monströsen Schreibtisches quollen Stöße loser Blätter heraus. Mappen und Ordner, sperrig geworden vom Zuviel der Manuskriptseiten, verklemmten die Schubfächer.

Buchstaben – Wörter – Sätze, schwarz auf weißem Grund. Das sind Gedanken, Erfahrungen, Erkenntnisse von acht Jahren. Genaugenommen von rund dreißig Jahren. Denn Erkenntnisse sind nicht loszulösen von frühen Erlebnissen, und diese nicht von Eindrücken aus der ersten Zeit des erwachenden Bewußtseins.

Eva zauderte oft, las ein paar Zeilen, blätterte eine Mappe durch, seufzte, zerriß. Ein Umzug ist gleich Inventur. Weg mit allem Belanglosen. Es ist Ballast, für die Transportleute wie für einen selbst. Die neue Wohnung hat zwar einen zweckmäßigen Grundriß, ist aber sehr eng für drei Personen. Die Zeit der Manuskript- und Gazettenstapel auf den Bücherregalen muß aufhören. In einer hellen Neubauwohnung mit geraden Wänden gehört sich das so. Hier in dem alten Hause, wo die Winkel unter dem schrägen Mansardendach sich geradezu anbieten zum Horten von Schriften und Büchern, war es verzeihlich.

Jahrgängeweise hatte es sich angesammelt: das Schönste, das Interessanteste aus der Kunst, der Welt der Frau, der Naturfreunde. Weihnachtsabend in Fuhlsbüttel, Eindrücke vom Elendsviertel Hamburgs, letzte Nummer des Jahrgangs 1952. Der damalige Redakteur hatte die Erzählung ein aktualisiertes Gegenstück zu Andersens Mädchen mit den Schwefelhölzern genannt.

Lange her, daß sie so etwas geschrieben hatte. Wozu auch? Heute würde diese Geschichte das gleiche Schicksal erleben wie ihre «Unromantische Reise durchs Altmühltal».

Die lag bei den unveröffentlichten Arbeiten ziemlich zuoberst. Das leichte Durchschlagpapier hatte sich verklemmt, es schien, als habe sich der alte Schreibtisch in geheimer Wut darein verbissen. Er war ein pietätvolles Möbelstück.

Die neuen Titel, vor allem des letzten Jahres, gab er freiwillig her. Der Werbetext für die Firma Viktor Glaesele & Sohn, ferner eine Reportage für die Zeitschrift der Pflanzenliebhaber Klivie bildeten den Grundstock für die neue Wohnung. Bagatellen waren es, die Honorare gebracht, die geräuschlos arbeitende Schreibmaschine ermöglicht hatten, eine neue Couch, die Aufbesserung der Garderobe.

Teller, Tassen, Väsele
kaufst preiswert du bei Glaesele.

Ein Augenblickseinfall war zum Schlager geworden.

Eva Leonhard fand es kurios, daß gerade ihr wachsender beruflicher Ehrgeiz sie vor acht Jahren in diese Mansardenwohnung geführt hatte. Sie war es überdrüssig, amerikanische Konserven abzuspielen. So nannten sie das im Studio, wenn die Tonbänder sendefertig über den Ozean geliefert wurden und die Schulfunkredaktion nur noch die thematische Verteilung innerhalb des vorliegenden Sendeschemas verantwortete.

Ihr Umzug, damals über einige hundert Kilometer hinweg, ließ sich leichter bewältigen als der jetzige, der sie nur in ein anderes Stadtviertel brachte. Vier Jahre nach dem Krieg hatte sie nicht mehr besessen als das, was in zwei Koffer und eine kleine Bücherkiste hineinging. Burgl, Rainer und Martin Uhlig bestimmten die Richtung ihres Weges. Sie zog aus der Fremde zu Freunden.

Martin besorgte ihr die Wohnung und erstand sogar vor ihrer Ankunft billig die notwendigsten Möbel. Die früheren Bewohner hatten einen Stuhl zurückgelassen, dessen gedrechselte Beine aussahen, als hätten Kinder aus hölzernen Röllchen Türme bauen wollen. Aber eine Besonderheit des Stuhls gab den Ausschlag, daß Martin einen Sonntagvormittag opferte und die durchgesessene Sitzfläche erneuerte. Der Stuhl war vergoldet.

Dieses Unikum galt es zu erhalten. Beim ersten gemeinsamen Streifzug durch die Stadt erstanden sie in einem Trödelladen zwei Stühle im Empirestil, die zwar wurmstichig waren, aber zu dem Goldstück paßten. «Solange du da oben wohnst, werden sie halten», sagte Martin und dachte wohl nicht, daß volle acht Jahre darüber vergehen würden. Er sah das Zimmer nur als Provisorium an. Eva wußte es, ohne daß er es betonte. In einem Berliner Restaurant hatte er einmal von Weltreisen im eigenen Flugzeug gesprochen, die er, der Testflieger und Ingenieur, mit ihr nach dem Kriege machen wollte. Zwei Stunden später waren die Wände des Lokals zusammengestürzt. Seitdem sprach er nicht mehr gern aus, was er an Wünschen hegte. In der mittleren Schublade des Schreibtisches lag sein Bild, in graues Leder gerahmt, neben Briefen ihres Vaters, graublauen Luftpostumschlägen mit New Yorker Poststempeln. Eva legte Bild und Briefe auf den goldenen Stuhl

Der Zahnarzt Albert Leonhard, vor dreiundzwanzig Jahren emigriert, hatte kein Verlangen, nach Deutschland zurückzukehren. Seine Tochter wiederzusehen, war der einzige Grund, der ihn schließlich zu einer Reise bewog. Und wenn schon Europa, dann erst die Schweiz, Österreich – Vorstufen, Zwischenglieder, ehe man die Luft des Landes wieder atmete, das einen ausgespien hatte. Vierzehn Tage mit ihm in einer stillen Pension bei Salzburg waren sehr wichtig gewesen. Jetzt, da alles ausgesprochen war, was trotz eines langjährigen Briefwechsels zwischen ihnen gestanden hatte, freute Eva sich auf die Zeit, in der sie ihm ein Zuhause bieten konnte. Er sollte bleiben, solange ihm Europa behagte.

Der deutsche Boden brachte ihm auch diesmal kein Glück. Im Zug zwischen Donaueschingen und Konstanz erlitt er einen Herzanfall. Seine Gefährtin Alice brachte ihn in ein Kliniksanatorium im Schwarzwald. Das Kursbuch lag im Mittelschubfach obenauf. Die eingelegte Fahne wies auf Anschlußzüge über Freiburg. Sooft Eva es einrichten konnte, fuhr sie zu ihm.

Sie glaubte Schritte im Treppenhaus zu hören. Eine Tür schlug zu, dann war wieder alles still. Sie mußte sich beeilen. Zu dem Stapel Persönliches auf dem goldenen Stuhl gesellte sich noch ein naturwissenschaftliches Fachbuch, eigentlich nur ein Heft, auf schlechtem Papier gedruckt. Zwischen den

Seiten lag ein goldenes Gliederkettchen, kostbares Lesezeichen. Ein Lehrbuch der Kernphysik sollte auf dieser Grundlage entstehen. Heute war der Autor Hans Tiefenbach vermutlich zehnmal klüger als das Bändchen.

Es klingelte dreimal. Das Zeichen des Telegrammboten. Evas einziger Gedanke war: Vater. Alice bat sie zu kommen. Vaters Zustand sei ernst. Verstört sah Eva auf die Kisten, die leeren Wände. Abblasen, alles abblasen. Die neue Wohnung – unwichtig.

Der Zug fraß Kilometer um Kilometer. Jede Minute, brachte sie zwar dem Vater näher, bedeutete aber zugleich das langsame Abbröckeln einer begrenzten Frist. Die Augen blicklos auf die Landschaft gerichtet, fragte sich Eva, welche Frist war dem Vater noch gegeben? Waren es Tage, Stunden? Oder war eine dieser träge kriechenden Minuten schon bestimmt als Grenzort der Zeit eines Menschenlebens, dem sie das ihre verdankte? Sie sträubte sich so intensiv gegen die Vorstellung des Ärgsten, daß ihr ganz elend wurde.

Sie sah den Vater vor sich, auf dem Salzburger Bahnhof, als sie sich das erstemal gegenüberstanden: Ein Mann mit schütterem grauem Haar, einem empfindsamen schwermütigen Mund, mit verstohlen beobachtenden Blicken unter schweren Augenlidern. Herzklopfen, Scheu, verursacht durch Mißverständnisse, die dem Briefwechsel der letzten Jahre etwas Unruhiges gegeben hatten, beeinträchtigten in den ersten Tagen ihr Zusammensein. Ihre Gespräche waren Teile einer Aufgabe, der sie sich beide unterzogen. Sie wurden getrieben von einer tiefen Sehnsucht, in dem anderen das Wunschbild zu entdecken, so etwas wie einen gemeinsamen Herzrhythmus herauszufinden. Wenn sie sich am Frühstückstisch trafen, war sein Morgengruß ein deutliches Abbild der langsamen Annäherung. Vom Handkuß ging er über zum Hauch auf die Stirn oder Wange, wie es wohlwollende Väter bei erwachsenen Töchtern tun. Am vierten Tage war der Bann gebrochen. Er küßte sie herzhaft auf den Mund.

Sie hatte noch den Klang seiner heiseren Stimme im Ohr, als er meinte, sich für seinen Gefühlsausbruch entschuldigen zu müssen. Seine Stimme – ob sie sie jemals wieder hören würde? Niemand sprach ihren Namen so aus wie er. Die Betonung lag auf dem E, das er klangvoll dehnte, das V wurde weich, und das A kam ganz kurz, fast wie ein E. An jenem vierten Tage, es war auf einem Ausflug nach Mattsee, gestand er ihr, daß er sich abergläubisch vor der ersten Begegnung gefürchtet habe, weil sie jetzt gerade so alt sei wie ihre Mutter, als sie sich von ihm trennte.

Das Geständnis hatte Eva sehr bewegt. Obgleich es für sie beide qualvoll war, beschwor er die Szene noch einmal herauf, wie die knapp fünfunddreißigjährige Lucie Leonhard mehrere SA-Männer in Langenbrück soweit in Schach hielt, daß sie ihr persönliches Eigentum nicht anrührten. Als „Arierin" auf Gütertrennung bedacht, rettete sie den größten Teil der Einrichtung und drängte die Braunen in die Praxisräume ab. Dort blieb von den Instrumenten, der Bibliothek und den Forschungsarbeiten nichts übrig. Der Druck seines Armes verriet der Tochter mehr als Worte. Die Gleichheit des Alters bedeutet nicht die Gleichheit des Charakters. Lucie war tot, und Eva hatte Langenbrück den Rücken gekehrt. Als es vorteilhaft wurde, sich auf antifaschistische Verwandtschaft zu berufen, ließ sie ihren Namen vom Bruder der Mutter nicht mißbrauchen.

«Als wir nach Salzburg fuhren, war er aufgeregt wie ein Liebhaber», hatte Alice ihr erzählt. «Ich hätte nicht gedacht, daß Europa ihn so anstrengt. Von innen her kommt die Anstrengung. Er lauscht auf jedes deutsch geführte Gespräch, im Zug, im Theater, auf der Straße.» Die Anstrengung von innen war schuld daran, daß er auf der Reise krank wurde.

Alice erwartete sie am Bahnsteig. Die beiden Frauen verständigten sich wortlos. Eva stand wie betäubt. Da war es, das Nie-Wieder.

2
Heim und Kind

Auf dem modernen hellen Schreibtisch, Leonhards Geschenk für die neue Wohnung, lag alles gehäuft, was von ihm geblieben war. Seit Tagen wollte Eva sichten und wegräumen. Statt dessen ging sie mit geschlossenen Augen daran vorbei.

Die lederne Reisetasche, der noch der herbe Geruch von Kölnisch Wasser anhaftete, schob sie unter den goldenen Stuhl. Nachdem der Stuhl in Evas Briefen aufgetaucht war, hatte Leonhard ihn zu einer Art Symbol erhoben: «Wir sind ja nicht auf Rosen gebettet, aber einen Trost habe ich: Meine Tochter sitzt auf einem goldenen Stuhl.» Noch im Sanatorium hatte er sie ermahnt: «Vergiß nicht, ihn aufzuladen, wenn du umziehst, ohne den Goldthron ist mir deine Wohnung nur halb soviel wert.» Nun stand der Stuhl unter Denkmalschutz.

Nebenan im Zimmer mit der Loggia arbeitete Dorothee Wickram an der Töpferscheibe. Unter ihren kräftigen Händen wuchs aus dem platten Tonkuchen eine bauchige Vase. Für Rainer eine neue Welt. Skeptisch betrachtete er die bemalten Gefäße auf den Gestellen. Die aufgetragenen Farben waren kaum erkennbar, die Glasuren matt und milchig. Erst die Hitze des Brennofens würde «das Dekor zum Blühen bringen». Rainer bedauerte, das nicht beobachten zu können. Dorothee besaß keinen eigenen Ofen. Ihr Geld steckte in der Wohnung, und in der Lebensgemeinschaft mit dem geschäftstüchtigen Wulf Hotop hatten sich bisher alle Probleme wie von selbst gelöst. Er nutzte die Verbindung zu einem Freund, dessen Tochter ebenfalls Keramikerin war. In Angelika Gründlers Brennofen war an bestimmten Tagen Platz für Dorothees Kollektionen. Eva hatte, als sie davon erfuhr, den Kopf geschüttelt. Unabhängig werden und lieber das Auto verkaufen. Ihre Ahnungslosigkeit empörte Dorothee. «Soll ich mit meinem Töpferkram im Koffer losziehen? Ich wäre bei den Kunstgewerbehändlern sofort unten durch, wenn ich wie ein Packesel ankäme. Es ist so schon schwer, die Preise zu halten.» Nein, ein Auto war das mindeste, was sie, die hochgewachsene Dorothee Wickram mit dem kupferroten Wuschelkopf und den braunen Augen, brauchte. Hotop hatte, als er die Wohngemeinschaft löste, Einsicht genug, ihr den Wagen zu lassen. Auch daß sie wieder leidlich ins Geschäft gekommen war, ging auf einen Tip von ihm zurück. «Sei nicht kleinlich bei der Spende für die Tombola. Keine zweite Wahl. Glaesele ist vom Fach.»

Tatsächlich hatte der Chef der Keramikfirma Glaesele & Sohn, Präsident des Automobilklubs, die Spenden für die Tombola des Sommerfestes selber begutachtet. Hotops Devise: Man muß es nur verstehen, sich im rechten Augenblick ins rechte Licht zu rücken, – war ein gutes Stück Lebenskunst. Bei Viktor Glaesele hatte sie einen Doppelsieg errungen, das wußte sie, fachlich wie persönlich. Hotop erfuhr nur vom geschäftlichen Resultat. Daß Glaesele zwei Entwürfe für die Serienherstellung in seiner Fabrik angekauft hatte, buchte Hotop als gemeinsam errungenen Erfolg.

Rainer entdeckte beim Blättern in einem Katalog den Namen unter einem farbigen Foto moderner Badezimmereinrichtungen. «Ist das der Väsele-Glaesele, für den Eva den komischen Vers gereimt hat?»

Dorothee nickte selbstzufrieden. «Ich habe ihr den Auftrag vermittelt. Wenn sie sich ranhält, kann sie sogar an einem Werbefilm mitarbeiten.»

«Dabei verdient man wohl gut?»

«Wenn Werbung ein Schlager wird, das macht Kasse.» Dorothee erhob sich von ihrem Drehschemel und spreizte die lehmverschmierten Finger. «Hilfst du mir noch ein bißchen aufräumen? Ich erwarte Besuch, und dann gibts Apfelstrudel.»

Rainer trödelte die Straße entlang, zwischen den Zähnen die Reste des Apfelstrudels. Der war gut, aber Herr Hotop, dem zuliebe Dorothee ihn gebacken hatte, war das Gegenteil – ungenießbar. Der Herr Oberleutnant a. D. hatte wohl nicht damit gerechnet, daß Eva ein Anhängsel mitbrachte beim Einzug in die beiden Zimmer, die vor kurzem noch ihm selber gehört hatten. Oder vielleicht hatte er erfahren, daß ein gewisser Leutnant Rolf Küppers sich geweigert hatte, den Krieg bis zum Ende mitzumachen? Trotzdem stand im Klassenbuch hinter dem Namen ein Kreuz.

Mütter wurden in Klassenbüchern höherer Schulen nicht erwähnt. Rainer fand das ungerecht. Dabei hätte er vielleicht sein Leben lang den Namen seiner Mutter tragen müssen, wenn Eva nicht die Adoption bei den Großeltern durchgesetzt hätte. Schwendtmayr! Klang eigentlich viel hübscher. Vor allem hätte es einen immer wiederkehrenden Spaß gegeben, weil jeder neue Lehrer zunächst den Namen hinten aier oder gar eier geschrieben hätte. Aber soviel wußte Rainer inzwischen: mit dem Namen seiner Mutter säße er nicht im Herzoglichen Gymnasium. Kinder von unverheirateten Müttern hatten dort nichts verloren. Es war kurz vor seiner Einschulung, als Herr Donath, sein Vormund, ihn mit nach Tübingen nahm und ihm erklärte, daß diese fremden Leute auch Küppers hießen und seine nächsten Verwandten wären.

Abends weinte Rainer das Kopfkissen naß vor Sehnsucht nach Tante Burgls warmer Wohnküche. Bei den Briesangs in Schwenndorf war er zu Hause, solange er denken konnte. Warum hieß er nicht Briesang wie Monika, die er bis zu seinem ersten Schultag für seine Schwester gehalten hatte? Briesang-Schwendtmayr-Küppers, und Donath kam auch noch hinzu. Es war gar nicht so leicht für einen kleinen Jungen, den Zusammenhang dieser vier Namen zu durchschauen. Briesang, das war die Gegenwart, der Alltag mit allem Drum und Dran. Mit der Pflicht, Grünfutter für die Kaninchen zu rupfen, mit Schelte für zerrissene Hosen; Tante Burgls Sonntagskuchen, die kleine Angel, die Onkel Werner ihm bastelte, alles gehörte dazu. Schwendtmayr, das war der Seufzer um etwas Verlorenes, geheimnisvoll verwoben mit dem zärtlichen Namen Steffi. Seine Geburt und ihr Tod lagen dichter beieinander als Weihnachten und Fastnacht. Nur zwei Menschen sprachen von ihr: Eva und Tante Burgl. Niemand sonst hatte sie gekannt. Sie wurde für ihn bei den Dämmerstundengesprächen in der Schwenndorfer Wohnküche zur Legende.

Dagegen schritt der Name Küppers kühn und selbstbewußt einher. Er war gut verwurzelt, war Zukunft. «Handwerk hat goldenen Boden», sagte der Großvater. Für einen kleinen Kerl wie Rainer bedeutete das: Skier zu Weihnachten, den ersehnten Fußball zum Geburtstag. «Ich sehe noch heute Rolf im Tor stehen.» Der vom Fußball zu seinem Vater überleitete, das war Onkel Philipp. Der vierte Name: Donath. Alleinstehender Onkel, der Rolf Küppers «wie einen Sohn geliebt» hatte. Jetzt war er Vertreter der Obrigkeit. Das wird dein Vormund entscheiden, hieß es, wenn die Großeltern andere Pläne mit ihm hatten als Briesangs oder Eva.

Die Klammer um alle vier Namen war Eva. Sie hatte sie alle zusammengeführt. Um seinetwillen. Jedem hatte sie einen Zipfel des großen Sprungtuchs in die Hände gedrückt, in das er hineingeworfen war. Flüchtling, durch Zufall überlebend. Ein Menschenbündel ohne Namen, gerettet von Burgl. Schwendtmayr, das genügte nicht fürs Klassenbuch einer höheren Schule. Haltet ihn fest, haltet ihn straff. Einer gibt den Namen, der andere darf erziehen, der dritte darf darüber wachen, weil es so verlangt wird.

«Wenn ich erst eine richtige Wohnung habe, kommst du zu mir, Rainer.» Mit der Verheißung wurde der Name der ferngerückten Mutter wieder Nähe. Eva – Steffi! Jetzt hatte Eva die Verheißung wahrgemacht, er durfte bei ihr wohnen. Aber damit drang sie zugleich in die Bereiche des Alltags ein: Straffe Kontrolle der Hausaufgaben, Ermahnungen, vielsagender Blick bei der letzten Lateinarbeit, die wieder mißraten war. «Auch wenn Dr. Kramp nicht dein Fall ist . . .» Rainer hatte es plötzlich eilig, nach Hause zu kommen.

Das also war Evas neue Behausung. Prüfend sah Martin Uhlig sich im Zimmer um. Keine Improvisationen mehr. Ordnung überall, jedes Ding an seinem Platz. Es bereitete ihm eine gewisse Genugtuung, daß er ihrer ersten Einladung nicht gefolgt war. Der verzögerte Besuch erhielt mehr Gewicht. Zum Einstand überreichte er ihr eine Flasche Steinwein.

«Der paßt genau zum Essen», sagte sie und verzog sich mit dem Bocksbeutel gutgelaunt in die Küche.

Eva war jetzt Mitte Dreißig. Als sie von Frankfurt kam und durch seine Vermittlung die Mansardenwohnung bezog, brachte sie den festen Willen zu einem geordneten bürgerlichen Leben mit. Uhlig war froh darüber. Er verlangte Ruhe und Beständigkeit im Privatleben. Die Arbeit im Chemischen Apparatebau Süd, CA Süd genannt, erforderte seine ganze Konzentration. Der Aufstieg war ihm nicht leicht geworden. Beinahe sieben Jahre hatte er gebraucht, um dem Personalchef Lepp aufzufallen. Der war heute noch stolz auf seine einstigen roten Biesen. Ingenieursschulterstücke an einer Uniform nahm er als Wichtigtuerei. Schließlich aber hatten Uhligs Berichte der Amerikareise, basierend auf exakten wissenschaftlichen Beobachtungen, den Generaldirektor Maihuber aufhorchen lassen und den Weg in das Entwicklungsbüro der verzweigten Firma freigemacht.

Der Atombombentest in Nevada gehörte zu den erregendsten Erlebnissen in Uhligs Leben. Er wollte zuerst vor Eva gar nicht darüber sprechen, aber sie ließ nicht locker. Nach anfänglichem Zögern hatte er berichtet. Ohne Zwischenfragen folgte sie der Schilderung des Tests, für den man eigens eine Modellstadt in der Wüste errichtet hatte. Darin lebensgroße Puppen: Taxifahrer, Frauen beim Einkaufen, spielende Kinder. Gefahrenzonen drückte man in Quadratkilometern aus. Der CA-Süd entwickelte ein Bunkermodell: Magerbeton als Strahlenschutzdecke, Schächte mit Luftfiltern gegen Radioaktivität.

«Schauerlich», sagte sie und wiederholte das Wort mehrmals. Sie kam davon nicht los, und die Harmonie des Abends war gestört, wieder einmal.

An diesem Tage wollte er ihre gute Stimmung nicht aufs Spiel setzen. Mit appetitlich angerichteten Geflügelfleischpasteten, seinem Lieblingsgericht, kam sie aus der Küche. «Ich habe Dorothee eben meine Idee für Glaeseles Werbefilm auseinandergesetzt. Findest du es blasphemisch, wenn ich den jungen Goethe bemühe, für Glaesele-Keramik zu werben?»

Er verstand nicht. Was hatte Goethe mit Keramik zu tun?

«Der kleine Wolfgang warf einmal das Küchengeschirr seiner Eltern zum Fenster hinaus. Nachzulesen in ‹Dichtung und Wahrheit› Band eins. Vom kaputten Geschirr lebt die Firma Glaesele & Sohn. Also – schon der junge Goethe zerschlug Porzellan und wurde trotzdem ein Genie.»

«Du hast dich ja zum Reklameexperten ersten Ranges gemausert», sagte er spöttisch.

«Ohne Psychologie geht es gerade dabei nicht.»

«Schade daß ich dir meinen New Yorker Freund nicht vorstellen kann. Er ist Demoskop. Das heißt, er analysiert die menschlichen Schwächen, denen die Industriewerbung ihre Erfolge verdankt.»

«Ein Tiefenboy also. Nehmen sich diese Männer eigentlich selber ernst?»

«Sie nehmen sich ernster als die Leute, die sie analysieren. Seine Diplomarbeit bringe ich dir mal mit. Vielleicht nützt sie dir.» Er hob ihr das gefüllte Glas entgegen. «Viel Glück in der neuen Behausung.» Seine umherschweifenden Blicke blieben an einem aus Stroh geflochtenen Mobile im Fensterrahmen hängen. «Rainer ist ein geschicktes Kerlchen. Was sagt eigentlich die Küppers-Sippschaft dazu, daß du ihn bei dir hast? Haben sie dir das Pflegerecht überlassen?»

Eva ahmte die steife Haltung und den Tonfall der Frau Hortense Küppers nach: «Korrekt ist der Entscheid unseres Vetters Donath nicht, und es ist nur ein Verzicht auf Zeit, nicht wahr, Arthur?»

Uhlig hatte Frau Küppers kurz kennengelernt. Eva traf den Ton genau. «Paß nur auf, daß Rainers Zeugnisse besser werden, sonst legt die strenge Dame ihr Veto ein.»

«Hack nicht auf Rainer rum, darin bin ich empfindlich.»

Er setzte sich, den Aschenbecher in der Hand, zu ihr auf die Couch. «Rate mal, worin ich empfindlich bin.» Zur Tür lauschend, stichelte er: «Muß man hier jeden Augenblick darauf gefaßt sein, daß deine Töpferin hereinkommt?»

Ein buntes Kissen in den Rücken gestopft, lehnte Eva in der Ecke. «Es hat dich wohl sehr getroffen, daß ich mir die Wohnung genommen habe, daß Rainer hier ist und daß ich bei Glaesele ins Geschäft komme – alles ohne mit dir vorher schön Familienrat zu halten, was?» Sie warf sich herum und schleuderte ihm das Kissen zu. «Ach, du begreifst es nie. Auch unsereiner braucht etwas, das er aus eigener Kraft geschaffen hat.»

So – die Wohnung, das war also ein Sieg, und der Triumph über die Küppersleute, das war ebenfalls einer. Er variierte Fallada: «Jeder siegt für sich allein.» Er griff nach ihrem Handgelenk. «Wenn ich eine Komfortdienstwohnung habe, läßt du mir diesen Sieg auch allein?»

Sie wurde ernst. «Du hast mich in der unbequemen Mansardenwohnung lange hingehalten. Immer sollte sich bei dir ‹bald› etwas ereignen. Um Rainer zu bekommen, war das hier die letzte Chance. Briesangs können ihm für die Schule keine Stütze mehr sein, er wäre sonst bei den Küppers' gelandet.»

«Immer wieder der Junge. Du weißt, er stört mich nicht, aber allmählich muß ich doch annehmen, daß er dir nähersteht als ich.»

«Das ist doch etwas ganz anderes.»

Er streifte sie mit einem unsicheren Seitenblick. Wie sie das sagte – es klang verführerisch weich und glaubwürdig. Er konnte den Lichtschalter erreichen. Eine Straßenlampe tauchte das Zimmer in diffuse Dämmerung. Sie war gelöst wie selten, lud ihn aber nicht zum Bleiben ein.

3
Lebenskunst

Das eigentliche Zuhause war für Rainer noch immer Schwenndorf. Als Eva am Sonntagvormittag eintraf, saß er mit Monika und Werner Briesang auf der Eckbank beim Quartettspiel. Burgl säumte ein Kleid, das sie für Eva geändert hatte. Das Dichterquartett war neu, und Rainer erklärte der neunjährigen Monika, wer Homer sei.

Briesang spöttelte: «Bei den Alten weißt du besser Bescheid als bei den Neuen. In alter Geschichte Eins, in der Neuzeit – na, Vier plus.»

«Wir haben ja auch mehr Latein als Deutsch», gab Rainer zurück. «Doktor Kramp sagt, das ist die Grundlage für den gebildeten Menschen.»

«Hauptsache, man bleibt nicht auf der Grundlage hocken. Ein Baumeister brächte auf die Weise nie ein normales Haus zustande, geschweige denn ein Hochhaus.»

Rainer sammelte nachdenklich die Karten ein. «Glaubst du, daß Lehrer einen belügen, Onkel Werner?»

«Wissentlich bestimmt nicht.»

«Aber wenn sie etwas verheimlichen, das ist doch fast wie eine Lüge.» Rainer blinzelte Eva zu.

«Es geht um Carla Winter, die Fliegerin», sagte Eva. Sie hat vor den Schülern der mittleren Klassen gesprochen. Da kam mir zu viel von der ‹deutschen Sendung› vor. Ich mußte einfach was richtigstellen.»

«Und da hast du ihm von der V1 erzählt und von den Plänen, Soldaten hineinzusetzen, die die Dinger ins Ziel steuern sollten!» Briesang sah Eva an, als dächte er: Das sieht dir ähnlich. Bei einem Rundgang durch den Garten griff er das

Thema noch einmal auf. «Wenn du Rainer erzählt hast, daß sich die Winter dafür eingesetzt hat, kannst du ihm nicht verbieten, darüber zu sprechen.»

«Daß er es dem Lehrer auch noch schriftlich gibt – im Klassenaufsatz –, hätte nicht unbedingt sein müssen.»

«Vielleicht wollte er sich auch ein bißchen großtun, was er von der Kriegsheldin weiß.» Briesang blieb spottlustig. «Und wenn dir mal die Ideen fürs Werbegeschäft ausgehen sollten, hast du viel Stoff, über die Leute zu schreiben, die dir in deinen Inseljahren über den Weg gelaufen sind. Allein so eine Dame wie Frau Glaesele gibt was her.»

«Du meinst – für die Klatschspalte.» Eva winkte ab. «Nichts für mich, die Frau Rosemarie, ehemals Klemt. Kennst du sie denn?»

«Bei uns in der Tongrube, wo der Stoff herkommt, aus dem all das bunte zerbrechliche Zeug gemacht wird, da läßt sich Madame nicht blicken. Nein, ich weiß von ihr nur aus den Zeitungen, als ihr Mann in die hohe Politik einstieg.»

Eva wußte wenig darüber. Damals hatte sie sich für das Glaesele-Unternehmen noch nicht interessiert. Briesang, der alte Gewerkschafter, kannte die Einzelheiten um so besser. Unmittelbar nach den Landtagswahlen hatte sich herausgestellt, daß in der Kasse der Regierungspartei totale Ebbe herrschte. Die Scherflein der kleinen Parteigenossen des Landesverbandes waren in dunkle Kanäle geflossen. Die Druckereien, die Wahltraktate und Plakate gedruckt hatten, konnten ebensowenig bezahlt werden wie die großen Tageszeitungen, die ganzseitige Aufrufe zur Wahl gebracht hatten. «Viktor Glaesele war offenbar der einzige Mann, der es sich leisten konnte, seiner Partei den Skandal zu ersparen.» Briesang klopfte seine Pfeife aus. «Und die Voraussetzungen für einen passablen Vorsitzenden bringt er ja auch mit. Seither kann kein Bauherr es wagen, auf Kacheln, Fliesen und sonstiges Hygienezubehör von Glaesele zu verzichten. Das ist offenes Geheimnis im Baugewerbe und gilt fürs ganze Ländle.»

«Und ich helfe dem Glaesele noch mehr die Kassen füllen, das wolltest du doch sagen, nicht wahr?» Eva sah Briesang schief an. Sie wußte, was er von der Werbebranche hielt. «Ich brauch das Geld aber, zum Teufel, ich muß doch auch leben. Glaubst du, Vaters Tod hat mich zum Krösus gemacht? Oder soll ich wegen jeder Schuhsohle für Rainer zu den Tübingern laufen? Ich hab auch keinen Garten und kein Eingemachtes im Keller.» Eva stockte. Ging sie nicht zu weit? Burgl hatte Petersilie geschnitten und sich zu ihnen gesellt. Vorwürfe hatten beide nicht verdient. Briesang legte begütigend den Arm um Evas Schulter. Er nahm ihr den Ausbruch nicht übel.

«Ich meine nur, du solltest dich nicht vor jeden beliebigen Karren spannen lassen.»

«Da kann ich ja froh sein, daß mein Auftraggeber keine Raketenrampen baut.»

«Das ist allerdings ein Argument.»

«Goethes Jugendstreiche haben Sie also inspiriert, sieh mal an.» Viktor Glaesele betrachtete wohlwollend die junge Frau. Er hatte sie in sein Büro bestellt, weil er nach dem Exposé neugierig auf sie geworden war. Überdies lebte sie Tür an Tür mit Dorothee Wickram, die ihn mehr beschäftigte, als für einen Mann in seiner Position gut war.

Bisher hatte er die Verhandlungen mit Eva Leonhard seinem Werbeleiter Thomalla überlassen. Um den Werbespot, der über Leinwände und Bildschirme flimmern sollte, kümmerte er sich selber. Wie sie den Übermut des kleinen Wolferl Goethe über einen Penaten, einen skurrilen Hausgeist, mit der Gegenwart in Parallele setzte, das war recht phantasievoll. Er bot ihr seine besten Zigaretten an. „Für den Schluß hätte ich noch ein paar Änderungsvorschläge. Wir müssen unserem Kindergeschirr mehr Raum geben. Das Walt-Disney-Muster besteht aus mehr als zwei Dutzend Motiven. Die wollen untergebracht sein.»

«Für die Trickzeichnungen des Penaten wüßte ich einen guten Graphiker. Da gibt es viel Kleinarbeit.»

Glaesele lächelte nachsichtig. «Sie möchten einem freischaffenden Freund zu einem Job verhelfen. Warum nicht? Ich will ihn mir gern vormerken.»

Rosemarie Glaesele saß vor dem Toilettenspiegel, als ihr Mann das Ankleidezimmer betrat. «Du kommst spät. Martina hat schon die ersten Gäste oben. Norberts Freunde haben abgesagt. Die Mädchen sind enttäuscht. Aber ich hab's kommen sehen. Es ist keine dabei, die ihm liegt.»

«Dein Sohn ist eben wählerisch und bevorzugt ältere Jahrgänge. Das legt sich später», sagte Glaesele anzüglich. «Ich hatte übrigens Besuch. Die Autorin für unseren Werbefilm. Als Väsele-Glaesele hat sie uns ja gut eingeführt.»

«Also wieder die Leonhard?» Rosemarie unterbrach für einen Augenblick ihr Schminkzeremoniell.

«Warum nicht? Sie hat Ideen.»

«Weiß Gott, das hat sie damals schon bewiesen», höhnte Rosemarie.

Glaesele stutzte. «Du kennst sie?»

«Sie hat in Reinhard Klemts Abteilung gearbeitet. Genügt dir das?»

Er lachte. «Hat sie mit Klemt etwas gehabt?»

Rosemarie überhörte die Herausforderung. «Such dir einen anderen Werbetexter. Du findest sie dutzendweise.»

«Ich soll die hübsche Idee verschenken? Wir würden uns ja selber schaden. Sie verbindet die alte Kultur mit dem modernen Alltag, gibt einen Schuß Humor dazu, genau das, was die Leute wollen. Und wie sie das macht – fast elegant.»

«Schlau macht sie es wahrscheinlich. Wie Juden das eben fertigbringen.»

«Ach nein. Und so belastet konnte sie auf eurer Geheiminsel arbeiten?»

«Durch einen raffinierten Dreh natürlich. Klemt hat's erst spät erfahren, da hatte sie sogar ihn eingewickelt.»

«Wenn die Juden ihren Witz für unsere Zwecke anwenden, sind sie mir gar nicht unsympathisch.»

«Hast du dich vor deiner neuen Mitarbeiterin auch ins rechte Licht gerückt? Mit einem entsprechenden Honorar?»

«Anfänger verwöhne ich nicht.» Glaesele machte eine leichte Verbeugung und wandte sich zur Tür. «Da halte ich mich immer an zivile Preise.»

Zivile Preise, das war ein geflügeltes Wort zwischen ihnen. Sie hatte es öfter gebraucht nach den Verhandlungen mit dem Baurat, als es darum ging, das Haus am Hang günstig zu taxen. Eine der Episoden, die zu den Tabus der Familie Glaesele gehörte.

Tabus gab es auch in ihrem eigenen Leben. Ob die Leonhard etwas wußte von ihrer Tätigkeit in der Magdeburger Dienststelle, wo sie, Rosemarie Klemt, sich angeboten hatte, nach dem Peenemünder Großangriff? Erfolg im Abwehrdienst blieb lautloser Ruhm. Nein, nein, nicht einmal Norbert ahnte etwas. Nach den Minuten ruhiger Überlegung fand sie es lächerlich, daß die Leonhard sie so aus der Fassung bringen konnte.

Das Fest der Jugend war längst im Gange, als Mechthild Kamprad im Hause ihres Bruders eintraf. Martina, das siebzehnjährige Geburtstagskind, saß zwischen ihren Freundinnen und ließ auf dem neuen Tonbandgerät heiße Musik ablaufen. Den likör- und südweintrinkenden jungen Damen zuckte es in den Beinen, doch Norbert machte keine Anstalten, eine von ihnen zum Tanz aufzufordern. Eine kleine Rotbackige zog ihn einfach vom Hocker. «Rock 'n' Roll – Rock 'n' Roll!»

Norbert paßte sich überraschend schnell dem Rhythmus an und spielte den Dämonischen. Sie wanden sich, warfen sich aneinander und stießen sich voneinander ab. Das Gesicht des Mädchens flammte, je dämonischer sich Norbert gab. Er zog sie an sich, drehte sich wie ein Kreisel, riß sie hoch, und dann, als er sie losließ, taumelte sie und fiel. Er half ihr auf, sie schien benommen, aber glücklich. Den Riß in ihrem hellblauen Nylonkleid bemerkten zuerst die anderen.

«Norbert!» Rosemaries gereizte Stimme brachte den Sohn zur Besinnung. «War das nötig?»

Er strich sich das Haar zurück. «Ihr wolltet es ja nicht anders haben. In so einem Kleid tanzt man auch nicht Rock 'n' Roll.» Norbert murmelte eine flüchtige Entschuldigung und wandte sich Mechthild Kamprad zu, die er in der offenen Flügeltür entdeckt hatte. «So bin ich nun mal, Tante Mechthild, alles oder nichts.»

Mechthild hatte einen Blick seiner rotbackigen Tänzerin aufgefangen, die ihm längst verziehen hatte. «Kümmre dich noch ein bißchen um die Kleine», flüsterte Mechthild ihm zu. Noch nie hatte sie Norbert so außer sich gesehen wie bei dem Tanz. Seit der Junge, elfjährig, wegen eines Hüftgelenkleidens etliche Monate im Kliniksanatorium Klüterlingen ihr Patient gewesen war, beschäftigte er sie weit mehr als ihre Nichte Martina. Bei dem mäßig intelligenten Mädchen traten Ehrgeiz, verletzte Eitelkeit und ein übersteigertes Selbstwertgefühl offen hervor, während die Grundzüge des Jungencharakters viel schwieriger zu erkennen waren. Das gespannte Verhältnis Norberts zu seiner Mutter mußte Ursachen haben, die weit in seine Kindheit zurückreichten. Mechthild seufzte. Was hätte sie für einen Sohn gegeben. Zärtlich ruhte ihr Blick auf dem braungebrannten Jungen, der dem Äußeren nach ein Klemt sein mochte, denn er sah der kühlen blonden Rosemarie so gar nicht ähnlich. Seine Augenbrauen zuckten nervös, als er das Zimmer verließ. Hinter der Glastür stand seine Mutter.

Mechthild ließ sich von ihrem Bruder Feuer geben für ihr helles Zigarillo. Eine Marotte, die in diesem Hause belächelt wurde, was sie aber nicht störte.

Glaesele hatte seine jüngste Schwester lange nicht gesehen. Natürlich war sie wieder ohne ihren Mann gekommen. Die Entschuldigungen für sein Fernbleiben von den Familienfesten waren so weit hergeholt, daß keiner sie mehr ernst nahm. Diesmal waren es Vorbereitungen für eine Reise nach Japan. «Fliegt ihr direkt nach Tokio? Oder gibt es in den Staaten eine Zwischenstation?» erkundigte sich Viktor.

«Japan ist nicht nur Tokio», sagte Mechthild. «Es geht um eine Friedenskonferenz.»

«Doch nicht etwa – Hiroshima?»

«Nagasaki.» Sie betonte jede Silbe.

«Das ist nicht einfach Japan.»

«Du hast recht, es ist mehr. Es ist ein Symbol. Man sollte Wallfahrten dorthin veranstalten. Hier – diese Jugend hinschicken.» Ganz ruhig sagte es die kleine, mollige Frau, mit einem Blick hinüber zu den lachenden Mädchen.

In Glaesele stieg der Zorn hoch. «Eure Attacken gegen die Gesundheitsbehörden haben mir schon Ärger genug bereitet. Nun auch das noch.»

«Ich verstehe dich nicht, Viktor», sagte Mechthild sanft. «Du bist doch ein christlicher Politiker. Pacem in terris. Den Sündenfall des Jahrhunderts solltest du genauso verdammen wie Rudolf und ich es tun.»

Glaesele sah, daß die Maihubers eingetroffen waren. Willkommener Anlaß, das Gespräch abzubrechen. Als

Mechthild Anstalten machte, sich ihm anzuschließen, sagte er gönnerhaft: «Wenn du nur begreifen wolltest, wie gut gemeint meine Warnungen sind.» Ohne ihre Erwiderung abzuwarten, eilte er auf seine ältere Schwester zu. Arm in Arm mit Rosemarie betrat Wendla Maihuber das Zimmer. Ihr Mann, der Graumelierte mit dem gutgeformten Kopf, stand bereits inmitten der jungen Mädchen. Er schien strahlender Laune.

Glaesele bat den Schwager ins Kaminzimmer. «Du siehst nach guten Nachrichten aus. Gibt's was Neues bei euch?»

Maihuber war ein Dutzend Jahre älter als Glaesele, er machte es sich im bequemsten Sessel behaglich. «Erinnerst du dich an das Bonmot, das ich vor zwei Jahren von Genf mitbrachte?»

«Von der Atomenergiekonferenz?» Glaesele hatte nichts vergessen. «Köpfe sind wichtiger als Reaktoren, stimmts?»

«Eben. Ich habe einen an der Angel. Einen Goldfisch, wenn mich nicht alles täuscht.»

«Daß du nicht im Trüben fischst, glaube ich dir unbesehen. Wo kommt er her?»

«Du wirst es kaum glauben. Aus den Staaten. Rosemarie wird ihn vermutlich kennen.»

«Zwei auf einen Streich.» Glaesele rieb sich die Hände. «Erst die Leonhard . . .»

Maihuber kam nicht mehr zu der Frage, die ihm auf der Zunge lag, denn Glaesele rief seiner Frau zu, die sich der Tür näherte: «Rosemarie, kennst du einen gewissen Doktor Tiefenbach?»

«Ja», antwortete sie gedehnt. «Aber wieso? Hängt das mit der Leonhard zusammen?»

Glaesele war überrascht. Er konnte sich darauf keinen Vers machen.

Maihuber erfaßte die Zusammenhänge schneller. «Das war wohl eine – wie soll ich sagen – eine Clique damals auf eurer Insel?»

Rosemarie bekam ihren unnahbaren Blick. «Mag sein. Aber die Leonhard gehörte nicht dazu. Zwischen den beiden war ganz etwas anderes.»

An diesem Abend war an die Schwägerin nicht mehr heranzukommen. Maihuber lächelte in sich hinein. Mit den wenigen Sätzen hatte sie ihm fürs erste genug verraten. Er wandte sich Martina zu. Das Mädchen hatte es neben so einer Stiefmutter schwer, und sie litt darunter.

4
. . . werfen ihre Schatten voraus

Bis in die Fingerspitzen war Konrad Maihuber ein kraftvoller Mann. Wo er seine kurzfingrige breite Hand besitzergreifend hinlegte, war sie so leicht nicht wieder zu verdrängen. Als der Personalchef Lepp das Zimmer betrat, lag diese Hand auf einem Packen Zeitschriften. Bulletin of Atomic Scientists.

Lepp registrierte wortlos den Titel der amerikanischen Fachzeitschrift, wog Geste und Blick des Generaldirektors und sagte dann: «Also Tiefenbach macht das Rennen?»

Maihuber bot seinem Mitarbeiter eine Zigarre an. «Sie billigen meine Wahl noch immer nicht, wie mir scheint. Haben Ihre Nachforschungen etwas Negatives ergeben?»

«Leider nein.»

«Warum leider?»

«Weil sich überhaupt nichts ergeben hat. Weder so noch so. Tiefenbach führt drüben ein recht unauffälliges Leben.»

Lepps Gesicht ähnelte einem auf die Spitze gestellten großen Ei. Besonders, wenn er besorgt war. Die Spitze wirkte dann noch schärfer. Maihuber, der diese Anzeichen zu deuten wußte, fand es an der Zeit, seinem Personalchef tiefere Einblicke in sein augenblickliches Lieblingsprojekt «Rückführung Tiefenbach» zu geben. Bisher hatte er sich, als neugewählter Präsident der Fördergesellschaft Elektron, lediglich mit dem Generalsekretär Wedelstedt darüber ausgetauscht. Jetzt brauchte er auch Lepps Mitarbeit. Die Konferenz über Physik höchster Energien sollte im März des kommenden Jahres stattfinden. Zur gleichen Zeit lief Tiefenbachs Vertrag in Princeton ab. «Ich glaube, mein lieber Lepp, Sie überschätzen die Figur Tiefenbach ein wenig. Ich werde diesen Herrn nicht einmal in unseren Betrieben arbeiten lassen.»

Lepp war verblüfft. «Ich sah ihn im Geiste schon im CA-Süd als Leiter der Forschungsabteilung.»

Maihuber genoß die Überraschung des alten Strategen. «Vermutlich würde Tiefenbach davon gar nicht erbaut sein. Er sucht größere Bewegungsfreiheit, wenn er Amerika aufgibt. Die Elektron ist die geeignete Plattform für ihn.»

«Und der CA-Süd?»

«Wird äußerste Zurückhaltung bewahren.» Noch immer weidete sich Maihuber an der schlecht verhohlenen Bestürzung des Generals a. D. «Glauben Sie mir, der Mann geht uns trotzdem nicht verloren.» Er schob Lepp ein hektographiertes Blatt hin. «Haben Sie die Industrie-Information schon gelesen? Der Verteidigungsminister hat vor amerikanischen Pressevertretern recht offen seine Meinung gesagt.»

Lepp hatte sich bereits damit beschäftigt. Der Minister wußte das Verbot der Alliierten, keine Kernwaffen auf deutschem Boden herzustellen, höchst spitzfindig zu interpretieren. Für Forschungsarbeiten oder für Entwürfe auf dem Reißbrett gebe es keine Beschränkungen.

Maihubers zupackende Hand fiel auch auf dieses Papier. «Nun also, das Programm zeichnet sich ab. Unser Gewissen wird bald wieder schneeweiß sein, und bis dahin hat sich Herr Tiefenbach bei uns eingelebt. Soweit wir da nachhelfen können, auch in der privaten Sphäre, werden wir es tun.»

Martin Uhlig betrat das Büro des Generaldirektors erst zum drittenmal in seiner siebenjährigen Zugehörigkeit zum CA-Süd. Das erstemal, es war vor der Reise nach den USA, erhielt er die dringliche Weisung, bei dem Bombentest Augen und Ohren aufzusperren. Das zweitemal, unmittelbar nach der Amerikareise, konnte er berichten, daß er Augen und Ohren aufgesperrt hatte. Und nun hatte Lepp ihn darauf vorbereitet, daß der Chef sich über seinen früheren Kollegen Tiefenbach informieren wolle.

«Bedauerlicherweise habe ich ihn bei meinem Besuch in Nevada nicht sprechen können», antwortete Uhlig auf Maihubers einleitende Frage. «Ich erfuhr zu spät, daß er sich unter den Beobachtern in einem der Bunker befand.»

Maihuber winkte ab. «Das ist nicht so wichtig. Sie werden

spätestens während der Physikerkonferenz Gelegenheit haben, Ihren alten Freund wiederzusehen. – Er war doch Ihr Freund?»

«Man kann es so nennen", sagte Uhlig zögernd. «In Briefverbindung stehen wir allerdings schon lange nicht mehr.»

Lepp schaltete sich ein. «Hat das besondere Gründe?»

«Keine nennenswerten. Man verliert sich eben mit der Zeit aus den Augen.» Uhlig begann sich über die Fragen zu ärgern.

Maihuber merkte es und besänftigte. «Da haben Sie vollkommen recht. Aber alte Freundschaften sind schnell wiederhergestellt, wenn man sich gegenübersteht. Übrigens hoffen wir, daß es Herrn Tiefenbach in der Heimat gefallen wird.»

Uhlig stutzte. «Haben Sie Anhaltspunkte, daß er zurück will?» Befremdet wanderten seine Blicke zwischen den beiden Männern hin und her. Keiner äußerte sich direkt, doch Maihuber wurde plötzlich gesprächig.

Er brachte die Genfer Atomenergiekonferenz ins Spiel, die er, wie andere Industrielle auch, von der Galerie aus als Beobachter miterlebt hatte. Durch persönliche Gespräche in den Foyers des Palais der Nationen habe er erfahren, daß nicht alle deutschen Wissenschaftler in den Staaten heimisch geworden wären. Sehnsucht nach der deutschen Kultur sei eine starke Triebkraft. Von Vortragsreisen nach Europa wäre manch einer nur deshalb wieder in die USA zurückgekehrt, weil ihm die lohnende Aufgabe in Deutschland nicht geboten wurde oder weil das Geld fehlte für eine Übersiedlung mit der ganzen Familie. Warum sollte man einem Mann wie Tiefenbach nicht behilflich sein, zumal es in den Statuten der Elektron-Gesellschaft verankert sei, deutsche Forscher zu sammeln und in Härtefällen zu unterstützen? Die Fördergesellschaft sei zufällig auf Tiefenbach gestoßen und sehe durchaus Möglichkeiten, ihm die besagten Hindernisse aus dem Weg zu räumen.

«Wobei eine Familienübersiedlung nicht zur Debatte steht, soviel ich weiß», warf Uhlig trocken ein. «Wie ich ihn kenne, kommt er mit dem Handkoffer.»

Lepp wurde überraschend freundlich. «Sympathische Charakteristik.»

«Aber er hat in all den Jahren nicht einen einzigen Europatrip gemacht», gab Uhlig zu bedenken.

«Ein sicheres Zeichen, daß er fürchtete, von dem Fluidum der Heimat ergriffen zu werden. Wir wüßten keinen besseren als Sie, Herr Uhlig, der unseren Gast am Flugplatz empfangen könnte. Die ersten Tage überbrücken, na, Sie wissen schon, wie das ist.»

Hör' schon auf, dachte Uhlig. Der sentimentale Maihuber mißfiel ihm ebenso wie der neugierige Lepp. Wozu sie Tiefenbach brauchten, verrieten sie natürlich nicht.

Zum Schluß kam Maihuber auf die Neuordnung im CA-Süd zu sprechen. «Sie sind seit sieben Jahren bei uns, Herr Uhlig. Vor einem Jahr wollten Sie sich verändern. Aber da gab es für die vakanten Posten ältere, verdiente Anwärter. Jetzt läßt sich eher etwas machen im Rahmen der Reorganisation unserer Betriebe. Fahren Sie doch mal nach Aschingen ins Zweigwerk. Es ist ein Betrieb unserer Tochtergesellschaft. Er wird stark ausgebaut. Sehen Sie sich die Sache einmal an.»

Damit war Uhlig verabschiedet. Lepp geleitete ihn zur Tür. Nach einem kräftigen Räuspern sagte er, als handle es sich um etwas streng Vertrauliches: «Könnten Sie uns das Buch beschaffen, das Tiefenbach zusammen mit einem gewissen Leupold geschrieben hat? So etwas ist charakteristischer als Abhandlungen in den Zeitschriften.»

Uhlig überlegte. «Es war eine geringe Auflage, kurz vor Kriegsende. Das meiste ist wohl verlorengegangen.»

«Sie täten uns einen großen Gefallen.»

Der Fahrstuhl surrte in den fünften Stock hinauf. Durch die Fensterscheiben des Treppenhauses blinkte die herbstliche Nachmittagssonne. Steig ein, Eva, müßte man sagen, laß uns hinausfahren. In der Alb tragen die Bäume goldene Blätter. Du merkst davon gar nichts in deinem steinernen Traumheim. So viel Poesie, Martin? Sie wäre mit Recht erstaunt. Er hatte sie nie mit gefühlsbetonten Einfällen verwöhnt. So war er nun einmal. Er kam an diesem Nachmittag nicht wegen der lockenden Herbstsonne zu ihr, es galt, Lepps Auftrag zu erfüllen. Dienstliche Angelegenheit also. Daß sie ihn zu Eva führte, war Zufall. Uhlig korrigierte sich. Zufall war es nicht, daß Eva Tiefenbachs Buch besaß. Wie würde sie die Nachricht von seiner Rückkehr aufnehmen?

Aber mußte sie es denn erfahren? Jetzt schon – und ausgerechnet durch ihn? Zu seiner Aufgabe gehörte das nicht. Ehe der März kam, würde noch Schnee vom Himmel fallen, Tauwetter einziehen und – die Direktorenwohnung in Aschingen würde ihm gehören. ... wartet auf tüchtige Hausfrau!

Nein, Uhlig wollte keine Kraftprobe riskieren. Schatten mochten Schatten bleiben. Wann war Hans Tiefenbachs Name zwischen ihnen zum letztenmal gefallen? ... Die Modellstadt wurde atomisiert, und du weißt bestimmt, daß er dabei war? – Glaub mir, er war zur Nullzeit in Nevada ... In ihrem dunklen Blick las er das Urteil. Es war das beste, bei dem Namen nicht zu verweilen, wenn er schon ausgesprochen werden mußte. Uhlig drückte den Klingelknopf. Eva öffnete, war überrascht. Um diese Zeit war er gewöhnlich im Werk.

«Ich fahre nach Klüterlingen», sagte er, «und da wollte ich im Vorbeifahren nur mal hereinschauen.»

«Was zieht dich nach Klüterlingen?»

«Ein Krankenbesuch. Carla Winter ist bei den Kamprads im Parkhaus als Patientin.» Daß es auch bei diesem Besuch um eine Information über Tiefenbach ging, behielt er für sich.

«Laß die Winter nur noch eine Weile dort. Sie redet neuerdings zu viel. Laß dir von Rainer erzählen, was in seiner Schule los ist. Ich mach' uns inzwischen einen Kaffee.»

Rainer war eingetreten, neugierig, weil er etwas von dem Gespräch aufgeschnappt hatte. Seine Augen waren groß und ernsthaft auf Uhlig gerichtet. «Was sie mit der V1 vorhatte, das finden Sie doch auch unmenschlich, nicht wahr?»

Uhlig wich dem forschenden Blick aus. «Krieg ist Krieg. Ihr Jungen habt keine Ahnung, was das bedeutet hat. Da ging's ums Ganze. Krieg hat eigene Gesetze. Es schadet gar nichts, wenn die Jugend das erfährt.»

«Aber nicht im Tonfall der Soldatenzeitung.» Evas Hand zitterte beim Einschenken des Kaffees. «Die Pallas Athene der Aeronautik. Alle soldatischen Tugenden zieren sie ...

Ja, die Fahne ist mehr als der Tod. Das klingt mir recht fatal im Ohr.»

«Sei nicht ungerecht, Eva.» Uhlig konnte in diesem Augenblick auch nicht den kleinsten Streit gebrauchen. Als Rainer sich zurückzog, versuchte er, zum Thema zu kommen. «Ist dir beim Umzug vielleicht das Buch von Leupod-Tiefenbach in die Hände gefallen?»

«Hat es denn noch fachlichen Wert?» fragte Eva verblüfft.

«In gewisser Hinsicht, ja. Ich möchte etwas nachschlagen.»

Unbefangen gab sie es ihm. Zwischen den Seiten entdeckte er ein goldenes Kettchen. «Das behältst du wohl lieber hier.» Die langsam vorsichtige Art, wie sie nach dem Kettchen griff, erschien ihm wie eine Zeremonie. Sein Blick wurde dunkel.

«Was willst du eigentlich», sagte sie, «von dieser Seite hast du doch nichts zu befürchten.»

«Du gibst mir nichts zu befürchten – aber auch nichts zu hoffen.»

Der Vorwurf traf sie. Mit unsicherer Stimme sagte sie: «Wenn du wirklich meinst, daß das Leben hoffnungsvoller wird nach dem Akt auf dem Standesamt, dann wollen wir's doch tun.»

Er sah sie betroffen an. Sekundenlang standen sie Auge in Auge. Ihr Blick war so voller Ratlosigkeit, daß er sich schämte, sie hintergangen zu haben. «Ich wäre gern mit dir verheiratet, wenn mein alter Rivale wiederkommt. Aber so nicht. Nein, Eva, so nicht.»

«Er ist schon lange kein Rivale mehr», sagte sie schroff. «Wann will er kommen?»

«Im März, zur Physikerkonferenz.» Uhlig lächelte über die Hartnäckigkeit, mit der sie seinem Blick standhielt. «Vergessen hast du ihn jedenfalls nicht – all die Jahre.»

«Keinen meiner alten Freunde habe ich vergessen. Doch gehört Hans jetzt zu denen, die am Schaltpult sitzen und very nice sagen, wenn das Atomfeuer Inseln auflöst oder Modellstädte pulverisiert.» Mit demonstrativer Geste schleuderte sie das Goldkettchen auf den Schreibtisch.

Uhlig hätte ihre Meinung über Tiefenbach widerlegen können, aber er schwieg. Für ihn bestand nun kein Zweifel mehr, daß der andere in ihr noch lebendig war, viel lebendiger, als sie es selbst wahrhaben wollte. Ihre Bereitwilligkeit hatte ihn so aufgewühlt, daß er fürchtete, die Kontrolle über seine Gefühle zu verlieren. Diesen Punkt hatte es schon mehrmals gegeben in der Zeit ihres wechselvollen Miteinander. Jedesmal schreckte er zurück, traute sich nicht zu, jene Schranke souverän zu sprengen, die sie – vielleicht unwissentlich – ihm gegenüber errichtet hatte. Sie pflegte dann zu sagen: Unsere Liebe leidet an Phasenverschiebung. Wenn du mich festhalten willst, tummle ich mich in anderen Regionen und kann die Bindung nicht brauchen. Bin ich bereit, hast du Bedenken.

Ein Gedanke durchzuckte ihn, als er in der Aktentasche das Buch fühlte. Vielleicht wird Tiefenbachs Rückkehr die Klärung bringen.

Mechthild Kamprad ließ bei ihrer Nachmittagsvisite im Parkhaus II, der Privatstation des Kliniksanatoriums, keine Tür aus. An der letzten nahm die Ärztin das Krankenblatt zur Hand und verabschiedete die begleitende Schwester.

«Es ist noch nichts eingetragen, Frau Winter kam erst gestern abend», sagte die Schwester entschuldigend.

«Das mach' ich schon.» Nach kurzem, herzhaftem Klopfen betrat Mechthild das Zimmer. Carla Winter lag im Strecksessel und genoß den Blick über die Bäume des Parks.

«Na, Commodorin, wieder mal flügellahm?» Die Ärztin setzte sich auf einen bequemen Stuhl. Eigentlich war es rührend, mit welcher Regelmäßigkeit Carla dieses Balkonzimmer bezog und sich freiwillig ihren Spitzigkeiten aussetzte. Aber Carla schätzte Traditionen, und dazu gehörte auch eine alte Schulfreundschaft. Ihre sehr unterschiedlich verlaufenen Lebenswege ließen die beiden Frauen zeitweilig voneinander abrücken. Erst nach dem Kriege, als Carla nicht mehr zwischen Himmel und Erde agierte, zeigte sie überraschende Anhänglichkeit. Wie wenig sie beide übereinstimmten, in der Deutung der Vergangenheit so gut wie im Blick auf die Gegenwart, daraus machte die Ärztin vor der Fliegerin nie ein Hehl.

«Ich habe diesmal recht gut durchgehalten», sagte Carla,

während sie sich entkleidete. «Obwohl es erhebliche Belastungen gab. Das neue Buch und die Vortragsreisen . . .»

«Nun sind alle Düsen verstopft, wie?» Die Ärztin setzte das Stethoskop an. «Ja, wir müssen die Maschine gründlich überholen. Rigorose Entschlackung ist notwendig. Vier, fünf Wochen auf die Werft, unter dem ist nichts.»

«So lange?» Carla protestierte mehr gewohnheitsmäßig.

«Aber meine Beste! Unser lebendes Fliegerdenkmal soll der Welt ja noch eine Weile erhalten bleiben. Zeig mal die Zunge. – Träumst du manchmal schlecht?»

Unsicher sah Carla die Ärztin an. Das war so eine der Kampradschen Fragen, bei denen man nie wußte, was sie bezweckten.

Mechthild tastete Carlas Rücken ab. «Die Saharanarbe puckert nicht mehr. Sehr schön. Mach doch mal ein paar Kniebeugen. – Und die Schramme von Eben Emael hat sich auch auf Waffenstillstand eingestellt.»

Ein wenig atemlos sagte Carla: «Du verwechselst die beiden.»

«Pardon. Müßt' ich eigentlich wissen.» Mechthild blinzelte schalkhaft. «Aber in die Geschichtsbücher sind deine Blessuren wohl noch nicht eingegangen.»

«Du bist frivol.»

«In heutiger Zeit muß man mit allem rechnen.» Mechthild begann, sich Notizen zu machen. «Wir werden's wieder mit der Physiotherapie schaffen. Als erstes: nicht rauchen. Hast du eigentlich noch Stimme? Du warst eine gute zweite Stimme im Schulchor, weißt du noch?»

«Davon ist nicht mehr viel übrig. Ich spiele jetzt manchmal Laute.»

«Auch manchmal Deutschland-über-alles?»

Carla kroch fröstelnd in ihren Morgenrock. «So anzüglich warst du sonst nie bei der ersten Untersuchung.»

«Du hast recht, ich habe mich immer erst allmählich gesteigert.» Mechthild schob das Krankenblatt beiseite und vergrub die Hände in den Kitteltaschen. Das hieß zwischen ihnen: Nun, altes Mädchen, was kannst du an Wahrheiten vertragen?

«Gib ruhig alles von dir», sagte Carla. «Du lieferst mir damit Stoff zum Meditieren – für die einsamen Wochen.»

«Es gab Zeiten, da war dein Nervenkostüm nicht so gut in Ordnung. Wenn du die vertrackten Erinnerungsnarben nicht hättest, kämst du mir vor wie die Verkörperung unseres vielgepriesenen harmonisierten Lebens. Und die nächsten Wochen stehst du unter meinem Kommando. Wir beginnen morgen früh mit Wassergüssen, zunächst bis zum Knie.» Mechthild erhob sich mit einer Miene, als hätte sie noch manches zu bemerken gehabt, was aber aus Rücksicht auf die ihr anvertraute Patientin besser ungesagt blieb.

Carla Winter war freudig bewegt, daß einer der alten Kameraden gleich am zweiten Tag ihres Klüterlinger Aufenthaltes den Weg ins Parkhaus fand. «Tiefenbach kommt zurück?» Sie wurde lebhaft. «Ich hatte damit gerechnet. Eigentlich schon lange. Er ist kein Mensch für die Staaten.»

Uhlig war überrascht von Carlas Reaktion auf seine Mitteilung, die er nur so nebenher fallen ließ. So eng hatten die beiden auf der Insel gar nicht zusammengearbeitet. Aber die Röte, die von der Halsnarbe aufsteigend Carlas Gesicht ganz überzog, verriet deutlich, daß auch in ihr die Erinnerung an Hans Tiefenbach noch wach war. Er sah nachdenklich auf die Fliegerheldin. Ihre Bücher erreichten hohe Auflagen. Ein Leben voller Hingabe an eine große Idee: Die Sehnsucht des Menschen nach der Loslösung von der Erde. Uhlig fand es beachtlich, was sie aus diesem Thema herausgeholt hatte. Schade, daß sie es beim sportlichen Engagement nicht bewenden ließ, sondern die ganze Kriegsfliegerei in eine romantische Verklärung einwob. Eva sagte, wenn sie Carlas Bücher aufschlug, töne es ihr in den Ohren: Hört ihr die Motoren singen, ran an den Feind . . . Und wie würde sie in diesem Augenblick reagieren auf Carlas gedankenschweren Seufzer, der Tiefenbach galt: «Es wäre gut, wenn er in Deutschland bliebe. Wir müssen enger zusammenrücken, wir, die alte Crew. In manchen Zeitungen und in den Kabaretts werden doch ganz offen Angriffe gegen uns gestartet.»

Sie hatte nicht ganz unrecht, die linke Szene war rührig und meldete sich zu Wort. Aber wenn sogar achtzehn seriöse international anerkannte Wissenschaftler mit ihrem Appell aus Göttingen nicht zum Zuge kamen, was sollte da wohl ein

Häuflein Kabarettisten ausrichten, von denen sich Carla besonders angegriffen fühlte. Uhlig kannte die renitenten Macher des «Wespennest». Eva hatte mit ihnen auch schon zu tun gehabt. Von Moskau gekauft – wie Carla das einschätzte –, die Deutung war denn doch zu primitiv. Uhlig verabschiedete sich bald. Evas Gedanken umkreisten ihn wie Splitter einer spröden Materie.

5
Mut zur Wahrheit

Als Dr. Kramp, den Packen Hefte unter dem Arm, das Klassenzimmer der Untertertia betrat, klopfte Rainers Herz wie ein Hammer. Vor zehn Tagen, als sie den Aufsatz schrieben, hatte er sich stark gefühlt. Werner Briesangs Worte klangen in ihm nach. In einer Art trotziger Überlegenheit hatte er niedergeschrieben, was er über Carla Winters Pläne mit der Todesfliegerei erfahren hatte.

«Das Ergebnis ist im ganzen zufriedenstellend – bis auf einen Fall.» Der Lehrer blieb an Rainers Bank stehen.

«Küppers läßt sich über die Frage Kriegsschuld–Kriegspflicht folgendermaßen aus: ‹In Wirklichkeit war es so, daß es Pläne gab, Soldaten in Lufttorpedos zu setzen, mit dem sie bis ins Ziel fliegen mußten. Das hieß, sie in den sicheren Tod zu schicken. Das hat mit Heldentum nichts zu tun, das ist unmenschlich› – und so fort. Gegen wen das geht, wissen wir alle.» Kramps Blicke wanderten über die Klasse hin. An dem langen Engler in einer der vorderen Bänke blieben sie haften. Der war keine Leuchte, dafür sensationslüstern. «Was meint ihr dazu?»

Engler fühlte sich angesprochen. Er drehte sich nach Rainer um. «Was hast du dir denn dabei gedacht, Küppers? Ist doch Quatsch alles, mit den gesteuerten Lufttorpedos.»

«Es ist die reine Wahrheit.» Rainers Stimme klang leise, aber fest. «Und wenn man die verschweigt, lügt man.»

Engler fühlte sich in die Enge getrieben. Kramp schaltete sich ein. «Von wem stammt denn diese sogenannte Wahrheit?»

«Von Leuten, die im Krieg mit Raketen zu tun hatten», erwiderte Rainer trotzig.

«Und wer sind diese Leute?»

«Meine Tante, bei der ich wohne, und ein Ingenieur, der Testpilot war. Der Torpedo wurde als V1 bekannt, eine Art ferngesteuertes Flugzeug.»

Die Jungen rückten zusammen und tuschelten. «Tolle Sache», kam es aus dem Hintergrund.

«Muß ich mal meinen Alten fragen», flüsterte Lepp, der Sohn des ehemaligen Generalmajors.

Engler spielte sich noch einmal als Wortführer auf: «Vielleicht stimmt alles, was Küppers da sagt. Was wahr ist, muß wahr bleiben.»

Dr. Kramp sah den Augenblick gekommen, die Debatte mit Anstand zu beenden. «Und sollte es denn Wahrheit sein, so steht es uns nicht zu, jener Fliegerin, um die es sich zweifellos hier handelt, einen Vorwurf daraus zu machen, die damit nur das von Männern erwartet hätte, was sie, die Frau, selbst zu geben jederzeit bereit war. Sie wollte Deutschland retten, jawohl. Nur der Feige kann ihr das zum Vorwurf machen, jawohl, nur Feiglinge.»

«Jawoll», echote Engler, «ich würde Küppers Feigheit vorwerfen, ganz einfach Feigheit.»

Einige Jungen protestierten: «Küppers war noch nie feige.»

«Aber hier ist er's», sagte Engler scharf. «Kein Wunder, sein Vater hat sich im Kriege gedrückt. Daß er trotzdem draufging – Pech oder höhere Gerechtigkeit.»

Rainers Hände krallten sich in die Tischplatte seiner Bank. Hätte sein Nachbar Harald ihn nicht festgehalten, wäre er auf Engler losgegangen, mit geballten Fäusten. Er hörte hinter sich Lepp murmeln: «Ein paar Divisionen vom Schlage Carla Winters, und wir hätten den Krieg gewonnen.»

Als Dr. Kramp am Schluß der Stunde gegangen war, ereiferte sich die Klasse aufs neue. «Feige nennen ließe ich mich noch lange nicht», sagte einer.

«Würdest du dich in den Bauch eines Geschosses setzen, wenn du genau weißt, du gehst dabei hops?» fragte ein anderer.

Der Generalssohn fühlte sich zu einer Antwort verpflichtet. «Wenn's um den Sieg geht, wie Krampus gesagt hat, ist's Ehrensache.»

Rainer konnte nicht mehr an sich halten. «Der Krieg war aber schon verloren, als es darum ging.»

«Ein Krieg ist erst entschieden, wenn die letzte Granate platzt», sagte Lepp feierlich.

Harald boxte den Freund gutmütig in die Seite. «Hätte ich so gut Bescheid gewußt wie du, – Mann, ich hätte das anders ausgenützt. Hättest du wenigstens 'nen anderen Ton angeschlagen.»

«Ein Feigling kann sich schlecht als Held aufspielen», stichelte Engler.

Rainer trieb es von der Bank hoch. «Ich bin nicht feige.»

«So? Beweis' das erst mal.»

Das Klingelzeichen für die nächste Stunde ließ Rainer zusammenzucken. «Geographie – ich muß ja den Projektor einrichten.» Er durchbrach die Meute.

Engler feixte. «Seht ihr, er kneift.»

Wie im Fieber schleppte Rainer die Kästen mit den Diapositiven herbei. Zeugen ruhmreicher Vergangenheit stand an der Stirnseite eines Kastens. Antike Ausgrabungen in Mykene. Alles war ruhmreich, alles war heldisch, nur er nicht – er und sein Vater nicht. Wenn Eva von seinem Vater, dem Leutnant Rolf Küppers, erzählte, wurde ihre Stimme ganz dunkel und beinahe zärtlich, so daß er sie einmal fragte, ob sie seinen Vater geliebt habe. Eva hatte darauf seinen Kopf mit beiden Händen umfaßt und gesagt: «Ja, wie man einen schönen, begabten, gleichaltrigen Bruder liebt. Und je mehr Sorgen er einem macht, um so mehr liebt man ihn.» Rainer nahm wenig wahr von den Zeugen ruhmreicher Vergangenheit auf der weißen Wand. Er dachte nur: Wie kann ich bloß beweisen, daß ich kein Feigling bin. Einen Torpedo ins Ziel steuern, das gab es in den bunten Abenteuerheften, die unter den Bänken von Hand zu Hand gingen. Hinter den glanzpapierenen Deckeln las sich das ja ganz gut, dort waren die Helden tolle Kerle, die auf wunderbare Weise einen Ausweg fanden, einen Trick, einen ungeahnten Salto mortale – moderne Münchhausen, die sich am eigenen Schopf aus dem Schlamassel zogen. Beim Lügenbaron wußte man von vornherein, daß es ein Spaß war, in solchen Heften dagegen sollte alles ernstgenommen werden. Und das war das Gefährliche daran, hatte Werner Briesang ihm einmal erklärt, als der lange Engler, der die Dinger haufenweise besaß, ihm mal gnädig eins abließ. In Wirklichkeit gab es aus einem Lufttorpedo keinen Ausbruch, und im wirklichen Leben wäre auch ein Superman mitgefangen, mitgehangen. Ich muß ihnen beweisen, daß ich kein Feigling bin. Mit diesem Vorsatz verließ Rainer nach der Geographiestunde die Schule.

Auch Engler hatte die Schmähung gegen den kleineren Mitschüler noch im Kopf. Mit zwei anderen im Gefolge heftete er sich an Rainers Fersen. «Na, wie ist es mit dem Gegenbeweis? Drüben am Wehr hast du die beste Gelegenheit.»

Rainer sah drei Augenpaare erwartungsvoll auf sich gerichtet. Über das Grabenwehr hinter dem Park zu balancieren, erforderte schon im Sommer, wenn nur spärliche Rinnsale die Staumauer überspülten, Mut und Gewandtheit. Jetzt war der Graben angeschwollen, es gurgelte und strudelte zwischen den Steinen. Sie zwingen mich in den Torpedo, dachte Rainer. An die Ehre appellieren, immer an die Ehre. Ohne Ehre kann man nicht weiterleben, sagt Lepp. Er weiß das von seinem Vater. – Was mein Vater wohl für eine Ehre hatte? Ob sie anderer Art war als die des Generalmajors Lepp, der zu feierlichen Anlässen ein Kreuz trägt, das man Ritterkreuz nennt?

«Paß auf, das Holz ist glitschig», warnte einer.

Engler genoß seine Kommandogewalt. «Als ob er das nicht selber wüßte. Los, Mann, beeil' dich.»

Das Holz war grün von Algen. Nach der Mitte zu wurde es morsch. «Das ist ja verrückt», rief einer aus Englers Gefolge. «Laß gut sein, er hat gezeigt, daß er es machen will.»

«Bis zur Mitte ist das mindeste», verlangte Engler. «Die paar Schritte wird er wohl riskieren.»

Rainer löste sich vom Uferrand. Das war ein Rutschen und Schlurfen auf schlierigem Untergrund.

«Laß ihn umkehren, Engler, ein Drittel hat er.»

«Bis zur Mitte», beharrte Engler – und stutzte. Ein Mann war aus dem Gebüsch gegenüber herausgetreten und stand reglos. Aber Engler ließ sich nicht täuschen, der Fremde wollte nur den balancierenden Jungen nicht irritieren. Gleich würde das Donnerwetter losgehen, Drohung mit Anzeige, denn das Spielen am Wehr war verboten, Beschwerde bei der Schule, er kannte das. Verstohlen gab er seinem Gefolge ein Zeichen. Abhauen!

Rainer hörte es hinter sich knacken, hörte Zweige brechen. Was war los? Ach, dort stand ein Mann. Feiglinge, dachte Rainer, ihr seid die Feiglinge, nicht ich. Vorsichtig wollte er kehrtmachen, aber die Konzentration hatte ihn verlassen, er verlor das Gleichgewicht und stürzte.

Eine Stunde danach erfuhr Eva, daß Rainer mit Gehirnerschütterung und einer Knieverletzung ins Städtische Krankenhaus eingeliefert worden war. Nach dem ersten lähmenden Schrecken verfiel sie in hastige Geschäftigkeit, packte Nachthemd, Toilettengegenstände und Bademantel in ein Köfferchen.

«Sie müssen sich gedulden», hieß es auf der chirurgischen Station, «der Patient wird erst geröntgt.»

Ungeduldig stand Eva im Gang, bis Rainer herangefahren wurde. Er lag auf einem flachen Wagen, bleich, Stirn und Haar unter einem Haubenverband verborgen. Tränen würgten ihr im Halse, ihre Hände sanken herab.

«Sind Sie die Mutter?“ fragte die Schwester.

«Er hat keine Mutter. Aber ich – ich erziehe ihn.“

Die gleiche Frage wurde Eva am nächsten Vormittag im Sekretariat des Gymnasiums gestellt, als sie den Direktor sprechen wollte. Abschätzender Blick der Sekretärin und dann der lakonische Bescheid, die Schulleitung sei wegen einer dringenden Besprechung nicht erreichbar. Sie ließ sich nur herab zu notieren: Der Unfall am Parkwehr müsse im Beisein mehrerer Schüler der Untertertia passiert sein. Es gebe einen Zeugen, und Fräulein Leonhard bitte um Untersuchung und entsprechende Mitteilung.

Zwei Mütter waren es, die den kleinen Patienten besuchten, kaum daß er richtig zu sich gekommen war. Burgl war sofort herbeigeeilt, die Tasche voll mit Eingewecktem und Kuchen. Eva hatte auch Rainers Vormund verständigt. Er erwartete sie in der Wohnung. Philipp Donath war bereits in Rainers Schule gewesen. Eva war sprachlos. Er hatte von Rainers

Klassenlehrer sogar ein Telegramm bekommen. Ein redlicher Mann, fand Donath, der sich in tiefste Gewissensnot gestürzt sah, obwohl er doch für außerschulische Streiche seiner Schüler gar nicht verantwortlich war. Er, Philipp Donath, stellte nun die Frage, ob Fräulein Leonhards unstetes Berufsleben eine ordnungsgemäße Erziehung überhaupt gewährleiste? Die Großeltern des Jungen wären ohnehin nicht voll einverstanden gewesen mit der Übersiedlung zu dem alleinstehenden Fräulein Leonhard.

Burgl, die leere Tasche auf den Knien, zitterte innerlich vor Empörung. Am liebsten wäre sie dazwischengefahren und hätte dem korrekten Herrn etwas erzählt über einen Klassenaufsatz, von dem Rainers Lehrer wohl nicht gesprochen hatte. Aber Eva gab ihr einen Wink. Das mit Donath war ihre Sache.

«Hat Ihnen Doktor Kramp gesagt, wie es zu dem Unfall kam? Für mich war er ja nie zu sprechen.»

«Es war eine Mutprobe unter den Jungen. Offenbar wollte Rainer sie alle übertrumpfen. Er braucht strenge Aufsicht.»

«Und Doktor Kramp meint, die hätte er bei mir nicht!»

«Der Herr Studienrat meint, Rainer sei in einer besonders schwierigen Entwicklungsphase», sagte Donath zögernd. Umständlich erhob er sich. «Es tut mir ja selber leid, aber ich muß zuerst an den Jungen denken. Das ist meine gesetzliche Pflicht.»

«Jungens in dem Alter kann niemand an die Kette legen», warf Burgl ein. Ihre Stimme brach.

Auch Eva wurde schwer mit ihrem Zorn fertig. «Sie wollen ihn zu den Leuten geben, die ihn jahrelang verleugnet haben, weil er nicht im züchtigen Ehebett gezeugt wurde.» Was wußte dieser Mann denn von den unsichtbaren Fäden, die das Schicksalsdreieck Rainer-Burgl-Eva zusammenhielten. Er war von der Behörde bestellt, in Sachen der «außerehelich geborenen Kriegswaise Rainer Küppers alias Schwendtmayr» mitzuwirken. Verlängerter Arm des Fürsorgeamtes, administrierende Außenstelle des Vormundschaftsgerichts. Wohnung, Nahrung, Kleidung, angemessene Erziehung waren zu sichern gemäß Paragraph soundso.

Sie hatte an keinen Paragraphen gedacht, als sie, Burgls

Brief im Rucksack, Langenbrück verließ. Ein kleines Bündel Leben wurde ihr zur ersten Aufgabe nach dem Krieg. Ein Kind ohne Papiere, ohne Vatersnamen. Aus dem Mund von Philipp Donath erfuhr sie von den Umständen, unter denen Rolf Küppers starb. «Schonen Sie die leidgeprüften Eltern. Das uneheliche Kind wäre ein neuer Schlag für sie. Rolfs Mutter hielt immer viel auf Reputation. Warten Sie meinen Wink ab, ehe Sie etwas unternehmen.» Rainers Lockengeringel war bereits der Schere zum Opfer gefallen, als dieser Wink kam. «Wo ich hinfahre? – Auf Tübingen zu. Nein, es ist nicht weit, ich komme bald wieder.» Was sie mitbrachte, außer bunten Zuckerperlen und weißen Laugenbrezeln, das war sein neuer Name.

Bei diesem schweren Gang hatte ihr Philipp Donath geholfen. Seine lächelnd vorgebrachte Bemerkung, mit der er die Schocknachricht verzuckert hatte, erwies sich als wirkungsvoll. «Hortense, das Bübele ist reizend. Ein echter Küppers.»

Heute fiel ihr der gleiche Mann in den Rücken. Sachlicher Ernst, kein Junggesellenlächeln mehr für das Bübele. Der Vormund wollte zum Ende kommen. Evas Ausbruch war nicht ohne Wirkung auf ihn geblieben. «Lassen wir Rainer erst einmal gesund werden. Übrigens sagten Sie selbst des öfteren, es wäre besser, wenn er ein Realgymnasium besucht.»

«Dazu braucht er nicht nach Tübingen.»

«Davon spricht ja noch gar niemand, aber die Schule wird er wechseln. Sein Lehrer rät auch dazu. Rainer ist keine wissenschaftliche Begabung.»

Donath sprach das, was Eva seit Jahren ihm gegenüber vertrat, in einer Weise aus, als wäre es das Resultat eigener Beobachtung und Überlegung. Er gab beiden Frauen die Hand beim Abschied. Burgl ließ die seine nicht wieder los. Ihr war etwas eingefallen.

«Da gab es doch einen Zeugen», sagte sie, «einen Mann, der die Jungen überrascht hat. Und er hat dafür gesorgt, daß Rainer schnell ins Krankenhaus gebracht wurde ...»

Donath nickte, konnte aber sein Unbehagen nicht verhehlen. «Auch das ist mit Doktor Kramp geklärt. Der Mann hat sich sofort bei der Schulleitung gemeldet und zur Aufklärung beigetragen. Wir sind dem Mann zu Dank verpflichtet, ich habe einen Scheck dagelassen, den Doktor Kramp an ihn weiterreichen wird.»

Bevor sich Eva von ihrer Verblüffung erholen konnte, war Donath gegangen.

6
Geschäfte und Freunde

Die Hermes-Werbefilm-AG hatte einen einfallsreichen Chefregisseur. Der Name Dietrich Wacker war Eva aus den letzten Kriegsjahren im Gedächtnis geblieben, weil sie seine Stimme mehr, als ihr lieb war, über den Rundfunk gehört hatte. Besonders während der amerikanischen Invasion am Ärmelkanal hatte er die deutschen Soldaten zum Durchhalten angefeuert, was ihm den Spitznamen Kanal-Dietrich eingetragen hatte. Tod und Schande seiner Auftraggeber hatte er so glänzend überstanden, daß er die neuen Auftraggeber in der eigenen Villa empfangen konnte.

Eva wurde von einer langbeinigen jungen Dame in Wakkers modern eingerichtetes, luftiges Arbeitszimmer geführt. Der Hausherr ließ ihr Zeit, sich mit den Standfotos aus seinen jüngsten Produktionen zu beschäftigen. Bunt und glänzend lagen sie auf einem Tisch ausgebreitet.

«Haben Sie schon beim Film gearbeitet?» fragte er.

«Nein, aber bei Presse und Rundfunk.»

Er lächelte gönnerhaft. «Beim zweiten, dritten Versuch wird es schon leichter, das bildhafte Sehen. Vor allem kommt es darauf an, Symbole zu finden, optische natürlich, im Gegensatz zum Rundfunk.»

Eva ließ die Belehrung höflich über sich ergehen.

«Und dann der Konflikt», fuhr er fort. «Aus der kleinsten Handlung lassen sich Konflikte ableiten. Eine Hand an der Morsetaste, ein Wanderer am kahlen Strand – was steckt da alles drin.»

Vorlesung in Filmdramaturgie. Eva wagte einen Dämpfer, um endlich zur Sache zu kommen. «Wanderer am Strand – das könnte ein kleiner Jedermann sein, der sich im nächsten Dorf Zigaretten holen will. Oder ganz anders: Der einsame

Forscher, ein moderner Faust mit Raumfahrtideen . . . Zum Teufel mit allen Widerständen.»

Wackers Gesicht verriet nichts. Immerhin, er hatte etwas herausgehört. «Das sind alte Erinnerungen für Sie, nicht wahr? Damals gab es harte Auseinandersetzungen unter den Wissenschaftlern und Militärs. Ja, sehen Sie, diese Konflikte hatten wir denkenden Menschen damals schon in uns. Sie waren wohl noch zu jung dazu. Gemeinsam mit dem Westen gegen den Osten hätten wir marschieren müssen.»

Strategie im Konjunktiv – wie sie das haßte. Eva konnte nicht mehr an sich halten. «So ist Ihrer Meinung nach etwas unerledigt geblieben im letzten Krieg?»

«Man könnte es so nennen.»

«Manche Politiker behaupten doch, daß umgekehrt der Osten bei uns noch etwas ‹erledigen› will.»

«Wissen Sie», sagte Wacker spürbar gereizt, «ich verfüge über eine jahrelange politische Praxis. Bei allem, was ich heute gegen den Hitlerfaschismus einzuwenden habe, muß ich sagen: Ich bin froh, daß unsere Demokratie den Antibolschewismus von ihm übernommen hat.»

«Sie hat noch mehr übernommen», sagte Eva bitter.

«Was bleibt uns weiter übrig», sagte er achselzuckend. «Das Volk will seine positive Idee, und wenn die fehlt, muß eben ein Surrogat her. Keiner weiß, was morgen geschehen wird, jeder will das Heute ganz auskosten. Und er soll es tun, soll leben so angenehm wie möglich. Das suggeriert ihm unsere Reklame. Mithin sind die Menschen in diesem Stadium der Ungewißheit Werbungen aller Art zugänglich. Hermeswerbung in aller Munde, auf jeder Leinwand. Sehen Sie, das ist mein bescheidener Profit am derzeitigen politischen Kurs unseres Wunderlandes. Und nun werden wir beide erstmalig gemeinsam ‹Profit machen›. Ich freue mich wirklich, daß meine Entscheidung gerade auf Sie gefallen ist.»

«Ihre Entscheidung?» Eva richtete sich im Sessel auf, gespannt und voller Mißtrauen. «Herr Glaesele hat mein Manuskript fest angenommen. Was gibt es da noch zu entscheiden?»

«Erst die Konkurrenz schafft Qualität. Und Qualität ist für mich oberstes Gesetz. Deshalb fordere ich immer mehrere Manuskripte an.»

«Davon hat mir Herr Glaesele kein Wort gesagt.»

«Herr Glaesele ist ein tüchtiger Kaufmann, aber bei uns geht es nicht zuletzt um Kunst. Angewandte Kunst», betonte Wacker. «Im übrigen brauchen Sie sich nicht aufzuregen, das zweite Drehbuch ist nicht besser.»

«Aber auch nicht schlechter?»

Wacker machte eine Kunstpause. «Kaum schlechter», sagte er, mit Bedacht zögernd. «Die Entscheidung fiel mir nicht leicht, aber ich denke, wir werden uns einigen. Ich habe weitreichende Beziehungen, auch zum Fernsehstudio. Ein Wort von mir, und Sie sind drin im Geschäft. – Na, ist das ein Angebot?»

Eva klopfte das Herz. Alle Vierteljahre so ein Auftrag, und ihr wäre geholfen. Aber Männer vom Schlage Wackers taten nichts umsonst. «Was verlangen Sie von mir?»

Wacker war zunächst damit beschäftigt, Kognak einzugießen. «Alles Geschenke meiner Kundschaft.» Er wies auf die gefüllte Hausbar. «Und hier – probieren Sie die neue Zigarettenmarke. Wir haben gerade einen hübschen Streifen darüber abgedreht. Man raucht diese Zigarette nicht, man ‹inhaliert Wollust›.» Er lachte. «Wir leben nun einmal von Übertreibungen. Der Werbefachmann macht aus dem Sauberkeitsbedürfnis der Menschen eine Religion und erhebt das Niesen zum Kult. Der Phantasie sind keine Grenzen gesetzt. Ich stehe Ihnen mit meinen Erfahrungen gern zur Verfügung. Und wie es unter Kompagnons üblich ist, machen wir fifty-fifty. Den anderen Autor werde ich mit einem Abstandshonorar abfinden.»

Eva verschlug es vor so viel Unverfrorenheit fast die Sprache. Fifty-fifty – das war also Wackers Methode. «Damit bin ich nicht einverstanden.» Sie drückte die Zigarette aus, sie schmeckte ihr nicht mehr.

Wacker zog die Stirn kraus. «Schade, ich dachte, Sie könnten das Sümmchen ganz gut gebrauchen. Sie leben allein, haben ein Kind zu versorgen, eine teure Wohnung. Ihr Konkurrent würde solch Angebot nicht so leichtfertig ausschlagen.»

Eva war betroffen, wie gut er über ihre Verhältnisse unterrichtet war. Sie bestand auf der ganzen Summe.

«Herr Glaesele wird das Drehbuch akzeptieren, das *ich* inszenieren will», entgegnete Wacker, ungehalten über so viel Starrsinn. «Sie machen eine falsche Rechnung auf, Fräulein Leonhard. Die halbe Summe ist nicht die ganze, na schön. Aber sie ist besser als nichts. Ich brauche nur zum Telefon zu greifen, und in einer halben Stunde ist Ihr Konkurrent da. – Ja, verstehen Sie denn so wenig vom Geschäftsleben, daß Sie sich darüber wundern?»

«Für solche Geschäfte tauge ich nicht.» Eva stand auf und griff nach ihrer Handtasche. Aber so ungeschoren sollte er nicht davonkommen.

Erwin Tieck, langjähriger Chauffeur bei Maihuber, schloß mit dezentem Klappen die Wagentür. Dann machte er das Schiebefenster hinter dem Fahrersitz dicht. Mochte der Chef in den nächsten zwei Stunden seine übliche rollende Sonderbesprechung abhalten, zu ihm drang kein Wort. Vor dem Anfahren sah er gerade noch, daß Lepp eine Fotografie aus seiner Mappe zog und dem Chef reichte.

«Das ist Eva Leonhard?» fragte Maihuber und setzte die Brille auf. «Schau mal an. Und wes Geistes Kind ist sie?»

«Des Geistes, den wir lieber nicht rufen sollten.»

Maihuber blieb unbeeindruckt. «Was schreibt sie und für wen?»

Die Liste, mit der Lepp aufwarten konnte, war nicht lang. Maihuber verzog den Mund. Außer den Neuesten Nachrichten fand er keine Gazette von Bedeutung darunter. «Ist doch eine völlig uninteressante Erscheinung im Blätterwald. Kleinbürgergeschmack.

Lepp klappte die Mappe zu. «Das war mein erster Eindruck auch: Nachforschungen lohnen nicht. Die Frau ist ohnehin nicht up to date. Lebt in bescheidenen Verhältnissen. Ein Tiefenbach wird das ebenso schnell merken wie wir.»

Maihuber sah zum Fenster hinaus. Nach einer Weile sagte er: «Das wäre doch schade.»

«Wie meinen?»

«Wenn wir unseren kleinen Privattrumpf in Sachen Tiefenbach nicht ausspielen könnten.»

«Aber sie *ist* leider kein Trumpf.»

«Es liegt an uns, daß sie einer wird. Wir werden sie eben gesellschaftsfähig machen.» Maihubers Gesicht war in Lächeln getaucht, eine plötzliche Idee bereitete ihm großes Vergnügen.

Lepp erschrak. Sein Gesicht bekam die spitz zulaufende Eiform. Jetzt entwickelte sich die Sache in einer Weise, die seinen Absichten zutiefst widersprach. Über das ganze Unbehagen, das ihn bei dem Namen Leonhard befiel, machte er sich nun im Fond des dahingleitenden Mercedes Luft. «Da ist nichts mehr gesellschaftsfähig zu machen, Herr Generaldirektor, glauben Sie mir.»

Maihubers Blicke glitten noch immer über die Landschaft. Wegen einer Art Klassenrevolte um den Pflegesohn dieser Leonhard wollte Lepp mit der Dame nichts mehr zu tun haben? Lächerlich. Betont langsam sagte Maihuber: «Mein lieber Lepp, wenn es zweckmäßig erscheint, daß wir morgen unseren Chauffeur mit ‹Herr› anreden, werden Sie in meinem Auftrag Herrn Tieck in den Klub einladen, und es interessiert gar nicht, ob Ihnen der Mann persönlich unsympathisch ist.»

Lepp verstand. Maihuber hatte sich diese Journalistin in den Kopf gesetzt. Sie gehörte bereits fest in seine Konzeption. Ergeben machte Lepp sich bereit, weitere Order entgegenzunehmen. Er hatte die Mappe zu voreilig geschlossen.

Maihuber sondierte noch einmal die Fakten. «Sagten Sie nicht, die Leonhard lebt in bescheidenen Verhältnissen? Wir werden sie zur Mitarbeit für unsere Zeitschrift gewinnen.»

Lepp stöhnte verhalten. Wie sich das anhörte! Der Horizont des zwanzigsten Jahrhunderts war ein exklusives Blatt und der ganze Stolz des Elektron-Präsidiums. Gleich würde es heißen: Besorgen Sie das mal recht taktvoll, lieber Lepp. Er sah im Geiste die spöttische Miene des Chefredakteurs Dr. Schloth vor sich, der ihm als ehemaligem Soldaten kein Kunstverständnis zutraute. Wäre man noch General, könnte man diesen Leuten anders entgegentreten. Maihubers Order kam wie erwartet: Schloth gegenüber nur Andeutungen, Details bleiben vertraulich. Gekados – Lepp schrieb den altvertrauten Geheimvermerk in wütendem Schwung unter seine Notizen.

Einer plötzlichen Eingebung folgend, ließ Maihuber vor dem Haus am Hang halten. Um diese Stunde pflegte Schwägerin Rosemarie im Terrassenzimmer ihren Kaffee zu trinken. Er hatte Glück und traf sie allein. Nach Komplimenten über ihr Aussehen kam er auf das eigentliche Anliegen seines Besuchs zu sprechen: Rosemarie möge eine Party geben und Eva Leonhard, gewissermaßen als Hausautorin der Firma Glaesele & Sohn, dazu einladen.

Rosemaries Gesicht wurde spitz. «Das kannst du nicht von mir verlangen, Konrad.»

«Warum nicht, meine Liebe? Viktor hält sie für talentiert. Sie wird sich auch auf deinem Parkett zu bewegen wissen.»

«Die Leonhard soll also aufgewertet werden.»

«Neben dir wird sie sich kleiner fühlen denn je.»

«Laß den Spott.» Ihr Unmut wuchs. «Welches Geschäft steckt dahinter?»

Maihuber grenzte seine Auskunft über die Aktion Tiefenbach auf das Notwendigste ein. «Die klügsten Könige haben immer ein paar schöne Frauen mitspielen lassen», meinte er abschließend. «Du machst doch ganz gern ein bißchen Politik. Kann ich auf dich rechnen?»

Rosemarie wand sich. «Viktor hatte gerade Ärger mit der Hermesfilm-AG wegen seiner ‹talentierten Hausautorin›. Wir werden sehen . . .»

Dorothee musterte argwöhnisch den grauhaarigen Mann, der vor der Tür stand und sich als alter Bekannter Evas vorstellte. Seit Rainers Unfall und dem Auftauchen Philipp Donaths war sie bei jedem fremden Gesicht auf neue Unannehmlichkeiten gefaßt. Aber mit diesem Herrn Rubyschewski schien es doch eine andere Bewandtnis zu haben.

Eva schüttelte ihm beide Hände, freudig überrascht: «Vater Ru!»

Er betrachtete sie prüfend, drehte ihr Gesicht zum Licht. «Sie sehen nicht gut aus, Kind. Haben Sie Kummer? Ich hätte mich wohl doch mehr um Sie kümmern sollen. Mit unserem Beruf ist das nun mal eine verteufelte Geschichte. In der Umschau wurden mir bereits einige Lichter aufgesteckt.»

«Immerhin ist sie die einzige vernünftige Gazette hier.»

«Freut mich, daß Sie das finden. Aber Sie arbeiten nicht dafür.» Er sah sie von der Seite an. «Hoffentlich gelingt es mir, hier Fuß zu fassen. In meinem Alter ist es nicht leicht, neu anzufangen — in einer fremden Stadt.» Er hockte im

Sessel, die Beine übereinandergeschlagen. Eine leichte Röte überzog sein Gesicht, als er Eva die Gründe darlegte, die nach elf Jahren Mitarbeit bei der Hannoverschen SPD-Presse zu seiner Entlassung geführt hatten.

«Ich habe den Herren von der Industrie auf die vornehmen Füße getreten. Eigentlich sind es Lappalien, über die ich nicht schweigen mochte. Prompt setzte der Annoncenboykott ein. Damit hatten wir gerechnet, es störte uns vorerst nicht, bis die beleidigte Gesellschaft Methoden ersann, die sich gegen die Existenz des Blattes richteten. Ich war eben der Kopfpreis.» Er lachte bitter. Trotzdem würde er den Mut nicht verlieren. «Und was machen Sie jetzt, Eva?»

Sie erzählte von Glaeseles Reklameauftrag, ohne jedoch den Zwischenfall mit Wacker zu erwähnen.

«Schade, daß Sie Ihren Geist für Trivialitäten vertun. Haben Sie keine dankbareren Aufgaben?» Rubyschewski wies mit dem knochigen Zeigefinger auf Schreibtisch und Schrank. «Was steckt denn noch in den Schubladen?»

«Natürlich Manuskripte.»

Er sah sie schweigend an. Die magere Antworte genügte ihm nicht.

«Leider nichts Nennenswertes.» Sein Blick hielt sie so fest, daß sie beinahe schroff hinzusetzte: «Ich mußte mich erst einmal sanieren.»

«Ich weiß», sagte er freundlich, bemüht, sie nicht zu verletzen. «Aber Sie werden doch wegen ein paar moderner Möbel und einer elektrifizierten Küche Ihre Überzeugung nicht aufgegeben haben?»

«Was heißt schon Überzeugung», sagte sie verdrossen. «Anständig bleiben, menschlich fühlen, sich nicht vor irgend einen Karren spannen lassen – darum geht es mir. Und da habe ich mir nichts vorzuwerfen.»

«Seit wann machen Sie es sich so einfach, Eva? Die Passivität ist doch nicht Ihr Element. Vor zwei Jahren, als wir uns zuletzt trafen, war es Ihre Überzeugung, daß unser Beruf in heutiger Zeit eine ernste Aufgabe bedeute. Und je größer man diese Aufgabe sehe, um so größer sei man selber.»

«Ich hielt mich einmal für größer, ganz recht», sagte sie gallig, «aber ich bin's nicht. Deshalb mache ich Werbung.»

Er beachtete ihren Einwurf nicht. Einen Arm auf das halbhohe Bücherregal gestützt, sah er die Wände entlang. «In Ihrer Mansardenwohnung hatten Sie Plakate, Karten, Zeichnungen rundum an die Wände geheftet, es ging um eine Art Theaterernte, glaub ich. Jedenfalls waren die Kupfer von Chodowiecki zu Lessings ‹Minna› dabei. Kulissengeruch wollten Sie haben. Eine prächtige Arbeitsatmosphäre war das.» Er machte eine halbe Drehung. «Wenn ich mich hier umsehe, alles ist geschmackvoll, betont geschmackvoll, aber auch etwas steril. Und zu beschaulich für Sie.» Er wies auf ein Aquarell, das einen südlichen Fischereihafen in starken Farben zeigte. «Ist aus der inneren Bewegung, die Sie in Ravensbrück erfaßt hatte, nichts entstanden?»

Eva trat an den Schreibtisch und zerrte einen Hefter aus dem Schubfach. «Sie glauben, ich habe mich verirrt. Das stimmt nicht. Ich wollte nur ein bißchen ausruhen, etwas besser leben.» Sie ließ sich auf den Stuhl fallen und blätterte in dem Hefter. «Ich habe die Ravensbrücker Impressionen verarbeitet, damals sofort unter dem Eindruck des Besuchs. Eine literarische Reportage ist daraus geworden, mit einer imaginären Gestalt, der Fischerstochter Hanna Peplow im Mittelpunkt. Die Presse fand das Manuskript zu umfangreich. Ich ging zu mehreren Verlagen. Vergeblich. Ich habe keine Lust mehr, für die Schublade zu schreiben.»

«Haben Sie es mal bei einem Verlag im Osten versucht?»

Sie schüttelte den Kopf. «Das würde mich erst recht unmöglich machen. Außerdem habe ich es für uns hier geschrieben. Als es zum guten Ton gehörte, nach Bergen-Belsen zu wallfahren, um Anne Franks zu gedenken, hatte ich Hoffnung für meine Sache. Bald wurde ich eines anderen belehrt. Anne Frank ist ein weltweites Symbol. Leute, die sich Humanisten nennen, können es – nach dem Tagebuch – nicht mehr ignorieren. Aber gleich dahinter hört ihr Humanismus auf. Hanna Peplow war in keiner Partei, aber sie war Arbeiterkind und tendierte nach links. Es wäre mir wie Verrat vorgekommen, hätte ich Hanna verfälscht. Außerdem liegt Ravensbrück drüben und gehört dort zu den Gedenkstätten, die der Staat eingerichtet hat. Ich war also doppelt ungeschickt.»

Rubyschewski gab ihr recht. «Geschicklichkeit in unserem Beruf hat mit Nuancen zu tun. Ich bin darin auch kein Meister. Aber Sie sind lernfähiger als ich alter Knochen.» Er nahm sie behutsam in den Arm und verabschiedete sich dann rasch.

Sie stand in ihrem Zimmer wie eine Fremde. Er wollte einem Raum immer ansehen, wie er entstanden war, welche Gedanken dabei mitgewirkt hatten. Dürftigkeit nahm er in Kauf, aber nicht eine Perfektion, die zu Routine und Bequemlichkeit verleitet. Vom Fenster aus sah sie ihn über die Straße gehen, hager, leicht gebeugt, ein unauffälliger Passant.

Die Straßen zeigten schon weihnachtliches Gepräge, als Eva und Dorothee ins Krankenhaus fuhren, um Rainer heimzuholen. Das linke Bein gestreckt, schmiegte Rainer sich in die Polster. Von den Fassaden der Kaufhäuser sahen bärtige Weihnachtsmänner und pausbäckige Christengel auf die vorbeiflutende Menge herab. Den größten und glitzerndsten Weihnachtsengel hatte sich das Restaurant Engler am Eck geleistet. Man ließ sich den Namen etwas kosten. Eva stellte mit Erleichterung fest, daß Rainer seinen Mitschüler, diesen unsäglichen langen Engler, nicht mit dem auffallend herausgeputzten Lokal in Verbindung brachte. Er wußte wohl kaum, daß der einzige Sohn des reichen Gastwirts in seiner Klasse saß und sein Hauptpeiniger gewesen war.

Während Dorothee mit Rainer plauderte, verfolgten die aufdringlichen beiden E von Engler am Eck Eva noch eine ganze Weile. Daß man die Hauptschuldigen – bei welcher Schweinerei auch immer – so schwer zu fassen kriegte. Mit dem Regisseur Wacker war es ja ähnlich. Als sie Glaesele über das erpresserische Fifty-fifty-Angebot informieren wollte, hatte der nur gelächelt. Wenn er, Glaesele, solche Praktiken auch nicht guthieße, könne er doch nichts gegen Wacker unternehmen, denn er brauche ihn als renommierten Fachmann. Während er Eva in fast väterlichem Ton zu trösten versuchte, füllte er mit steilen Schriftzügen einen Scheck aus. Es war die Abfindung für sie, eine wohlverpackte Bestätigung, daß ihr Drehbuch nicht mehr zur Debatte stand. Es blieb ihr als Waffe gegen den Gauner im Frack nur der Entwurf einer Glosse, die sie noch ausarbeiten mußte. Vielleicht würde sie damit zu Rubyschewski gehen, zur Aktuellen Umschau.

Dorothee steuerte den Wagen an dem modernen Verlagsgebäude der Neuesten Nachrichten vorbei und bog in eine Seitenstraße ein. Sie hielt vor dem Kellerlokal des Wespen-Kabaretts. «Ich will nur meinen Ringelnatz-Entwurf abholen», sagte sie. «Kommen Sie mit?»

Eva zögerte. Beim Anblick der ausgetretenen Steinstufen, die zum Eingang hinunterführten, wurden Erinnerungen wach an eine Zeit, da sie hier wie zu Hause gewesen war. Vermutlich würde sie Willi Eylau treffen, dem sie vor Wochen in guter Absicht, aber doch recht voreilig, Hoffnungen gemacht hatte, er könnte bei Hermes-Film als Trickzeichner ankommen. Sie hatte Eylau seitdem ohne Nachricht gelassen. Etwas beklommen folgte sie Dorothee.

Der niedrige Raum, durch kleine bemalte Fenster spärlich vom Tageslicht erhellt, wirkte zu dieser Stunde, da nur eine Arbeitslampe über der Bar brannte, unfreundlich und kalt. Erst abends, wenn Wandleuchten und Tischlämpchen warmes Licht verbreiteten, bekam er Atmosphäre. Dorothee erkundigte sich nach Gregor und verschwand hinter der Bühne. Sie kennt sich gut aus, dachte Eva nicht ohne Wehmut. Ihre Porträtbüsten bekannter Kabarettgrößen hatten hier Anklang gefunden. Sie sollten im Zuschauerraum ausgestellt werden, und Dorothee hoffte ebenso wie das Wespen-Ensemble auf zahlungskräftige Interessenten.

Aus dem Bühnenhintergrund tauchte Willi Eylau auf. Er lächelte breit, als Eva auf ihn zuging. «Du warst lange nicht hier. Seit damals . . .»

Damals, das war, als die Wespen sich die Gunst der Stadtväter verscherzt hatten. Die Schärfe ihres Bisses hatte das erlaubte Maß überschritten. Den Bedingungen, rigoros zu streichen, widersetzte sich das Ensemble, denn ohne Stachel war man keine Wespe mehr. Lieber verzichteten sie auf einen Teil der Gage, denn die städtischen Zuschüsse wurden gestrichen. Tapfer stachen sie weiter, allabendlich im Wespennest, zehn Stufen unter dem Straßenasphalt, vor ausverkauftem Haus.

In dieser schweren Zeit gab Eva ihre literarische Mitarbeit beim Wespennest auf. Den Anstoß dazu lieferte Martin Uhlig. Schreiben ohne Vergütung war in seinen Augen ein Hobby, das sich nur leisten konnte, wer anderweits fest im

Sattel saß. Die Wespen selber, meinte er, hätten bei aller Unsicherheit ihre Reklame, denn sie profitierten ja von den Hieben, die ihnen in den Zeitungen versetzt wurden. Ihre Texter aber hatten davon nichts. Uhligs Abneigung gegen ihren Beruf brach sich wieder einmal Bahn. Es hatte sie gereizt, nun erst recht weiterzumachen, wenn auch auf einer Schiene, die einträglicher zu werden versprach. Bei den Neuesten Nachrichten und beim Reisefreund. Allerdings mußte sie damit rechnen, bei den Wespen nicht mehr als zuverlässig zu gelten.

Willi Eylau merkte Eva die Verlegenheit an. «Du hast es gut gemeint, Mädchen», sagte er treuherzig, «aber es wäre zu schön gewesen.» Sein Entwurf hatte dem Werbeleiter Thomalla wohl zugesagt, aber bevor nicht mit Hermes-Film der Produktionsvertrag abgeschlossen sei, könne man ihm den Auftrag nicht geben.

Der Scheck, dachte Eva, es war richtig, daß ich den Scheck nahm. So kann wenigstens Eylau noch mit dem Auftrag rechnen. Sie wollte ihm Mut machen, aber er blieb skeptisch.

Dorothee kam, ihre Ringelnatzbüste verhüllt im Arm, von Gregor begleitet. Gregor hatte hier alle Fäden in der Hand, seine Satire war gefürchtet. Als er Eva sah, hob er die Augenbrauen. Sie fühlte die Röte der Verlegenheit ins Gesicht steigen, und in plötzlichem Entschluß sagte sie: «Wann habt ihr Premiere? Ich möchte über das neue Programm etwas schreiben.»

«Statt für uns – über uns schreiben, bedeutet das – gegen uns?»

Evas Unsicherheit schlug um in Zorn. «Wie ich euch kenne, habt ihr Mut genug, es abzuwarten.»

Gregor verdrehte die Augen. Als Eylau den beiden Frauen nachwinkte, hob auch er leicht die Hand.

7
Komplikationen

Zwei- bis dreimal im Monat parkte Dorothee ihren Wagen in Gründlers Hof und lud ihre Kollektionen aus dem Kofferraum. Herr Gründler, Fabrikant von Autoanhängern und Wohnwagen, war ein Bekannter Wulf Hotops aus jener Zeit, als der Hauptmann a. D. noch Teilhaber eines Fuhrunternehmens gewesen war. Unter einem ausladenden Schutzdach standen die neuesten Modelle der Gründler-KG zur Ansicht für die Kundschaft. Längs des Hofgebäudes fand man in Vitrinen alles, was den Komfort im Puppenstubenformat vervollständigen half: Tassen, Krüge, Becher, Obstschalen – alles entworfen und gefertigt von der Tochter des Hauses Angelika Gründler. Es gehörte gewissermaßen zum Verkaufsprogramm der Firma, die hausgemachten Keramiken mit an den Mann zu bringen.

Völlig programmwidrig war, daß die Keramiken Dorothee Wickrams, zum Abkühlen auf Regalen aufgereiht, auch die Blicke vorbeigehender Kunden auf sich zogen. Manchmal traten dann die Kunden vom Gründlerschen «Inklusiv-Angebot» zurück und notierten sich den anderen Namen.

Jetzt im Winter war es ziemlich leer auf Gründlers Hof. Dorothee ging auf das Seitengebäude zu, wo sich Angelikas Arbeitsräume mit dem elektrischen Brennofen befanden. Zu Rainer hatte sie gesagt: «Tucholsky und Brecht sind aus dem Fegefeuer erlöst. Ich hole sie heim, bin neugierig, was du zu ihnen sagst.»

Angelika Gründler war nicht zu Hause, der Schlüssel zum Brennraum hing im Versteck. Sorgsam setzte Dorothee Tucholsky, der ihr am meisten Kopfzerbrechen gemacht hatte, in den mitgebrachten Karton. Ein kühler Luftzug verriet ihr, daß jemand die Tür öffnete. Es war Frau Gründler. Tucho war schon unter Holzwolle verschwunden, nur Brecht stand noch da, dunkelgetönte Terrakotta.

Frau Gründler erwiderte knapp Dorothees Gruß. Der ungeschützte Brechtkopf wurde zur Zielscheibe. «Einer linker als der andere. Mit Karl Valentin fingen Sie an, womöglich bringen Sie noch Lenin angeschleppt. Ich glaube kaum, daß

Herr Hotop mit dem einverstanden ist, was Sie machen. Oder weiß er es gar nicht?»

Frau Gründler bemerkte, wie unsicher Dorothee wurde. Das befriedigte sie, und sie gab sich mütterlich-belehrend: «Sehen Sie, Fräulein Wickram, es ist noch etwas anderes zu bedenken. Unsere Arbeiter können vom Frühstücksplatz aus direkt das Trockengestell überblicken. Was es heutzutage heißt, mit den Arbeitern zurechtzukommen – das können Sie sich überhaupt nicht vorstellen. Wir können uns nicht die leiseste Spur eines Unruheherdes in unserer Belegschaft leisten. – Sie wissen, was ich meine? So leid es uns tut, Fräulein Wickram, wir müssen uns von Ihnen trennen.»

Das bedeutete Rausschmiß, und zwar sofort. Kabarettgeschichte in Ton wollte sie machen, angeregt durch Gregor. Daß Frau Gründler darin ein politisches Engagement sah, war völlig absurd. Eine Keramikerin ohne Brennofen war wie ein Fisch auf dem Trocknen. «Es sind meine letzten Plastiken, Frau Gründler, ich verspreche es Ihnen.»

Frau Gründler äugte durch die Latten des Trockengestells nach draußen. Kundschaft. Sie strich ihre Frisur glatt und ging zur Tür. «Meine Tochter weiß sich vor Aufträgen nicht zu retten, sie braucht den Platz im Ofen für ihre eigenen Arbeiten.» Ein halbes Lächeln, und die Tür fiel ins Schloß.

Zu Hause machte Dorothee ihrem Herzen Luft. «Sie haben recht behalten, Eva. Ich hätte mich längst unabhängig machen sollen. Es ist purer Konkurrenzneid, Frau Gründler hat sich zuguterletzt verraten.» Dann, nach einem Telefongespräch mit Hotop, brach Dorothee in Tränen aus.

Am nächsten Tag überraschte Rainer die beiden Frauen mit einem drolligen Einfall. Er stellte ein Monstrum auf den Küchentisch – eine Bastelei aus einem skurril geformten Aststück, Draht, einem Stück Gummischlauch, einem Katzenauge, dem Schaft eines Hirschfängers, Fahrradspeichen, einer Blechfolie – und erklärte: «Für diese Plastik braucht man keinen Brennofen. Das Rohmaterial liegt auf den Schutthalden, ein Lötkolben ist billig und modern ist sowas auf alle Fälle.»

Eva sah betroffen den Jungen an. Dieser schalkhafte Ernst, der seinen Vater in besonderer Weise anziehend gemacht hatte, bildete sich jetzt auch bei Rainer heraus.

Dorothee drehte das Modell nach allen Seiten, ließ das freischwebende Katzenauge pendeln, das zwischen dem rissigen Astholz und dem glatten Schwung einer Speiche wie eine feindliche Sonne hing. Tiefsinnig sagte sie: «Alles muß erst zertrümmert werden, damit wir es neu schaffen können. Vielleicht ist das wirklich das Geheimnis unseres Zeitalters – und damit auch unserer Kunst.»

Eva machte eine unwillige Bewegung. «Nach den Zertrümmerungen, die uns bevorstehen würden, wäre niemand mehr da, um etwas neu zu schaffen.»

Dorothee taufte Rainers Kunstwerk «Nachtgesicht». Es stand in der Loggia neben den Köpfen der Berühmten.

Martin Uhlig ließ sich den vierten Whisky bringen, ohne Soda. Evas mahnenden Blick wehrte er ab. Alles war erwogen, zwei Nächte lang durchgrübelt. Damit keine Gegengedanken aufkamen, trank er den Whisky pur. Zum Wohl, Eva, um dich geht es.

Eva nippte nur an ihrem Vitamincocktail, als er ihr zuprostete, und wandte sich wieder Eylau und Gregor zu. In den letzten zwei Stunden war die Premierenvorstellung mit dem neuen Wespenprogramm über die kleine Bühne gegangen. Uhlig schwang sich vom Barhocker. Ihn interessierte Evas kritische Feststellung nicht, daß der zweite Teil zu wenig Beziehung zum Thema hätte. «Männer haben Gesichte» hieß das Programm. Er konnte der politischen Satire keinen Geschmack abgewinnen. Lediglich Eva zuliebe war er in den Wespenkeller herabgestiegen, und Eva zuliebe würde er demnächst nach Aschingen übersiedeln.

Uhlig sank auf ein Ecksofa. Auf dem Tisch davor stand ein halbvolles Weinglas. Es mochte Eva gehören, die noch immer an der Bar polemisierte. Der Eifer stand ihr gut, er machte sie lebhaft, gab ihr Farbe. Uhlig fühlte eine leichte Benommenheit aufsteigen. Auch gut, dachte er, daß ich nicht mehr alles so klar sehe. Klarheit schmerzt. Er wußte noch immer nicht, was Lepp sich bei der Frage gedacht hatte, ob er, der neue Direktor in Aschingen, bei entsprechender Dienstwohnung zu heiraten gedenke. Uhligs Antwort war unbestimmt ausgefallen, womit Lepp wohl gerechnet hatte, denn er kam rasch mit einem sonderbaren Vorschlag: «Nun, das ist natürlich Ihre Sache. Aber das Fräulein Braut – falls man Fräulein Leonhard so nennen darf – soll eine fähige Journalistin sein. Wir möchten ihr einige Artikel anvertrauen für unsere Elektron-Zeitschrift. Sie werden sie ja kennen, unseren ‹Horizont›.»

Nach der ersten Verblüffung über das plötzlich erwachte Interesse an Evas Person wuchs Argwohn in Uhlig. Hatte Lepp ihn testen wollen? Das Fräulein Braut . . . Er sah Eva lachen, sie schien mit Gregor wieder recht einig zu sein. Am liebsten wäre er zur Bar gestürzt und hätte sie von ihrem hohen Sitz gezerrt. Grimmig trank er den Whisky. Durch den Schleier der Trunkenheit sah er Dorothee Wickrams roten Haarschopf. Sie war ohne Hotop gekommen, und wenn Eva ihn noch länger allein auf dem Sofa sitzen ließ, würde er sich mit der Rotschopfigen trösten, jawohl, das würde er.

Er nahm die letzte Zigarette aus dem Etui. Nun hatte er einen Grund, zur Bar zu gehen. Doch Dorothee, einbezogen in den lärmenden Kreis um Gregor, nahm von Uhlig keine Notiz. Mit wippenden Beinen thronte sie auf dem Hocker und rief begeistert: «Kinder, das ist *die* Idee!» Und zu Eva gewandt: «Was sagen Sie dazu? Ich habe eben einen großartigen Tip bekommen. In Glaeseles vielen Brennöfen müßte doch für meine paar Zwetschgen ein Plätzchen frei sein.»

«Na ja», sagte Eva, «Sie haben doch bei Glaesele einen Stein im Brett. Versuchen Sie's.»

Uhlig drückte die angerauchte Zigarette aus. Er fühlte sich überflüssig. Der Abend war verkorkst, es war Zeit zu gehen. Als er Eva in den Mantel half, sagte sie: «Schade, ich wäre gern noch ein bißchen geblieben.» Auf der Straße nahm sie ihm die Autoschlüssel ab. «Du darfst nicht fahren, du hast zu viel getrunken.»

Ohne vorherige Absprache fuhr sie zu seiner Wohnung. Er merkte es erst, als sie links abbog. Der Abend war also nicht völlig verloren. Er hatte ihr die Verantwortung für den Wagen überlassen, dafür hatte er nun die Verantwortung, trotz der vorgeschrittenen Stunde einen Auftrag zu formulieren, der ihm schwer über die Lippen ging. «Laß dich nicht zu sehr mit den Leuten vom Wespennest ein», sagte er auf der Treppe. Dann schob er sie sanft durch die Wohnungstür. Leise, als könne jemand Mithörer eines Geheimnisses werden, fuhr er fort: «Du hast ganz andere Chancen. Die Fördergesellschaft Elektron macht dir ein Angebot.» Behutsam zog er die Enden ihres Schals aus dem Mantel. «Du kennst doch den Horizont des zwanzigsten Jahrhunderts?» Er bückte sich nach ihren Handschuhen, die er mit ungeschicktem Schwung neben das Garderobentischchen geworfen hatte.

Eva ließ alles mit sich geschehen. Ein bißchen gerührt war sie und beschämt. Sie hatte sich an dem Abend kaum um ihn gekümmert, und nun erfuhr sie, daß er sich um ihre Arbeit Gedanken machte, daß er ihr helfen, Wege ebnen wollte. Der Horizont hatte einen festen Mitarbeiterstab, zumeist honorige Leute mit wissenschaftlichen Spezialkenntnissen.

«Du bleibst doch? Kochst du einen Kaffee?» Er sah grau und müde aus.

Es vergingen nur Minuten, die sie in der Kochnische zu tun hatte, doch die kurze Zeit genügte, daß ihn die Müdigkeit überwältigte. Sie fand ihn schlafend auf der Couch. Auch der Kaffeeduft drang nicht bis zu ihm. Dagegen drang eine Wolke von Alkoholdunst zu ihr bei seinem geseufzten «Ja-a», als sie ihn zudeckte und ein Kissen unter den Kopf schob. Mit der Tasse in der Hand lehnte sie eine Weile am Fenster. Sie hätte den Schlüssel nehmen und heimfahren können. Einmal hatte sie es getan. Am nächsten Tag war er zerknirscht zu ihr gekommen. Aber heute brachte sie es nicht fertig. Sie war nicht böse auf ihn, nur traurig, daß alles so werden konnte, wie es war. Sie lauschte auf seine tiefen Atemzüge und ging langsam ins Schlafzimmer hinüber.

Es war kein guter Tagesanfang. Uhligs finstere Miene, sein zusammengekniffener Mund verrieten quälende Selbstvorwürfe. Eva wußte, was in ihm vorging. Er ärgerte sich über sein Versagen, das sie als Gleichgültigkeit empfinden mußte. Seine Scham schlug um in krampfhaften, fast feindseligen Trotz.

Er kam in der Frisierhaube aus dem Badezimmer. Sie fand dieses altmodische Toilettenzubehör scheußlich, und er wußte es. Daß er damit durchs Zimmer ging, hieß: Jetzt ist schon alles gleich. Sie zog ihm die schwarze Netzhaube vom

Kopf. Er sah sie von unten herauf an, erwartete Spott und fand Trauer in ihren Augen. Die Fürsorglichkeit, mit der sie ihn beim Frühstück bediente, machte ihn unsicher. Nach allem, was gestern geschehen war, konnte das nur Mitleid sein, und Mitleid war ihm zuwider. Rauh sagte er: «Ich soll nun doch in Aschingen das Zweigwerk übernehmen. Das kommt wie gerufen.»

Sie sah ihn fragend an. «Bist du die Großstadt überdrüssig?»

«Es wird weniger Komplikationen geben, wenn Tiefenbach kommt. Die Elektronleute wollen ihn um jeden Preis fest an sich binden.»

«Komplikationen? Willst du ihn denn zum CA-Süd holen? Ihr habt doch ganz verschiedene Fachgebiete.»

Er stand brüsk vom Tisch auf. «Wer spricht denn von der Arbeit?»

Sie hatte wohl seine Empfindsamkeit unterschätzt. «Ach, Martin, von allen Taktlosigkeiten, die du hin und wieder begehst, ist das die größte: zu meinen, ich sitze hier und warte nur darauf, mich in Hans' Arme zu werfen.»

Verzeih, hätte er ihr gern nachgerufen, als sie aus dem Zimmer ging, aber der rüde Ton saß ihm noch in der Kehle und verbot das versöhnliche Wort. Er griff nach der zusammengeknüllten Frisierhaube und warf sie ärgerlich ins Badezimmer. Einsilbig, als sei alles etwas lange Gewohntes, verließen sie die Wohnung. Auch im Wagen sprachen sie nur das Notwendige. Uhlig fuhr einen Umweg, um Eva vor der Bibliothek abzusetzen. Aus dem versöhnenden Wort wurde bei der Verabschiedung der freundschaftliche Rat: «Halt' dir die Redaktion des Horizont warm, da sind große Pläne im Gange. Das Sagen dort hat ein gewisser Schloth. Er wird nicht kleinlich sein.»

Eva setzte sich in den Lesesaal, und über Büchern und Heften, die sie durchblätterte, ging ihr immer wieder der Satz durch den Kopf: Er wird nicht kleinlich sein. Sich an die Großzügigen zu halten, war eine Devise, die Erfolg versprach. Großzügig war, wer gut zahlte. Martin folgte den Großzügigen. Sie schickten ihn nach Aschingen, und er ging. Wenn nur sein Denken, sein ganzes Wesen etwas großzügiger wäre, dann säße sie jetzt vielleicht nicht hier mit einer schalen Erinnerung, Fakten aus alten Heften herausklaubend für einen heiklen Artikel über die «deutsche Stadt Stettin». Mit wohlberechnetem Bedauern hatte der Redakteur der Neuesten Nachrichten ihr Zögern quittiert. «Dann wird eben ein anderer den Artikel schreiben. Schade.» Sie hatte zugegriffen und betrachtete nun all die bekannten Bilder – vom Schloß, vom Bollwerk, vom Hafen. Einen literarischen Streifzug durch den «ersten Seehandelsplatz Preußens» erwartete man von ihr. Gestützt auf das Bibliotheksmaterial, wäre es ihr nicht schwergefallen, ein Bild der Oderstadt zu entwerfen, wie es in den Herzen vieler gebürtiger Pommern schlummern mochte. Was würde sie damit erreichen?

Ihre Gedanken gingen zurück in die Kriegsjahre. In Posen lebte man damals mit den Polen zusammen. Das Schicksal der polnischen Apothekersfrau, die im Hause ihrer Mutter nähte, hatte Eva nicht vergessen können. Wollte sie im Sinne solcher Erfahrungen ihren Artikel schreiben, würde sie nur Hohn ernten: «Eine Stettinerin, die altes deutsches Siedlungsland an Oder und Neiße preisgibt.» Schrieb sie wunschgerecht, so bestärkte sie gerade jene, die in Posen polnische Bewohner mit Fußtritten aus der Straßenbahn gestoßen, Familien aus den Wohnungen vertrieben und noch Schlimmeres getan hatten. Beschämt schloß sie die Augen. Einen Weg dazwischen hatte sie suchen wollen, doch es gab keinen. Sie war der Lockung des gutbezahlten Auftrags erlegen. Aber vielleicht sollte «die Leonhard» mit diesem Auftrag über die Klinge springen. Da wollte sie schon lieber mit geradem Rücken durch die Tür gehen, ehe sie endgültig hinter ihr ins Schloß fiel.

Dorothee empfing sie, freudig erregt, bereits an der Flurtür. Glaesele hatte ihr nicht nur gestattet, ihre Keramiken in seinem Betrieb zu brennen, er hatte sogar einige Entwürfe bestellt. In der Unterhaltung ließ er durchblicken, daß er frisches Blut brauche. Thomalla, der Leiter der Werbe- und Entwurfsabteilung, sei zu alt für phantasievolle Neuerungen. Dorothee sprudelte über vor Ideen und Plänen. Die Nachtgedanken waren besiegt, die Niederlage bei Gründlers war vergessen.

Eva hatte es nicht anders erwartet. Dorothees Stimmungen dauerten niemals lange. Immerhin, den Erfolg bei Glaesele hatte sie auffallend schnell errungen.

Dorothee lächelte vielsagend. «Glaesele war zuerst für niemand zu sprechen. Ich bestand aber darauf, gab meine Karte ab, und plötzlich hatte er Zeit.» Sie lachte selbstgefällig und tuffte ihren locker gewellten Wuschelkopf zurecht. «Übrigens waren gerade Szenenfotos vom Werbefilm eingegangen. Er ist hübsch geworden, sogar in Farbe.»

«Der Film ist abgedreht?» fragte Eva ungläubig.

«Ja. Die Werbeabteilung hat ein paar Nachtschichten drangesetzt. Auch das Entwurfsbüro war beteiligt.»

«Nachtschichten im Entwurfsbüro?»

«Es wurden doch Trickzeichnungen gebraucht.» Dorothee wunderte sich über Evas Unkenntnis. «Ein Hausgeist hinter der Küchengardine – oder etwas Ähnliches.»

So eine Gemeinheit, dachte Eva. Eylaus Auftrag.

Dorothee merkte, daß sie keine gute Nachricht gebracht hatte. Sie versuchte zu erklären. Die Zeit hätte nicht mehr gereicht, etwas außer Haus zu geben.

«Die Zeit, die Zeit! Wer hat denn plötzlich so gedrängt?»

Evas Unwillen ernüchterte Dorothee. «Ich weiß es wirklich nicht», sagte sie und ging aus dem Zimmer.

Die Nachricht ließ Eva keine Ruhe. Warum hatte man den Film inszeniert, ohne ihr den geringsten Hinweis zu geben, ohne Eylaus Entwurf zu verwenden. Nach anfänglicher Gelassenheit nun in solcher Hast? Die Antwort konnte ihr nur Glaesele geben.

Vom Sekretariat aus wurde sie statt zu Glaesele zu seinem Prokuristen geschickt. Es war also ein Fehlschluß gewesen, daß Glaesele auch für sie zu sprechen sein müßte.

Der Prokurist gab höflich Auskunft, war aber offensichtlich gewillt, ihr nur das Notwendige mitzuteilen. «Herr Wacker drängte, er hätte sonst Terminschwierigkeiten bekommen. Wir waren froh, daß er binnen weniger Tage unseren Streifen abdrehte. Es blieb nichts anderes übrig, als die Trickzeichnungen im Hause anfertigen zu lassen.»

Eva zitterte vor Empörung. «Kennen Sie die Abmachungen, die ich mit Herrn Glaesele getroffen habe? Der Hausgeist – das war meine Idee. Für den Film das Tüpfelchen auf dem I.»

Der Prokurist blätterte in einer Akte und zuckte mit den

Schultern. «Sie haben von uns einen Scheck erhalten. Damit sind alle Rechte an die Firma Glaesele & Sohn übergegangen. Oder steht irgendwo etwas Gegenteiliges?»

«Nein», sagte Eva und wandte sich zur Tür. In diesem Hause hatte sie nichts mehr zu erwarten.

Der Prokurist blieb höflich bis zuletzt. Er bot ihr die Hand. «Das ist nun mal im Geschäftsleben so. Keine Schüssel, keine Tasse, für die wir Geld einnehmen, gehört uns noch. Der Kunde kann sie an der nächsten Ecke mutwillig zerschlagen, das ist sein gutes Recht.»

Als Eva durchs Vorzimmer ging, trat aus der gegenüberliegenden Tür ein junger Mann. Das Gesicht kam ihr bekannt vor. Auf der Treppe fiel es ihr plötzlich ein, es war Norbert Klemt, Glaeseles Stiefsohn. Also hatte sich der Chef verleugnen lassen.

8
Journalisten

Scharf gewürzte Eier im Glas ersetzten Rubyschewski das Mittagessen, wenn er zu Hause arbeitete. Eine Schreibtischecke von der Größe einer Papierserviette genügte für das Gedeck. An solchen Tagen wurde sein Zimmer zum Kampfplatz. Der breite Rollschrank, der sein wohlgeordnetes Archiv barg, wurde arg strapaziert. Alle drei Wochen war er für den Leitartikel verantwortlich. Sein Thema für die kommende Woche basierte auf einem Ausspruch Albert Einsteins: «In zwei Wochen kann durch die Zeitungen die urteilslose Menge in irgendeinem Lande in einen Zustand solcher Wut und Aufregung versetzt werden, daß die Männer bereit sind, als Soldaten gekleidet, zu töten und sich töten zu lassen für die nichtswürdigen Ziele irgendwelcher Interessenten.» Und Einstein fragte: «Was ist zu tun? – Die moralische und ästhetische Vervollkommnung ist ein Ziel, das den Bemühungen der Kunst näher steht als denen der Wissenschaft. Wohl ist das Verstehen der Nächsten von Bedeutung. Dies Verstehen wird aber nur fruchtbar, wenn es von Mit-Freude und Mit-Leid getragen wird. Das furchtbare Dilemma der politischen Weltsituation hat viel zu tun mit der Unterlassungssünde unserer Zivilisation. Ohne ethische Kultur gibt es keine Rettung für die Menschen.»

Diese Sätze schienen Rubyschewski einer Untersuchung wert. Er kannte junge Journalisten, die durchaus fähig waren, an der Auseinandersetzung um die nichtswürdigen Ziele irgendwelcher Interessenten teilzunehmen. Justus Funke zum Beispiel, der sich bislang in geistreich-scharfen Feuilletons versucht hatte. Aber in Justus steckte mehr. Er brauchte Anreiz und die erforderliche Rückendeckung durch den Chefredakteur. Dann würde er weiter vorpreschen.

Ob Eva Leonhard dazu fähig und willens war, wagte er noch nicht zu beurteilen. Nach seinem Besuch bei ihr verstrichen Wochen, bis sie von seinem Angebot Gebrauch machte und der Redaktion Umschau drei Beiträge schickte. Die Wespennest-Rezension kam nicht in Betracht, von den beiden anderen Arbeiten nahm die Kulturredaktion die Glosse über Herrn Fifty-fifty. Rubyschewski erbat sich die umfangreichere Studie «Spaziergang in den luftleeren Raum.» Er erinnerte sich ihrer Bemerkungen über das Schreiben für die Schublade, als er Kursivstellen entdeckte wie: der seriöse Verleger, der unabhängige Verleger.

Rubyschewski hatte sein Mittagsgeschirr weggeräumt und zündete sich eine Zigarre an. Wenn Eva Wort hielt, würde sie in einer knappen Stunde hier sein. Er zog das Manuskript aus der Mappe und las.

Es war die Geschichte einer unbekannten Autorin, die vergeblich hofft, für ihre literarische Reportage «Ravensbrück» einen Verleger zu finden. Der *große* Verleger, an den sie sich zuerst wendet, läßt sie im Foyer des Hochhauses an der Hauptstraße zwischen Palmen, Oleander und Philodendren im gepolsterten Rundsessel eine Viertelstunde warten, um ihr schließlich das Manuskript durch die Sekretärin zurückgeben zu lassen mit dem Routinevermerk: Für unseren Verlag nicht geeignet.

«... Der Cheflektor eines *seriösen* Verlags opfert mir immerhin einige Minuten seiner kostbaren Zeit. ‹Bei so viel erzählerischer Begabung – warum solch ein trister Stoff?› sagt er wohlwollend. ‹Der Tradition unseres Verlags folgend, bringen wir Jean Paul und Marie von Ebner-Eschenbach.

Das sind beileibe keine Verkaufsschlager. Damit wir uns die Klassiker leisten können, sind wir darauf angewiesen, daß uns die jüngeren Autoren todsichere Sachen liefern. Wir brauchen Bestseller, Stoffe, auf die die Käufer sich stürzen. Aphorismen von Lichtenberg bis Ortega y Gasset, die wir jetzt bringen, sind ein finanzielles Risiko, zumal in Pergament, aber das sind wir unserem Namen schuldig.›

Ich verlasse das Haus mit dem verpflichtenden Namen sehr niedergeschlagen. Der Reißverschluß meiner Mappe sperrt, auf dem Wege zur Straßenbahn tropft Regen auf das Manuskript.

Der *kleine* Verleger, der stolz auf seine Unabhängigkeit ist, hat sein Büro im zweiten Hof, Seitengebäude links. Er empfängt selbst. Seine Schuhe sind nicht mehr neu, und auch sonst sieht es sehr unabhängig bei ihm aus. Auf dem Regal stehen broschierte Bändchen mit mir angenehmen Namen. Ich schöpfe Hoffnung. Der kleine unabhängige Verleger teilt seine Zigaretten und seine Erfahrungen mit mir. Ich bin hingerissen von seiner Offenheit und Unabhängigkeit. Nur über eins bin ich erstaunt: daß ich nach dieser Unterredung wieder draußen stehe – mit meinem Manuskript. Ich brauche ein paar Minuten der Besinnung, um mir darüber klar zu werden, wodurch der unter vier Augen verkündeten Unabhängigkeit Grenzen gesetzt sind. Der unabhängige Verleger hatte ins Regal gegriffen und eines der Bändchen – es war Majakowski – unter seinen Schreibtisch gehalten und damit demonstriert, wie die Buchhändler diese Literatur verkaufen. ‹Unter dem Ladentisch, und nur an Leute, die sie kennen. In den Schaufenstern finden Sie diese Sachen nicht. Mit Ihrem Buch wäre das ähnlich. Damit bleibt aber das Geschäft aus. Und leben will schließlich auch der Unabhängigste. – Beste gnädige Frau, Ihre Reportage – sofort, würde ich sagen, wenn die Zeiten anders wären. Kommen Sie in einem Jahr wieder – oder noch besser in zwei Jahren. Für Literatur, die keine Eintagsfliege sein möchte, sind das doch keine Zeitspannen. Meine prinzipielle Einstellung kennen Sie, ich bleibe unabhängig, komme was da wolle.› Eigenhändig packte er das Manuskript sorgfältig in graues Papier. Es war das nämliche, in dem ich es ihm brachte . . .»

Rubyschewski hatte sehr langsam gelesen. Sein Urteil, vor

Wochen gefällt, mußte er revidieren. Streng, ja pharisäerhaft hatte er ihr die neue Wohnung zum Vorwurf gemacht, hatte die Bedürfnisse ihrer Jugend nicht beachtet und nur sich selber zum Maßstab genommen.

Er empfing Eva mit dem Handkuß des alten Kavaliers, eine liebenswürdige Geste, die er sich für besondere Anlässe bewahrte. Aus den Augenwinkeln betrachtete er sie prüfend. Als seine Tochter Ilse ihm dieses Mädchen vor mehr als zehn Jahren ans Herz legte, gab sie in ihrer burschikosen Art etwa folgende Charakteristik: «Was dir, wie ich dich kenne, an ihr am meisten imponieren wird, mußt du ganz oben und ganz unten suchen – die Augen und das Fahrgestell. Dazu noch die Hände. Nervosität aus dem Geist. Einst wollte man ihr die ‹Rasse› absprechen, dabei hat sie eher zuviel davon. Auch das kann ein Leben gefährden.»

Während Rubyschewski die Kaffeemaschine bediente, sah Eva sich im Zimmer um. Auf dem Rollschrank, der neben dem Schreibtisch die halbe Wand einnahm, stand in weißem Lederrahmen ein Frauenbild. «Ach, meine gute Ru!» Evas Blick verlor sich im Gesicht der Freundin. Sie sagte nachdenklich: «Sie hat es wohl nicht immer leicht als Bürgermeisterin in ihrem ‹Kurort der Werktätigen›.»

Weiß Gott, das hat sie nicht, dachte Rubyschewski. Aber wir wollen lieber von dir reden, Eva Leonhard. Deine Arbeit brauche ich, deinen Einsatz. Doch vorerst ließ er diese Gedanken nicht laut werden. Es gab noch einiges zu klären zwischen ihnen. Eva war enttäuscht, daß der Kulturredakteur ihren Wespennestartikel nicht angenommen hatte. Rubyschewski verteidigte seinen Kollegen. «Der Auftrag war bereits vergeben. Statt dessen geht die Fifty-fifty-Glosse sofort in Satz. Und für Ravensbrück suchen wir uns einen passenden Gedenktag aus.» Er zog das Resümee: Mit den Neuesten Nachrichten hatte sie also gebrochen. Gut so. Bei der Aktuellen Umschau verlangte niemand, daß sie Landsmannschaften und Trutzbünden zum Munde redete. Was sie nicht zu tun bereit war, hatte sie bewiesen, nun blieb abzuwarten, wozu sie sich bekennen würde.

Mit flüchtigem Gruß betrat Justus Funke das Büro der Aktuellen Umschau. «Ich habe gestern einen Artikel hereingegeben, Frau Berger. Vom Glauben der Welt an Gott und Amerika. Haben Sie ihn noch?»

Die Sekretärin zog das Manuskript aus einer Mappe. Entschuldigend sagte sie: «Herr Rubyschewski war gestern nicht hier. Und Sie wollten ja, daß er es zuerst liest.»

«Eben.» Justus griff nach den Blättern. «Ich will etwas Wichtiges ergänzen. Sie kriegen's noch heute wieder.»

Die Espressostube um die Ecke war um diese Zeit fast leer, und er konnte seinen Artikel noch einmal unter die Lupe nehmen. Seit Monaten beschäftigte ihn die Frage, welche Kräfte den jeweiligen USA-Präsidenten in den Sattel gehoben hatten. Amerikanische Magazine widmeten seit einiger Zeit dem überseeischen Würdenträger Roms auffallend viel Raum. Der erste katholische Präsident für die USA rückte damit in den Bereich des Möglichen. Das könnte bedeuten: Geistliche und weltliche Macht in einer Hand, also Weltmacht in Potenz, ein Super-Amerikanismus. Kardinal Spellman hatte es freimütig so formuliert. Den amerikanischen Komplex setzte Justus in Parallele zu dem vom Rhein aus regierten Bundesstaat. Er war neugierig, was Rubyschewski sagen würde zu seinem Feuilleton über die Königsmacher des zwanzigsten Jahrhunderts. Das I-Tüpfelchen dazu hatte ihm überraschend ein Vortragsabend geliefert.

Der wurde veranstaltet vom Arbeitskreis christlicher Studenten. Nächstenliebe und Sozialismus – das Thema hatte Justus gelockt. Leider wurde es vom Referenten, einem schmalgesichtigen Theologiedozenten, verwässert. Eine merkwürdige Rolle in der Aussprache spielte eine Dame von Anfang Fünfzig mit Lorgnon an goldener Kette und violetter Stola überm dunklen Kleid. Sobald einer der Studenten den Referenten kritisierte, schaltete sie sich ein, in fast weinerlicher Erregtheit. Ein junger Mann, der neben ihm saß und auch nur Gast bei den Theologen war, klärte ihn über die unduldsame Patronin auf. Es war Wendla Maihuber, die Frau des Generaldirektors vom CA-Süd.

Das Gespräch mit seinem Tischnachbarn wurde für Justus das Wichtigste dieses Abends. Später bei einem Drink in einer Bar erfuhr er, daß er den Stiefsohn Viktor Glaeseles vor sich hatte, also den Neffen jener eifernden Patronin. Norbert Klemt hielt mit seiner Meinung nicht hinterm Berge, wo immer Justus ansetzte. Sie sprachen darüber, was Opposition einbringe. Norbert ging von sich aus: «Drang nach Gerechtigkeit, das war es am Anfang, wenn ich ausbrach. Aber jetzt bin ich vorsichtiger. Es ist wie beim Schachspiel, man muß den Gegenzug vorausberechnen können, sonst geht man unweigerlich baden.» Er sprang von einem Thema zum anderen. «Ihren Namen habe ich öfters in der Zeitung gelesen. Gibt es nicht viel Ärger in Ihrem Beruf?»

«Kann man wohl sagen.»

«Lohnt das?»

«Kommt ganz auf die Berufsauffassung an.»

«Werden Sie über den heutigen Abend schreiben? Einschließlich Wendla Maihuber?»

«Täten Sie es an meiner Stelle?»

«Nein. Aber meine Bewunderung wäre Ihnen sicher.» Unter der Einwirkung reichlich genossenen Whiskys gab Norbert ohne große Aufforderung ein ziemlich intimes Bild seiner Familie.

Teufel noch eins, dachte Justus, das Gottesgnadentum des zwanzigsten Jahrhunderts hat mancherlei Parallelen. Sein größter Stolz war die persönliche Handschrift, die ihm als Journalist bescheinigt wurde. Am besten gelangen ihm die Artikel, bei denen Skepsis oder Zorn die Schubkräfte waren. Er hatte da seine ganz spezifische Einteilung, je nach Gewichtigkeit der Thematik regelte sich die Intensität in Schüben. Etwa: Raketenrampen bei Dortmund – großer Schub. Ignoranz gegen Albert Schweitzer – ganz großer Schub. Schweitzers Appell an das Gewissen der Menschheit kam schon verstümmelt aus dem Bundespresseamt. Die Kanzel mußte sich der deutsch sprechende Elsässer beim norwegischen Rundfunk suchen. Mittlerer Schub – ausgelöst durch Begegnung mit Wendla-Norbert, notierte Justus flüchtig in seinem Taschenkalender.

Als er das Manuskript zurückbrachte, saß er für eine Zigarettenlänge mit Rubyschewski im Büro zusammen. Er erzählte von seiner Begegnung am Vorabend. «Ich bin ziemlich scharf ins Zeug gegangen mit dem Kardinal Spellman – und mit einigen Auch-Spellmännern dazu.»

Rubyschewski legte seine Hand auf das Manuskript. «Genau das habe ich erwartet.»

«Und wenn sich einige Lokalprominente getroffen fühlen?»

«Tun sie es nicht, dann stimmt irgend etwas nicht.»

Dr. Schloth, Chefredakteur der Elektron-Zeitschrift Horizont des zwanzigsten Jahrhunderts, beendete die erweiterte Redaktionssitzung. Maihubers persönlicher Referent Lepp zog Schloth beiseite. «Eine kleine Sache noch.» Er entnahm seiner Mappe eine Nummer des Reisefreund. Die Zeitschrift lag, schon von der Aufmachung her, einige Güteklassen unter dem Horizont. «Lesen Sie mal, Doktor. Das Thema ist belanglos, aber wie das angepackt ist — sehr hübsch.»

Klippen und Täler — las Schloth. Worauf wollte Lepp hinaus? Als Autorin zeichnete eine ihm unbekannte Eva Leonhard.

«Merken Sie sich den Namen“, sagte Lepp. «Hier steckt so eine frische Brise die dem Horizont gut täte, wie vorhin der Generalsekretär meinte.»

«Nach einem einzigen Artikel halte ich so ein Urteil für übereilt.»

«Wir kennen mehr von ihr», sagte Lepp. «Dieses Fräulein Leonhard steht einem unserer Abteilungsleiter seit Jahren nahe. Warum kann man nicht mal einen Versuch mit ihr machen?»

«Sie tippen auf Reisereportage im Unterhaltungsteil?»

«Ja. Die Anregungen aus der heutigen Sitzung zum Beispiel. Ist das nicht ein Tummelplatz für unternehmungslustige Mitarbeiter? Ihnen eine Chance zu geben, stünde unserem seriösen Blatt gut zu Gesicht.»

Schloth sah sein Gegenüber prüfend an. Die Zähigkeit, mit der Lepp sich an seinen Vorschlag klammerte, ließ einen festen Auftrag aus dem Büro Maihuber vermuten. Da konnte man wohl nur noch ja und amen sagen. «Na schön, versuchen wir's.»

Evas erste Unterhaltung mit Dr. Schloth glich einer Instruktionsstunde. Was er vom Reisefreund hielt, sagte er unumwunden, doch vor allem nahm er sie ernst. Er verlangte keine Reklame von ihr und keine albernen Umfragen, ob man Starkbier trinken solle oder nicht, ob Schlafzimmer nach

Osten oder Westen liegen sollten und ähnlichen Kram, wie es die Neuesten Nachrichten versucht hatten.

«Wir wollen unsere Heimat neu entdecken», sagte Schloth mit einem munteren Unterton. «Die Tips bekommen Sie von uns, im übrigen haben Sie freie Hand, ganz freie Hand.»

Eva dachte an ihre ungedruckten Impressionen übers Altmühltal. Soviel hatte sie inzwischen gelernt, daß man den Freibrief für die ganz freie Hand nicht allzu wörtlich nehmen durfte. Schloth begann auch sogleich mit dem tieferen Sinn der Heimat-Neuentdeckung, wie er sie verstanden wissen wollte.

«Die Schönheit der Landschaft, verbunden mit dem menschlichen Schöpfertum – auch in Form von Technik – das gilt es zu erschließen.» Er gefiel sich in Stimmungsmalerei. Autobahn, Viadukt, Staudamm, Sägewerk, es spannte sich, wölbte sich, schwang über Täler und Schluchten, was er die Landschaft des Weltbürgers im zwanzigsten Jahrhundert nannte.

Eva hatte schnell begriffen. Diesmal warb sie nicht fürs Kaufen von Waren, sondern sie machte ländliche Idyllik den verwöhnten Großstädtern schmackhaft. Die Ingenieursgattin, deren Mann in ein Zweigunternehmen irgendwo in der Alb versetzt wurde, und die nun auf ihr Opernabonnement verzichten mußte, sollte entschädigt werden durch Glockenläuten und Naturromantik. Das Wissenschaftler-Camp neben dem Gebirgsdorf. Sagen waren aufzuspüren, Historisches würde sich überall am Wege finden.

Ich werde eine neue Art von Inseln populär machen, sagte sich Eva. Nach ihren Erfahrungen bei den Neuesten Nachrichten wäre ihr wohler gewesen, sie hätte sich gänzlich auf die Aktuelle Umschau einstellen können, aber ihre Glosse war noch kein Fundament für eine Existenz. Mit den Horizontaufträgen rechnete sie, wenn es hoch kam, für die Dauer des Sommerhalbjahres. Ihr erstes Thema über das Gebiet um den Kaiserstuhl gab vom Historischen einiges her. Wenn Rudolf von Habsburg dort Gericht gehalten hatte, dann waren auch noch Sagen aufzuspüren. Sie würde Zeit dafür brauchen und in den nächsten Monaten häufig auf Reisen sein.

Der Leidtragende war Rainer. Nach dem Vorgefallenen konnte sie ihr Gewissen nicht damit beruhigen, daß er verständig genug sei, tagelang allein zu bleiben, und auf Dorothee war kein Verlaß mehr, seit sie bei Glaesele zur Favoritin aufgerückt war. Für Mitte April hatten die Großeltern ihn in einem Sanatorium angemeldet, er brauchte noch immer orthopädische Behandlung. Die Zeit bis dahin mußte überbrückt werden. Eva hatte sich damit abfinden müssen, daß an ihr eine Portion Schuld hängen blieb. Den Hauptschuldigen, Rainers Quälgeistern in der Tertia, hatten die Tübinger nicht nachgespürt. Sie hatten seine Umschulung in Eile betrieben und ihn vom Unterricht für das laufende Schuljahr befreien lassen. Auf diese Weise wurde er nicht zum Sitzenbleiber. Evas Berufsplänen – das mußte sie zugeben – kam diese Lösung zustatten. Sie konnte Rainer für kurze Zeit aufs Land geben. Drei, vier Wochen Schwenndorf bei den gütigen Briesangs würden dem blassen Jungen guttun.

Martin Uhlig hatte sich ohne Zögern bereiterklärt, Rainer nach Schwenndorf zu bringen. Auf der Rückfahrt sollte sich Eva seine künftige Dienstwohnung in Aschingen ansehen. Noch waren die Laubwälder kahl, und die Obstbäume an den Landstraßen reckten ihre Zweige wie dürre Ruten gen Himmel, über den der Wind hohe Wolken trieb.

In Schwenndorf hielten sie sich nicht lange auf. Burgl war glücklich, Rainer wieder einmal für einige Wochen in ihrer Obhut zu haben. Werner Briesang nutzte den Sonntagvormittag, um Bäume und Beerensträucher zu beschneiden. Es schien Eva, als ginge er Martin aus dem Weg. Die beiden Männer fanden einfach keinen Kontakt zueinander. Beim Verabschieden – Martin saß schon im Auto – sagte Briesang: «Richtung Kaiserstuhl nehmt ihr am besten die Autobahn. Da ist übrigens ein ganz neues Werk im Entstehen, für keramische Farben, die höchste Temperaturen vertragen. Glaesele ist einer der Hauptaktionäre.»

Uhlig beugte sich aus dem Wagen und sagte ironisch: «Als Keramikfachmann ist das ja naheliegend. Aber es wird wohl auch noch anderes am Kaiserstuhl zu entdecken sein.» Er ließ den Motor laufen und winkte Eva einzusteigen.

«Wenn sie doch den Uhlig aufgeben wollte», knurrte Briesang und sah dem Wagen nach.

Die Sonne berührte fast den Waldsaum, als sie die Abfahrt nach Aschingen erreichten.

«Ich habe mich bislang sehr wenig um die neue Wohnung gekümmert», sagte Martin. «Frau Maihuber organisiert das alles vorzüglich.»

«Aha, die Schirmherrin aus Leidenschaft», spottete Eva.

Er blieb gleichmütig. «Man muß auch darin Übung haben. Jedenfalls kommandiert sie die Handwerker wie ein Feldherr.»

Das Zweifamilienhaus, mit der Rückseite an einen Hang gebaut, war ockerfarben getüncht und trug, was Eva belustigend fand, den Namen Villa Waldblume. Ihre heitere Stimmung hielt an, während sie durch die Zimmer des oberen Stockwerks gingen, die nach Farbe rochen. Unbefangen schob sie ihren Arm in den seinen.

«Ein bißchen verbaut, eine krause Waldblume. Die Küche nach Süden, aber Platz hast du genug.»

Hinter ihnen blieb die Flurtür offen, so war es nicht verwunderlich, daß die Hausmeisterin, die im Erdgeschoß wohnte, plötzlich auf der Schwelle stand. Martin zögerte die Vorstellung hinaus. Scheinbar absichtslos löste er sich von Eva, ging auf das Badezimmer zu und sagte «Nun ist es ja doch ganz in Gelb gehalten, wer hat denn das bestimmt, Frau Wirsing?»

«Na, die Frau Generaldirektor», antwortete sie knapp. «Sie haben sich doch für schwarze Kacheln entschieden, und das paßt eben am besten zusammen, meint die Frau Generaldirektor.»

Eva war nähergekommen. «Da hat sie völlig recht. Ich hätte es mir auch so ausgesucht.»

Frau Wirsing wandte sich brüsk zur Tür und sagte über die Schulter: «Und die Decke von der Loggia wird seegrün.» Die Feststellung duldete keinen Widerspruch.

«Die Frau Generaldirektor hat es so gewünscht», sagte Eva bitter. «Hier werde ich dich wohl nicht oft besuchen können.»

Martin, peinlich berührt von Frau Wirsings Benehmen, wollte einlenken. «Sie bangt um ihren Verdienst. Sie soll ab und zu für mich kochen und die Wohnung in Ordnung halten.»

Eva sah ihn forschend an. Ärger stieg in ihm hoch. Grob packte er sie am Arm. «Ja, ein Junggeselle braucht schließlich auch seine Ordnung und ein bißchen Gemütlichkeit. Auf dich zu warten, das ist ja hoffnungslos.»

Sie standen auf der schmalen Holzbohle, die dem frischen Fußbodenbelag als Schutz diente, und Eva sagte traurig: «Ach, Martin, das ist eine wichtige Sache – die neue Stellung, so eine schöne Wohnung. Aber es ist noch kein Wendepunkt. Nicht unbedingt. Der müßte aus uns selber kommen.»

«Was könnte da noch zu erwarten sein.»

«Vielleicht – ein bißchen Weisheit.»

«Die liegt uns beiden nicht.»

«Oder – eine großmütige Tat, eine Situation, in der wir erkennen, daß einer den anderen braucht, auf ganz existentielle Weise.»

Er wies auf das große leere Zimmer. «Das hier braucht eine Hausfrau.» Im gleichen Augenblick wußte er, daß er einen Fehler gemacht hatte. Seine Worte überstürzten sich: «Ja, ja, das ist dir zu wenig, ich weiß. Unser alter Streit. Aber sei doch mal ehrlich. Wenn du Bilanz ziehst, etwa die letzten drei, vier Jahre – wiegen deine Reklameverschen und Artikel so schwer, daß sie einen Gegenwert darstellen für eine richtige Familie?» Er redete, ging umher und schloß die Türen. Sie folgte ihm langsam, den Kopf gesenkt, in den Vorraum. Er hatte ihre verwundbarste Stelle getroffen. Und er fuhr fort: «Auf wen hast du denn gewirkt und mit welchem Ziel? Eine anonyme Masse sprichst du an, und erhaben ist es auch nicht gerade, was du geschrieben hast für die Neuesten Nachrichten und den Reisefreund. Deine beste Leistung ist – es muß mal gesagt werden –, was du in den letzten Jahren aus Rainer gemacht hast. Und darum denke ich, es ist schade um dich – oder um uns zwei, und wir hätten damals heiraten sollen, als die Liebe noch jung war. Dann wüßten wir mit dieser schönen Wohnung etwas anzufangen – Villa Eva am Hang.» Das letzte hatte er, fast etwas scheu, leise hinzugefügt. Sanft schob er sie aus der Wohnungstür.

Sie schien in sich versunken und wartete geduldig am Wagen. Er blieb ziemlich lange in der Hausmeisterwohnung. Als er aus dem Haus kam, bewegte sich die Gardine an einem der niedrigen Fenster.

«Hast du die Neugier der armen Frau befriedigt?» fragte Eva. «Du hast mich ihr nicht einmal vorgestellt.»

«Hab ich eben nachgeholt. Es gibt eine Version, die neuerdings auf uns beide paßt.»

«So? Als was hast du mich bei ihr eingeführt?»

«Als meine Kollegin.»

«Das bin ich doch gar nicht.»

«Du wirst Mitarbeiterin der Fördergesellschaft Elektron.»

«Du wirfst also den CA-Süd mit der Elektron samt ihrer Zeitschrift in einen Topf?»

«Leicht umrühren, und du kannst eins vom anderen nicht mehr unterscheiden.»

Sie blieb hartnäckig. «Die Elektron dient der freien Forschung.»

«Behauptet Schloth.»

«Stimmt das etwa nicht? Sie fördert die naturwissenschaftlichen Institute an Hochschulen und Universitäten und sorgt für den internationalen Austausch der Forschungsergebnisse. Übermorgen gehe ich zu Professor Oberg, dem Institutsdirektor für physikalische Chemie. Ich soll ein Porträt über ihn schreiben. Finde ich äußerst spannend. Er wird auf der Physikerkonferenz referieren.»

«Ich weiß. Er ist eine Kapazität. Nur – seine Projekte sind recht kostspielig und haben für die Industrie noch nicht das Schwarze unterm Nagel eingebracht.»

Eva ereiferte sich. «So schätzst du die freie Forschung ein. Typischer Mann des CA-Süd, ich meine Maihubers Mannschaft. Alles muß was einbringen. Oberg wird froh sein, daß die Fördergesellschaft Elektron existiert.»

«Schon möglich, du kannst ihn ja danach fragen», sagte Uhlig undurchsichtig und nahm im Schwung die Auffahrt zur Autobahn.

Zweites Buch

Interview auf Gegenseitigkeit

1 Willkommen
2 Treffpunkt Ländle
3 Historische Stunden
4 Freunde an der Elbe
5 Konferenzen
6 Unerwünschte Kontakte
7 Die Magnolie
8 Der Professor aus dem Osten
9 Klänge von den Inseln

I
Willkommen

Noch lag Morgendunst über der Erde, als das Flugzeug durch die Wolkendecke stieß. Die schwarzblaue Einförmigkeit der Nacht ging über in graublaue Morgentönung, konturenlos und scheinbar ohne Grenzen. Der Flug über den Atlantik hatte auch unter den Passagieren gewissermaßen die Kontraste aufgehoben. Der Schleier der Müdigkeit hatte sie alle umhüllt, die Geschäftigen ruhig, die Geschwätzigen stumm, die Lesenden träge gemacht.

Ein raschelndes Geräusch ließ Hans Tiefenbach aus leichtem Schlummer auffahren. Er drückte Daumen und Zeigefinger in die inneren Augenwinkel, gähnte verstohlen und bückte sich nach dem Magazin, das seiner Nachbarin vom Schoß gerutscht war. Ihr kühler Dank verriet ihm, daß er sie von Anfang an enttäuscht hatte. Ihre Bemühungen, ihn in Gespräche zu ziehen, waren vergeblich gewesen. Um nicht unhöflich zu erscheinen, hatte er nur knapp angedeutet, daß dieser Flug für ihn eine Reise von ganz besonderer Art war.

Vor Jahren schon einmal geplant, hatte er sie wieder aufgegeben, weil seine Mutter starb. Deutschland erschien ihm plötzlich kalt und leer. Statt ihrer warmherzigen Briefe kamen amtliche Mitteilungen. Durch Freunde der Mutter erfuhr er, daß sie ihm aus Rücksicht auf seine berufliche Karriere ihr schweres Herzleiden verheimlicht hatte. Sie war keine kraftvolle Frau gewesen. Das Zögernde in seinem Wesen, die mangelnde Entschlußfähigkeit war ihr Erbe.

Ein halbes Jahr vor ihrem Tod hatte Martin Uhlig sie besucht. Sein Bericht klang beruhigend. Sie sei stolz auf ihren Sohn und gerührt über seine reichhaltigen Pakete. Vielleicht war es unklug gewesen, als Berater und Mittler gerade Uhlig zu wählen. Wenige Monate danach ließ Martin durchblikken, daß er sich mit Eva Leonhard einig geworden sei, daß sie ihren Job am Frankfurter Sender aufgebe und ihm die Wohnungsangelegenheit überlasse. Genauere Begriffe vermied er, aber wenn Eva in seine Nähe übersiedelte und ihren

Vertrag beim Rundfunk nicht erneuerte, ließ das allerlei vermuten.

Daß sie den Krieg überlebt hatte, erfuhr er durch Uhlig, als er bereits in den Staaten war. Wenn er es vermocht hätte, in den Briefen, die er an sie nach Frankfurt schrieb, seine Gefühle in Worte zu fassen, vielleicht wäre dann alles anders gekommen. Aber das Hineinfinden in die Neue Welt hatte ihn wohl zu lange beschäftigt, und so trat Uhlig, dessen Werbung sie auf der Insel vor Jahren abgewiesen hatte, an seine Stelle.

Die Vergangenheit wurde wieder lebendig, je näher Tiefenbach dem Ziel kam. Er sah wie gebannt aus dem Fenster. Hätte ihn in diesem Augenblick jemand gefragt, worauf er sich besonders freue, er hätte es nicht auszusprechen vermocht. Den Boden wieder spüren, deutsche Städtenamen lesen, deutsche Wegweiser, Hausschilder, Kinder bei Abzählversen belauschen, Waldarbeiter fluchen hören, im Theater Schiller nicht auf amerikanisch erleben – das war es. Seltsam, daß man das alles einmal aufgeben konnte, ohne Bedauern.

Er ertappte sich bei diesem falschen Gedankengang. Vor zwölf Jahren ließ er andere Bilder zurück. Minen lagen in diesem Boden, die Städtenamen verbanden sich mit der Vorstellung von Ruinenfeldern, die Kinder stahlen Briketts und Kartoffeln, in den Lokalen handelten die Schieber. Und in den Theatern ging es amerikanischer zu als in Amerika.

Während der Zwischenlandung in Frankfurt war er vollauf beschäftigt, dem Ansturm der Erinnerungen standzuhalten. Jenseits des Mains lag die Universität, an der er studiert und sein Diplom erworben hatte. Als er erfuhr, daß Eva sich gerade in Frankfurt niedergelassen hatte, verfolgte ihn lange der Gedanke, daß sie es getan hätte in der Hoffnung, ihn am ehesten dort zu finden, wo er seine berufliche Laufbahn begonnen hatte. Nach dem Abschied in Dresden durfte er damit rechnen. Wir wollen uns nicht für lange trennen – weiß Gott, das hatte er gesagt, und es war wie ein Gelöbnis. Daß es ihr ins Herz gedrungen war, verrieten ihm Stimme, Augen und Mund in der letzten Umarmung. Die Frage brieflich direkt zu stellen, ob seine Vermutung zuträfe, erschien ihm zu plump. Er glaubte auch, ihren Briefen zu entnehmen, daß sie nicht bedingungslos in die Staaten kommen würde. Sie hatte eine Aufgabe übernommen, fühlte sich verantwortlich für eine Kriegswaise. Dieses Jungen zuliebe war sie aus der Ostzone über die grüne Grenze in den Westen gegangen. Dieser Satz in ihrem ersten Brief hatte ihn stark ernüchtert. Aufdrängen wollte er sich nicht. Hier lag wohl schon der Anfang dafür, was Martins Triumph wurde: Eva hat mir die Wohnungsregelung überlassen ...

Wie sehr ihn das getroffen hatte, erfuhren beide nicht. Heute, nach so vielen Jahren, brauchte er die Begegnung mit ihnen nicht mehr zu scheuen. Er kam, angegraut die Schläfen, mit viel innerem Gepäck wie ein Weltumsegler von großer Ausfahrt zurück. Die Gründung einer Familie hatte er niemals ernsthaft angestrebt. Nach dem Verlust Evas war er zu dem Schluß gekommen, daß Seßhaftigkeit für ihn gar nicht das Gemäße war. Das weite neue Land – ja, ein ganzer Kontinent stand ihm offen. Außerdem hatte er sich immer gern zu den Menschen gezählt, die sehr wohl auf Bestätigung durch andere verzichten konnten, die fest in sich ruhten durch eine aus den Fähigkeiten des Kopfes und der Phantasie sich ergebende Größe. So kehrte er zurück, so würde er den alten Freunden die Hand geben. Ohne Groll.

Die Vorbereitungen zum Landen wurden getroffen. Wer wird mich erwarten, dachte er, während er sich anschnallte. Zu seiner eigenen Überraschung war es ihm gar nicht gleichgültig, allein und unbeachtet durch die Reihen der Wartenden gehen zu müssen, bis ihn ein höflicher Fremder ansprach, irgendein Abgesandter der Fördergesellschaft, der sich einer dienstlichen Pflicht entledigte.

Die ersten Worte in akzentfreiem Deutsch: «Ihre Pässe bitte.» Tiefenbach stellte mit Genugtuung fest, daß er ruhig war, als er auf die Mauer der Wartenden zuschritt, die sich, je näher man kam, in Einzelwesen auflöste. Ein Mann mit Sportmütze und hochgestelltem Mantelkragen stand ein wenig abseits. Tiefenbach bemerkte ihn erst, als jener die Hand zum Gruß hob. Eine warme Welle durchströmte ihn.

«Martin.» Händeschütteln, sekundenlanges Auge in Auge, dann packten sie sich fester. Tiefenbach sagte schließlich: «Bist du allein?»

«Ja. Die Herren von der Fördergesellschaft wollten dich nicht gleich in der ersten Stunde überfallen.» Sie beluden Uhligs Wagen mit dem Gepäck. «Du wohnst im Fränkischen Hof. War mal ein alter Kasten, ist aber völlig umgebaut. Wie so vieles in der Stadt. Er wies auf die imposante Fassade von Engler am Eck. Rotlicht an der Kreuzung zwang sie zum Halten. Über die ganze Breite zog sich ein Transparent, auf dem der Landesverband des Deutschen Automobilklubs seine Gäste von nah und fern willkommen hieß. «Damit bist auch du gemeint.» Als Tiefenbach stutzte, erklärte Uhlig im Weiterfahren: «Du erinnerst dich doch noch an Klemts Frau, die ehrgeizige Rosemarie. Ihr jetziger Mann ist Präsident des Klubs. Er wird heute abend verabschiedet.»

«Wieso? Hat er den Klub nicht gut geführt – mit so einer Frau?»

«Im Gegenteil. Viktor Glaesele steigt auf, in der Politik. Er hat seiner Partei einen Skandal ersparen können, mit einem Scheck entsprechender Größenordnung.»

«Mir scheint, ich komme aus Amerika – nach Amerika.» Tiefenbach lächelte ironisch. «Für Frau Rosemarie ist wohl dadurch der Einstieg in die höhere Diplomatie gesichert. Aus eigener Kraft hat es bei ihr also nicht gereicht.»

Uhlig hob kurz die Hände vom Lenkrad. «Ach, weißt du, bei wem von uns hat's schon zu dem gereicht, was man sich einmal erträumte. Bei mir jedenfalls nicht.»

Tiefenbach blickte ihn forschend von der Seite an. «Und Eva? Haben ihre Träume sich erfüllt?»

«Da mußt du sie schon selber fragen.»

«Ich glaube kaum, daß sie es darauf anlegt, mich zu treffen.»

«Deine Gastgeber werden es darauf anlegen. Hier gilt die Devise: Köpfe sind wichtiger als Reaktoren.» Uhlig lenkte den Wagen auf den Parkplatz des Hotels. «Und für deinen Kopf tut man einiges. Du wirst es erleben: Empfänge, Publicity, Frauen – was du willst.»

«Und dafür gibt sich Eva her?»

«Was ist denn dabei?» Uhlig tat harmlos. «Deine Heimkehr ist glänzend vorbereitet. Wetten, daß beim Hotelempfang eine Einladung für dich bereitliegt?»

Uhlig hatte recht. Während Tiefenbach den Brief öffnete,

sagte Uhlig: «Weißt du eigentlich, daß ich vor anderthalb Jahren in Nevada war?»

«Bei dem Test?»

«Ja. Aber als ich dich endlich ausfindig gemacht hatte, warst du bereits nach Berkeley abgeflogen.»

«Verdammt, da haben wir uns verfehlt.» Tiefenbach reichte Uhlig den geöffneten Brief. Es war ein Willkommensgruß Maihubers, dazu als Beilage eine gedruckte Einladung zum Abendempfang bei Engler am Eck. Treffpunkt Ländle nannte sich die Veranstaltung. «Klingt ganz hübsch», sagte Tiefenbach. «Aber was hat die Elektron – speziell Maihuber – mit dem Automobilklub zu tun?»

«Maihuber ist der Schwager des besagten Viktor Glaesele. Nimm es als freundliche Geste Maihubers, der will dir den ersten Abend in der alten Heimat überbrücken helfen. Unvermittelt fragte Uhlig: «Stimmt es, daß du hierbleiben willst?»

Tiefenbach zögerte. «Ich habe die Brücken hinter mir noch nicht abgebrochen. Heute nacht im Flugzeug überkam mich ein Gefühl, als flöge ich in die Fremde, in ein mir unbekanntes Land. Ich muß Deutschland wieder neu entdecken. Diese Stadt muß nicht unbedingt der Ort sein, wo ich Wurzeln schlage, wenn überhaupt. Ich möchte mich umsehen, wo für mich die Möglichkeit besteht, ungehindert wissenschaftlich arbeiten zu können.»

«Die Elektron ist schon in Ordnung», sagte Uhlig. «Eigentlich kannst du dich freuen über einen solchen Empfang.»

«Das tue ich auch.» Tiefenbach sah ihn dankbar an. «Auch daß du noch der alte bist. Denn das war für mich der andere Unsicherheitsfaktor – die alten Freunde.»

Uhlig wehrte ab. «Große Briefeschreiber sind wir eben alle nicht. Und daß du damals dem Chaos aus dem Wege gegangen bist, ich bin weit entfernt, dir daraus einen Vorwurf zu machen. Bei Eva war es natürlich anders. Ich sah keine Veranlassung, dich vor ihr in Schutz zu nehmen, das mußt du verstehen.»

Tiefenbach begriff das sehr gut. Die Fronten ihrer Freundschaft waren damit geklärt. Uhlig lenkte rasch ab auf Tiefenbachs Lehrer. In keinem Institut im Westen war Leupolds Name aufgetaucht, auch nicht in den Informationen, die aus dem Osten vorlagen. «Und die Wissenschaftler, die sich die Russen herausgepickt hatten, sind inzwischen zurück.»

«Und ausgerechnet Leupold ist nicht darunter?»

«Vielleicht haben sie ihn als Kriegsverbrecher eingestuft», gab Uhlig zu bedenken.

«Das ist unmöglich. Leupold war Hitlergegner und verabscheute den Krieg.»

«Lehre du mich die Menschen kennen.» Uhlig lachte verächtlich. «Du ahnst ja gar nicht, was sich inzwischen hier abgespielt hat. Immerhin war es Leupolds Pech, daß er der falschen Seite in die Hände fiel. Bei uns wäre er längst wohlbestallter Forschungsdirektor, was immer er auf dem Kerbholz hätte.» Ein Blick auf Tiefenbachs verschlossenes Gesicht brachte ihn zur Besinnung. «Aber laß dir deshalb nicht den Tag verderben, und nicht die Heimat und überhaupt nichts. Vielleicht sehen wir uns heute abend. Ruh' dich erst ein bißchen aus.»

2
Treffpunkt Ländle

Bei Engler am Eck staute sich in der achten Abendstunde die Autokette noch genauso wie am Mittag. Unter dem Spruchband an der Glaskanzel strömte die autofahrende Welt, oder besser gesagt, alles was sich im Ländle für die Welt hielt, in das glanzvoll hergerichtete Etablissement.

Viktor Glaesele und Frau waren zweifellos Mittelpunkt des Abends. Rosemarie Glaesele, in Goldbrokat und Weißfuchsstola, wirkte so brillant, daß Glaesele es vorzog, seine Tochter Martina nicht neben ihr zu präsentieren. Geschickt wußte er zwischen beiden zu wechseln, wenn er plaudernd, trinkend, neue Gäste begrüßend, durch die Räume ging. Als er den rotbraun leuchtenden Schopf Dorothee Wickrams auftauchen sah, befand sich Martina an seiner Seite. Die Rettung wurde Konrad Maihuber. Ihm konnte er die Tochter anvertrauen und so ein Viertelstündchen für Dorothee abzweigen.

Maihuber, der das Manöver seines Schwagers durchschaute, bot Martina den Arm. «Komm, wir machen einen Rundgang.»

Martina stand wie angewurzelt und sah ihrem Vater nach, der auf die Rotschopfige zusteuerte. «Wer ist das?»

Maihuber gab eine ausweichende Antwort. Er zog die Nichte aufs Parkett, wo sich bereits die Paare drehten. Sie tanzt, als liefe sie Schlittschuh, dachte er und zog sie fester an sich. In Martinas fleischiges Gesicht trat ein hochmütig verdrossener Zug, als in der Menge eine Gestalt in Gold und Weiß auftauchte, die alle Blicke auf sich zog. An der anderen Seite des Saales trank Viktor Glaesele mit der Rotschopfigen Sekt. Maihuber hatte Mitleid mit dem Mädchen in seinem Arm, behutsam führte er sie zu einem Tischchen neben der Bar. «Was ist los, Tina? Du bist nicht gerade festlich gestimmt. Ist es wegen deiner Frau Mama?»

«Ach», sagte Martina gedehnt, «gegen Rosemarie kommt keine auf. Sie würde es auch nie zulassen.» Unruhig drehte sie den Kopf, ihre Augen waren auf der Suche nach dem Vater. «Ob er sich in die Rothaarige verliebt hat?»

Maihuber lächelte nachsichtig. «Er wird heute abend noch mit vielen Frauen tanzen müssen.»

Nach einem Martini wurde Martina lebhafter, das Fest begann sie zu interessieren. «Die Dunkle, mit der die Rothaarige kam, kenne ich. Es ist die Journalistin, die an unserem Werbefilm mitarbeiten sollte.» Unauffällig wies sie auf ein Paar, das soeben den Raum betrat.

Maihuber erkannte Uhlig, und an seiner Seite – das war sie also, die Leonhard. Um eine Party, um die er Rosemarie gebeten hatte, sozusagen exklusiv für die Journalistin, hatte die Schwägerin sich schlau gedrückt. Das Automobilfest war ja in Sicht.

An der Bar glitt Norbert vom Hocker und begrüßte sie. Er war voller Eifer, ihr einen Platz zu verschaffen. Es stimmte wohl, was seine Mutter ihm vorwarf, der Junge hatte eine Vorliebe für reifere Frauen. Später war es dann wieder umgekehrt. – Maihuber kehrte mit Blick und Gedanken zu Martina zurück.

Das Mädchen fühlte es und wurde unsicher. Das war kein gönnerhafter Onkelblick mehr, das war etwas anderes. Über ihr Glas hinweg unterzog sie ihn einer Prüfung. Eigentlich sah er noch überraschend gut aus. Das markante Gesicht mit der geraden Nase hatte eine gesunde Farbe. Auffällige Falten zeigten sich nur, wenn er lachte.

«Du trinkst zu hastig, Tina.»

Martina quirlte die Perlen in ihrem Sektglas. «Ich ertränke meinen Kummer», sagte sie bockig.

«Erzähl' mir, was dich bedrückt.» Am Ellenbogen zog er sie näher zu sich heran.

Sie tat, als widerstrebe es ihr, darüber zu sprechen, und hielt dann Gericht über ihren Vater. Sie hatte sich für den Spätsommer bei einem amerikanischen Eislauftrainer angemeldet. Es sollte für sie der Sprung in die Spitzenklasse der Kunstläuferinnen werden. Aber der Vater eröffnete ihr, daß er für Extravaganzen nichts flüssig habe. Sie äffte mit den Händen Rosemarie nach, wie sie die Weißfuchsstola hielt. «Für *die* Extravaganzen hat er immer was flüssig.»

Maihuber amüsierte sich über die gelungene Pose. Martinas angeschlagenes Selbstgefühl überraschte ihn nicht. Bei den Glaeseles hatten die jungen Leute keinen leichten Stand. Das Erziehungsprinzip, das dahintersteckte, war durchaus achtbar, aber er würde schon einen Weg finden, um der Nichte unter die Arme zu greifen.

Norbert zeigte ebensowenig Lust, sich ins Festgetümmel zu stürzen wie Eva und Martin. Sie beobachteten das Treiben von einer Nische aus, und da Norbert vor dem Fest schon etwas getrunken hatte, bestimmte er das Gespräch. Er behauptete, die einzige Wissenschaft, die zu studieren noch lohne, sei die Psychologie. Es käme darauf an, das ganze Dasein als einen großen Spaß aufzufassen, und dem werde man nur gerecht durch das Analysieren der menschlichen Unzulänglichkeiten. «Nehmen Sie zum Beispiel die kommerzielle Ausnutzung der menschlichen Furcht. Wenn es einem Wesen gelänge, alle Ursachen der Furcht zu beseitigen, würden Millionen brotlos werden. Allein in den USA lebt ein Heer von Unternehmern, Produzenten, Zwischenhändlern und Managern von der vielfachen Furcht des Menschen. Sie schlagen Kapital aus der Furcht vor dem Altern, vor dem Dickwerden, vor dem Krankwerden, vor Feuer und Diebstahl, vor geschäftlichen Rückschlägen, vor der Konkurrenz.»

«Das ist die Furcht des Alltags», sagte Eva, «die größte Furcht aber ist die Kriegsfurcht.»

«Genau.» sagte Norbert, «Und die bringt das größte Kapital. Mit Witz und Schläue kämpft jeder Angstprofiteur um den Fortbestand seiner Spezialfurcht. Vom Haarwasserproduzenten bis zum Rüstungsboß. Sicherungen, Sicherungen. Gegen die Glatze so gut wie gegen die Russen. Wir werden noch draufgehen an den vielen Sicherungen.»

Eva wollte ihn zum Schweigen bringen. Gleich würde er vom Leder ziehen über seine Mutter und den Kuhhandel um das Haus am Hang. Der Baurat führte sie gerade zu ihrem Tisch. Norbert machte eine vielsagende Geste zu den beiden und war immerhin bereit zum Themenwechsel.

«Den Mief in unserer Familie macht ein einziger Mensch wett: meine Tante Mechthild. Sie ist mit ihrem Mann nach Nagasaki geflogen, um die Strahlungsschäden vor Ort zu studieren. Glaesele tobte, er wollte ihr das Geld aus der Fabrik sperren. Sie fuhr trotzdem.» Norbert malte mit dem Finger in einer Sodapfütze auf der Glasplatte des Tisches. «Nach Nagasaki, als wäre das gar nichts. Nach New York fliegen – das kann jeder. Aber Nagasaki oder Hiroshima – verdammt noch mal.» Herausfordernd sah er Eva an. «Das ist eine Frau!»

«Eifern Sie ihr nach», sagte Eva eindringlich.

Norbert schüttelte den Kopf. «Das kann ich nicht, selbst wenn ich wollte. Ich bin meinem Vater zu ähnlich. Auf der Insel damals hat er noch mit einem Extradings gespielt. Osterei nannten sie es. Jetzt wird er älter – und spielt immer noch. Sogar in der Freizeit – mit hohen PS.»

«Mich wundert das gar nicht», sagte Uhlig. «Auto oder Rennboot sind heutzutage Synonyme für Unerschrockenheit, und vor allem sind sie Prestige. Wieviel – oder besser gesagt wie wenig – Prozent der hier anwesenden Autobesitzer haben denn ihr Fahrzeug vom reinen Nützlichkeitsstandpunkt aus gewählt?»

«Das ist eine Untersuchung wert.» Norbert trank sein Glas in einem Zug leer. «Ich gehe durch sämtliche Räume, und ich sage Ihnen, wie sich dieser Automobilklub aufgliedert. Vom Kleinstwagenbesitzer bis zum Superchromprotzen . . .»

Er kam nicht weit. Kellner baten alle Gäste in den Saal.

«Jetzt kommt der Schwanengesang meines Stiefvaters», sagte Norbert schnoddrig, folgte aber der Weisung.

Festliche Roben raschelten, Brokat und Geschmeide glänzten. Über nackten Schultern und kunstvollen Haargebilden wölkten Düfte. Die Herren im Schwarzweiß der Frack-und-Smoking-Eleganz nahmen sich aus wie eine Herde Pinguine, die mit Paradiesvögeln ein Meeting abhält.

Die blumenbekränzte Estrade war einer kleinen Gruppe Pinguinen vorbehalten. Nach dem Tusch der Kapelle verstummte das Rascheln und Raunen unter den Paradiesvögeln. Rosemarie Glaesele lächelte stolz ihrem Mann zu, der heute, ein paar Stufen höher als sie, zwischen Hortensien- und Azaleenblüten residierte. Der Stadtbaurat, redegewandtes Vorstandsmitglied, würdigte die Verdienste des langjährigen Präsidenten. Seine Rede war einem scheidenden Landesvater angemessen. Des Baurats Worten zufolge hatte der Präsident den Automobilklub zu einem Hort des Fortschritts gemacht, zu einer Art modernem Gemeinwesen, in dem die sozialen Gegensätze nahezu aufgehoben waren. Der Kavalier am Steuer sei der Ritter dieses Zeitalters. Viktor Glaesele habe diesem Symbol der Jahrhundertmitte zum Durchbruch verholfen.

Ein Teil des Publikums schien die Rede als ironische Überspitzung aufzufassen, je mehr sich der Baurat an seinen Worten entzündete. Maihuber erfaßte die Situation. Auf sein Zeichen hin schoben zwei weibliche Engler-Pagen auf einem kleinen Wagen ein Blumenarrangement herein, ein bombastisches Gebirge aus Frühlingsblüten. Von einem blausamtenen Veilchenteppich aus baute sich der Wald aus Maiglöckchen auf, dahinter grüßte eine Garde steifer Hyazinthen, die überragt wurde von graziös wippenden Narzissen und Tulpen, bis schließlich der schneeige Gipfel des Flieders erreicht war. Der Applaus des Publikums galt mehr dem üppigen Duft-Ensemble als der Rede. Durchs Mikrofon klang Glaeseles Dank. Er hielt ein gefülltes Glas in der Hand. Kellner versorgten das Publikum mit Getränken.

Hinter Rosemarie räusperte sich Norbert. «Mama, was darf ich dir reichen?»

Ganz und gar Königin des Festes, machte Rosemarie eine

Wendung zu ihrem Sohn. Vom Nickeltablett wählte sie einen goldgelben afrikanischen Wein. Bereits das Glas in der Hand, entdeckte sie Eva Leonhard. Krampfhaft erwiderte sie Uhligs Gruß, dann schrumpfte ihr Lächeln ein. Das war sie also, der ihr weitblickender Schwager Zutritt zu ihren Kreisen verschaffen wollte. Als Eva nach dem Glas griff, das Martin ihr reichte, machte Rosemarie brüsk eine Vierteldrehung und eilte mit vorgestreckter Hand auf eine Person zu, die hinter anderen Gästen halb versteckt gestanden hatte.

Norbert, verblüfft und verlegen, suchte sie zurückzuhalten. «Wir wollten doch auf Vaters Wohl trinken!»

«Ich werde es später tun.» Als habe sie eine wichtige Person sofort zu begrüßen, schob sie ihn beiseite.

Evas Hände zitterten so, daß sie ein paar Tropfen des Tokaiers verschüttete. Während auf der Estrade der zweite Teil des festlichen Programms begann, worin nun der neuernannte Präsident zu seinem Recht kam, versanken vor Eva die festlichen Menschen, der Saal und aller Glanz. Wie hieß doch das Getränk in ihrem Glase? Tokaier – nein, es war ein scheußliches Gebräu mit dem kuriosen Namen «Todesritt von Mars-la-Tour». Das glatte Gesicht der Anneliese Theuerkauf erschien, der Freund-Feindin in Marinehelferuniform. Weiß und gold, ja so waren wohl die Litzen auf den Jacken der Marinesoldaten. Auch damals: Abschätzender Blick, weißes Lamm gegen schwarzes Lamm, und Anneliese senkte die Lider und tat überlegen, weil sie das Geheimnis kannte. «Verbrennt euch nicht die Finger an der Eva . . .»

Sie sah einer Dame, die in ihrer Nähe stand, ins Gesicht. Ähnelte sie nicht Anneliese Theuerkauf? Sie applaudierte mit all den anderen dem neuen Präsidenten, einem Puddingfabrikanten und Reederei-Aktionär. Alles verträgt sich miteinander, Vanillesoße und Tanker, Rote Grütze und U-Boot. Die Theuerkaufs lagen ganz vorn, sie trugen weiß und gold, die Farben des glanzvollen Tages. – Und wo waren die anderen, die Leonhards etwa? Eva dachte an ihren Vater, die Kehle wurde ihr eng. Sie griff sich an den Ärmel ihres schwarzen Kleides. Das Feuermal, blaurote Narbe aus der Schreckensnacht von Dresden – ihr war, als finge es an zu brennen.

«Hier unten trinkt man Ungarwein.» Hotop sah sich in dem rustikal eingerichteten Kellerlokal händereibend um und winkte dem Kellner.

Dorothee lehnte sich auf der Holzbank zurück. Sie wehrte ab. Entgegen ihrer Bitte wählte er einen schweren Tokaier. «Du bist heute verwöhnt worden», sagte er. «Ich bin stolz auf dich. Ich bin dabei, meine Geschäfte zu ordnen. Sobald meine Familie versorgt ist, mache ich mich endgültig frei. Ich habe gar nicht geahnt, was für eine repräsentative Frau du bist.»

Dorothee nippte am Wein. Er braucht mich zum Renommieren, dachte sie bitter. Vor einem Jahr wäre sie über eine solche Eröffnung für die Zukunft glücklich gewesen, jetzt spürte sie einen fatalen Beigeschmack. Der einflußreiche Viktor Glaesele ehrte sie durch seine Aufmerksamkeit. Das war ausschlaggebend, sie stieg an Gebrauchswert.

Die Nischen des Kellers hatten sich gefüllt. Martin suchte Plätze für sich und Eva. Es ging eng zu. Ein Rudel Männer, Biergläser in den Händen, kam in forschem Marschtritt dahergestapft. An der Spitze schritt Studienrat Dr. Kramp. Den angeheiterten Marschierern wurde von den Honoratioren an den anderen Tischen wohlwollend zugeprostet. Das spornte den wackeren Haufen an, und Kramp intonierte «Die Wacht am Rhein». Der Ruf wie Donnerhall brach sich an den Bögen des Kellergewölbes. Die Umsitzenden zum Mitsingen auffordernd, drehte sich Kramp im Kreise. Dabei erkannte er Eva Leonhard. Achtung – Feind hört mit! Hatte er es gesagt oder nicht? Eva stand, umflutet von kehligem Gesang, mit zusammengepreßten Lippen. Warum bin ich denn noch hier – fragte sie sich.

Sie wußte es nur zu gut. Martin, in Weinlaune und nach Rosemaries seltsamen Verhalten beunruhigt von Evas Gemütslage, hatte es ihr verraten. Dennoch zuckte sie zusammen, als aus dem Stimmengewirr eine verschleierte Männerstimme sich herauslöste und nichts weiter sagte als: «Guten Abend.» Es klang fast wie eine Frage.

Sie sah Hans Tiefenbach an und fand keine anderen Worte als: «An diesem gräßlichen Ort –» Es fehlte nur das Warum, dann wäre auch das eine Frage gewesen.

Tiefenbach bekam keine Gelegenheit, den Sinn zu ergründen. Sie entzog ihm ihre Hand so schnell, daß er nicht dazu kam, dieser ersten Berührung besonderen Nachdruck zu geben. Er hatte auch die Scheu noch nicht überwunden, die ihn gehindert hatte, ihren Namen auszusprechen. Sie war freilich nicht die Eva, die er erwartet hatte, nach Uhligs Charakteristik. Auf eine ironische Herausforderung war er gefaßt gewesen, auf Selbstsicherheit. Und nun stand er einer blassen, verstörten jungen Frau gegenüber, die sich im Trubel des Festes wie ein Fremdling ausnahm.

Statt von ihr kam nun die Herausforderung von Uhlig. «Ich wollte im Hotel nicht deutlicher werden: Bei so einem Fest feiert hierzulande der Spießer fröhliche Urständ'.»

«Der erste Abend in der Heimat ist immer ein Risiko», sagte Tiefenbach, «ganz gleich, was man damit anfängt.» Die Worte waren mehr an Eva gerichtet als an Uhlig. Er gab den Abend noch nicht verloren.

Eva verstand, daß alles weitere von ihrer Gewandtheit abhing, doch der Boden, auf dem sie sich bewegte, war zu schwankend. Beim Anblick Tiefenbachs hatte sie ein Gefühl ergriffen, für das sie keinen Namen wußte, ja nicht einmal die simpelste Bestimmung, ob es näher der Freude oder näher der Furcht lag.

Uhlig merkte ihre Unsicherheit. «Soll ich dich nach Hause bringen?» In diesem Augenblick trat Carla Winter auf Tiefenbach zu. Er wurde abgelenkt und kam nicht mehr dazu, Eva zum Bleiben aufzufordern.

Draußen empfand sie wohltuend den kühlen Nachtwind. «Konntest du mir diese Begegnung nicht ersparen?»

«Einmal mußte es ja kommen, und so war ich wenigstens dabei», sagte Uhlig tonlos. «Du liebst ihn also noch.»

Sie stammelte: «Das ist nicht wahr.» Impulsiv schlang sie die Arme um seinen Hals.

Stumm ließ Uhlig die Liebkosung über sich ergehen. Sie weiß es, aber sie will es nicht wissen, dachte er erbittert. Und ich war immer nur Lückenbüßer. Vor ihrer Tür war sie ganz bestürzt, daß er sie allein ließ und noch einmal zurück zu Engler fuhr. Er müsse Tiefenbach mit Lepp, Maihuber und Glaesele bekanntmachen, erklärte er ihr, das gehöre zu seinen Aufgaben.

Eva war wie gelähmt. Der Wendepunkt, dachte sie, vielleicht hätte das heute der Wendepunkt werden können für uns zwei. Wie war das eigentlich, wenn der Arzt die Krise nicht erkannte? War der Patient dann verloren?

3
Historische Stunden

Hans Tiefenbach überkam beim Betreten des Kasinos das Gefühl, als erwarte ihn ein erregendes Abenteuer. Wedelstedt, der Generalsekretär der Fördergesellschaft Elektron, hatte ihm in einem längeren Gespräch zu verstehen gegeben, daß Maihuber besonderen Wert darauf lege, diese erste Begegnung zwischen Wissenschaftlern und Industriellen in seinem eigenen Werk stattfinden zu lassen. Obwohl Maihuber zu den Prominenten zählte, die kennenzulernen sich lohnte, fieberte Tiefenbach der Begegnung mit einem anderen Manne entgegen. Professor Obergs Versuche, mit Hilfe der Zentrifugalkraft und hoher Temperaturen eine billige Trennung der Uran-Isotope zu erreichen, waren vielversprechend. Zuvor aber galt es, eine Fülle von Namen und Titeln in sich zu speichern.

«Wann dürfen wir mit Ihrem Besuch im Funkhaus rechnen, Doktor Tiefenbach?» fragte ein Redakteur.

Tiefenbach dachte an den Stoß Briefe und Telefonnotizen auf dem Schreibtisch seines Hotelzimmers. Darunter befand sich auch eine Anfrage des Rundfunks. Etwas unsicher sagte er: «Handelt es sich um die Sendereihe ‹Physik und modernes Weltbild›?»

Der Redakteur bejahte. «Es wäre schön, wenn Sie Zeit dafür fänden. Sie werden doch eine Weile in unserem Land bleiben?»

Wedelstedt, der dezent im Hintergrund geblieben war, trat heran. «Die Elektrongesellschaft garantiert, daß es unserem Gast an interessanten Aufgaben nicht fehlen wird. Schwieriger ist es vermutlich mit dem Hineinfinden in das Alltagsleben der Alten Welt. Sie sind großzügige Verhältnisse gewöhnt. Wir sind ein kleines Land, und es könnte Sie manches befremden.»

«Es kommt immer darauf an, was ein Land aus seinen Möglichkeiten macht.»

«Das ist ein Wort!» Maihuber näherte sich von der anderen Seite. «Herr Tiefenbach ist Realpolitiker. Die glücklichste Synthese für den modernen Wissenschaftler.»

Tiefenbach blieb die Antwort schuldig. Mochte Maihuber es für unhöflich halten, aber sein Blick war auf einen untersetzten älteren Mann gefallen, der soeben durch die Flügeltür hereinkam. Nach Uhligs Beschreibung mußte es Professor Oberg sein.

Ernst Oberg, knapp mittelgroß, fiel durch seinen mächtigen Schädel auf, dessen Schwere die Schultern nach vorn zu drücken schien. Die Augen waren hellblau, klar und scharf. Sie brauchten keine Brille. Etwas steifbeinig kam er auf die Gruppe zu, wartete knapp die Vorstellung ab und sagte ohne Vorrede, die dicht umbuschten Augen auf Tiefenbach gerichtet: «Wenn Sie nicht aus den Staaten kämen, würde ich sagen, besuchen Sie mich in meinem Institut.» Als er Tiefenbachs betroffene Miene sah, setzte er hinzu: «Ich habe Streit gehabt mit den Leuten in Virginia.»

Oberg ließ keinen Zweifel darüber, daß er ungern zu diesem Empfang gekommen war. Er hielt das alles für höchst überflüssig, kaltes Büffet, Sekt, Kognak – mitten in der besten Arbeitszeit. Aber natürlich, er war ja hier kein Maßstab. Maßstab waren Leute, die aus den Staaten kamen, wie dieser Tiefenbach. Unter der Flagge «operation paperclip» einst davongesegelt, als Deutschland kaum noch atmen konnte unter Trümmern, Scham und Schuld – Beute der Alliierten, klug seinen Wert kalkulierend, als der Atommarkt populär wurde, das war Hans Tiefenbach, nüchtern betrachtet.

Wenn Oberg trotzdem ein Gespräch mit ihm suchte, hatte es seinen Grund. Er wußte, daß der «junge Mann» sein Fach verstand, aus seinen Veröffentlichungen sprach ein großes Maß ernsthafter Arbeit. Aber derartige Empfänge reizten Oberg nun einmal zum Provozieren. Das Milieu war viel zu unruhig für eine ergiebige Debatte. Ärgerlich musterte er die Fotoreporter, die sich benahmen, als sei das Ganze eine Show für sie. Auch die dunkelhaarige Journalistin gab sich dafür her. Schade. Sie hatte ein recht passables Interview mit ihm gemacht.

Als Tiefenbach in diesem Kreis auf Eva traf, schlug die geheime Freude, jene mit Scheu verbundene Überraschung des ersten Abends, in Mißtrauen um. Martin hat recht, dachte er, sie spielt Theater. Zuerst läuft sie davon, und jetzt drängt sie sich in Fachgespräche.

Dr. Schloth führte sie ein als neue Mitarbeiterin der Zeitschrift Horizont.

«Wir kennen uns bereits.» Tiefenbach verbeugte sich vor Eva. Seine Förmlichkeit hatte etwas Verletzendes.

Sie fühlte sich von Schloth belauert, und so sagte sie betont forsch: «Ja, wir sind alte Bekannte. Wobei man nach einem Dutzend Jahren nie weiß – und das gilt für beide Seiten –, ob man nicht ein anderer Mensch geworden ist.»

Schloth dachte an Bemerkungen des Herrn Lepp: alte Beziehungen. Wie weit sie zu nutzen wären, würde sich bei dem Interview zeigen, für das er die neue Mitarbeiterin vorgesehen hatte. Ein Porträt Hans Tiefenbachs, exklusiv für den Horizont.

Eva erschrak, als Schloth, sein Aperitifglas drehend, seinen Plan entwickelte. Ein Physikerporträt? Dafür sei sie nicht kompetent. Schloth begann sie zu loben. In der Kaiserstuhlreportage habe sie sogar wortkarge Winzer zum Reden gebracht. Und bei einem alten Bekannten sollte ihr das nicht gelingen?

Eva wand sich, doch Schloth ließ nicht locker. Er brauche ein Porträt mit besonderer Note, mit den Augen einer Frau gesehen – einer bestimmten Frau, aber so viel verriet er nicht. «Gerade jetzt könnten Sie uns viel helfen, Fräulein Leonhard.»

Schloths «gerade jetzt» bohrte sich in Eva fest. Es war also kein Zufall, daß die Elektron sie engagiert hatte. Sie hielt Ausschau nach Tiefenbach. Er stand, umringt von Leuten, die sie nicht kannte, in der Fensternische und schien bester Stimmung zu sein. Oberg, den sie gern gesprochen hätte, war nicht dabei. Sie kam sich verlassen und überflüssig vor. Als die füllige Wendla Maihuber, erfrischt von einem Kuraufenthalt, was Norbert beim Treffpunkt Ländle ausgeplaudert hatte, ihr Lorgnon auf sie richtete, verließ Eva das Kasiono. Wie ein Klumpen Blei hing ihr das Interview an. Warum war sie nicht konsequent bei ihrem Nein geblieben?

Weil sie Gelassenheit vortäuschen und sich vor Schloth keine Blöße geben wollte. Bitte sehr – ein Interview wie jedes andere.

Aber das war es eben nicht. Je länger sie darüber nachdachte, desto unmöglicher schien es ihr, mit Notizbuch und Füller in den Fränkischen Hof zu gehen. Nein, sie mußte dem Auftrag ausweichen. Sie sollten sich verrechnet haben, Schloth und vor allem Martin. Ihr lag nichts daran, alte Beziehungen aufzufrischen. Ein Erfolgsmann war zurückgekommen, und der ging sie nichts mehr an. Die beste Lösung wäre eine Reise. Eine plötzliche, dringende und ziemlich weite Reise müßte es sein. Sie erinnerte sich Jürgen Baers mehrfacher Einladung, ihn in Dresden zu besuchen. Wenn sie ein Telegramm aufgab, konnte in spätestens einer Woche die Aufenthaltsgenehmigung da sein. Und so lange mußte sie das Interview hinauszögern. Jawohl.

Telegrafendrähte trugen Nachrichten durch die Welt, private kleine Mitteilungen so gut wie hochpolitische. In den zehn Tagen, die Tiefenbach nun schon auf deutschem Boden verbrachte, jagten die Neuigkeiten einander. Die Sowjetunion hatte, um ein Beispiel zu geben, die Atombombenversuche eingestellt.

Tiefenbach telefonierte mit Oberg. Der war überraschend aufgeschlossen und lud ihn zu seiner nächsten Vorlesung in die Technische Universität ein. Die Luft schien zu vibrieren, als Tiefenbach im Hörsaal Platz nahm. Der Professor hatte das Pult bestiegen und mitgeteilt, er werde statt des vorgesehenen Kollegs über die Berechnung von Wirkungsquerschnitten einen anderen Fragenkomplex behandeln.

In Jackentaschen knisterten Zeitungen. Sorgenvolle, neugierige, gleichgültige und triumphierende Mienen – eine Skala an Gefühlswerten bei den Studenten. Das eine, längst erwartet und dennoch gefürchtet, war eingetreten: Der Bundestag in Bonn hatte die atomare Bewaffnung der Bundeswehr beschlossen. Presse und Rundfunk hatten es am Vortage verkündet, lakonisch und fast so selbstverständlich wie den Wetterbericht. Ein folgerichtiger Entschluß und damit basta. Es geschieht alles in eurem Interesse, liebe Wähler.

Hans Tiefenbach hatte tags zuvor nach den Abendnachrichten versucht, Oberg telefonisch zu erreichen. Diesmal wurde er von Frau Oberg abgefertigt. Sie bat um Verständnis, ihr Mann wolle nicht gestört werden, er arbeitete seine Vorlesung um, aus aktuellem Anlaß. Für Tiefenbach war das ein neuer Zug an dem verehrten Kollegen. Er wußte nur, daß jener seine Experimente mit höchster Konzentration verfolgte. Über spätere Nutzanwendung äußerte er sich selten. Natürlich war die Ultrazentrifuge ein weitreichendes Programm, aber das Mikroskop des niederländischen Tuchmachers Leeuwenhoek war auch Programm gewesen, und zweihundert Jahre mußten vergehen, bis sein unschätzbarer Wert durch Pasteur und Robert Koch voll erkannt wurde. Aus Obergs Veröffentlichungen ging hervor, daß er es ablehnte, mit Eventualitäten zu rechnen, er verfolgte nüchtern die Aufgaben des Tages.

Um das Bild des Mannes abzurunden, wollte Tiefenbach ihn nun im Hörsaal erleben. Daß Oberg wegen eines politischen Ereignisses über Nacht sein Thema verwarf, paßte nicht recht zu dem fachlichen Ruf, den er genoß.

Fast die ganze Nacht hatte Oberg gebraucht, um die Form für das zu finden, was ihm zu sagen notwendig schien. Er sah die Reihen seiner Studenten vor sich, fühlte die Spannung: Der Alte hat sein Thema abgesetzt, demnach hat er etwas Dringendes zu sagen. Eilig zwängten sich Nachzügler hinter die Klapptische. Es wurde still.

In einer der vorderen Reihen saß Tiefenbach, zurückgelehnt, die Arme verschränkt, die Augen halb geschlossen. Mit keinem Wort erwähnte Oberg das eine, das in allen Zeitungen stand. Keine Silbe widmete er der Tagespolitik, und dennoch war sie als Motiv erkennbar. Diese kluge Taktik hatte er, Tiefenbach, dem Praktiker nicht zugetraut. Oberg schlug einen weiten Bogen, er ging bis zu Bacon zurück und baute seine Untersuchungen auf dessen Erkenntnis auf, wonach das Verständnis der Natur das einzige Mittel ist, sie zum Nutzen der Menschheit zu beherrschen. Das war in diesem Kreise eine Binsenweisheit, aber die Formulierung «zum Nutzen der Menschheit» an diesem Tage und in diesem Zusammenhang ausgesprochen, legte schlagartig das Motiv bloß. Er hatte seinen Vortrag so genau durchdacht, daß sich keine Gelegenheit ergab, von welcher Seite immer, zu Kundgebungen des Mißfallens. Wer sollte es ihm auch verargen, wenn er, ausgehend von den ersten wissenschaftlichen Organisationen im England des 17. Jahrhunderts, das fortwährende Wechselspiel zwischen Naturwissenschaft und Gesellschaft nachwies? Der durch Newtons universelles Wissen erzielte Durchbruch erhob mit der Gründung wissenschaftlicher Gesellschaften die «Philosophie der Natur» zum Kulturfaktor. Das brachte den Naturwissenschaftlern gewisse Privilegien ein, erlegte ihnen aber auch die Verpflichtung auf, für das Wohl der Menschheit zu wirken. Vor allem durfte der wissenschaftliche Fortschritt nicht noch einmal – wie zu Zeiten Kopernikus' und Galilei – durch irgend welche Dogmen aufgehalten werden.

Tiefenbach ließ die Blicke über die Reihen der Zuhörer gleiten. Es waren die künftigen Beherrscher der Laboratorien, die Mitarbeiter an den Reaktoren, Geburtshelfer in der neu entdeckten Welt der Isotope. Von Newton bis Einstein habe auch die Gesellschaft einen langen, komplizierten Weg zurückgelegt, sagte Oberg. Die Durchdringung aller Lebensbereiche mit Naturwissenschaft und Technik bestimme den neuen gesellschaftlichen Status. Wehklagen der Gefühlvollen, die die Entdeckung der Radioaktivität und der Kernspaltung als Unglück betrachten, sei zu nichts nütze. Es erinnere in fataler Weise an die zweite Hälfte des vorigen Jahrhunderts, als die moderne Industrie sich sprunghaft entwikkelte. Da strebten Künstler und Intellektuelle nach Verinnerlichung und flüchteten vor den Aufgaben der Wirklichkeit. Mit ihrer Weltferne vertieften sie die Kluft zwischen Natur- und Geisteswissenschaften, an der die Gesellschaft heute noch leide. Oberg griff zu kühnen Bildern, nannte das England des 19. Jahrhunderts die Werkstatt und Deutschland das Chemielabor der Welt – alles, um Parallelen zu finden zur Situation des Heute. Er bemühte seinen reichen Bildungsschatz nur, um zu sagen: Seht her, was geschieht! Glaubt nicht, an euren Pflichten vorbeileben zu können.

Das Beifallsgetrommel mit den Fäusten ließ ein paar Sekunden länger auf sich warten als üblich, dann setzte es sehr nachdrücklich ein. Die auf der Lauer gelegen hatten, warteten vergeblich auf eine Schlußapotheose, die auf Effekt hinzielte. Gerade die jungen Skeptiker, vermutete Tiefenbach, würden noch gehörig an den Worten des Professors zu kauen haben.

Er ging auf Oberg zu. Ohne viel Aufhebens lud der Ältere den Jüngeren in sein Arbeitszimmer ein. Ihm lag an Tiefenbachs Meinung. Er bekam sie ungeschminkt.

«Sie haben in unserem ersten Gespräch die Freiheit der Forschung zum Postulat erhoben und Spezialisierung gefordert. Heute haben Sie das Schema gesprengt.»

Oberg stützte den schweren Kopf in eine Hand und sagte bedächtig: «Ist Ihnen noch nie aufgefallen, daß im Rufen nach der Freiheit schon die Beunruhigung liegt? Und Spezialisierung – damit wird fast immer Flucht vor der Verantwortung kaschiert. Ja, ich bin sehr beunruhigt. Nicht erst seit gestern habe ich mich mit der Vergangenheit und ihren folgenschweren Fehlern beschäftigt. Nicht erst seit gestern.»

Es war fast auf den Tag genau ein Jahr her, daß Kollegen aus Göttingen ihn um seine Unterschrift gebeten hatten. Sie wollten nicht mehr schweigen und hatten einen offenen Brief an den Kanzler verfaßt. Er, Oberg, konnte sich nicht entschließen, das Manifest zu unterstützen, obwohl er nur in ein, zwei Punkten des Manifests eine etwas abweichende Meinung hatte, die aber zu klären gewesen wäre. Er war ehrlich genug, daß er sich gescheut hatte vor den zu erwartenden Mißhelligkeiten, die seine Arbeitsruhe beeinträchtigt hätten. So war es bei den achtzehn Unterschriften geblieben.

Was sich in den letzten Monaten in Bonn abgespielt hatte, traf ihn nach diesen Erfahrungen um so tiefer, denn seine Zurückhaltung bedeutete nicht Sorglosigkeit. Die Göttinger hatten rechtbehalten, es war hohe Zeit, die Stimme zu erheben. Nun benutzte Oberg die Kanzel, die ihm zur Verfügung stand, in raschem Entschluß, angesichts der Schwere des Ereignisses den persönlichen Einsatz nicht mehr scheuend.

Oberg entnahm seinem Schreibtisch einen unscheinbaren broschierten Band. Tiefenbach riß ihm das Büchlein förmlich aus der Hand. «Meine Physik der Atomkerne.»

«Es war schwer aufzutreiben», sagte Oberg. «Leupold versprach mir seinerzeit ein Exemplar, aber daraus wurde nichts mehr. Das Kriegsende brachte uns auseinander. Ich habe keine Ahnung, was aus ihm geworden sein mag.»

«Irgend jemand wollte erfahren haben, daß die Russen ihn aus einem Gefangenenlager hinter der Oder herausgefischt haben.» Tiefenbach wußte, daß Oberg vor zwei Jahren auf Einladung der Moskauer Akademie Magnitogorsk besucht hatte. «Sie haben dort auch nichts über ihn erfahren?»

«In der Sowjetunion gibt es viele wissenschaftliche Zentren. Ein Riesenland.»

«Sie meinen, er arbeitet in seinem Beruf? Warum tut er das nicht in Deutschland?»

«Sie haben ja bis vor wenigen Wochen auch nicht in Deutschland, ja nicht einmal in Europa gearbeitet.»

Das klang hintergründig spöttisch. Tiefenbach legte das Buch auf den Tisch. Er suchte nach einer Antwort.

«Das ist wohl doch ein Unterschied, wollten Sie jetzt sagen, nicht wahr?» Obergs Augen unter dem grauen Buschwerk zwinkerten listig. «Was immer man gegen die obersten Herren im Kreml einwenden mag, bei meinem kurzen Blick hinter den Eisernen Vorhang habe ich festgestellt, daß wissenschaftliche Leistung bei ihnen hochangesehen ist. Ich vermute, Leupold hat das bald zu spüren bekommen. Und nachdem er den Lagerkittel ausziehen durfte, wußte er das sehr zu schätzen.»

Tiefenbach ging zu Fuß ins Hotel. Es wäre gut, dachte er, jetzt jemanden zu wissen, der die Trennlinie mitten durch Europa ohne Vorurteile betrachtete und zu dem man freimütig sagen könnte: Mir fehlen einige Erlebniskomplexe. Wie steht es zum Beispiel um das Miteinanderleben von hüben und drüben? Das wäre sogar ein Anknüpfungspunkt für das Gespräch mit Eva, an dem Schloth so viel zu liegen schien. Ob sie sachlich und objektiv zu urteilen verstand, würde er schnell herausfinden.

Wie sollte das überhaupt vor sich gehen? Im Restaurant konnten sie nicht ungeniert sprechen, also mußte er sie in sein Hotelzimmer bitten. Merkwürdig diese Vorstellung, mit ihr zwischen vier Wänden allein zu sein. Er würde sich gerade noch etwas frisch machen können, ehe sie kam. In einem kleinen Laden kaufte er ein. Er liebte es zuzusehen, wie Frauenhände Orangen schälten. Er suchte ein paar schöne Früchte aus. Die Tüte an sich gepreßt, betrat er die Hotelhalle.

Der Portier hatte eine Nachricht für ihn. Den ganzen Vormittag hätte die Horizont-Redaktion vergeblich versucht, ihn zu erreichen. Die angekündigte Reporterin sei verreist, man wolle das Interview um einige Tage verschieben oder ihm notfalls einen anderen Reporter schicken. Tiefenbach ließ sich seine Enttäuschung nicht anmerken und bestieg den Lift.

Erst in seinem Zimmer, als die Orangen achtlos aus der Tüte über den Tisch kollerten, wurde ihm bewußt, wie sehr er sich auf die Stunde mit Eva gefreut hatte. Die beiden kurzen Begegnungen waren voller Widersprüche gewesen. «Wir sind andere geworden», dieser Satz von ihr hatte in ihm eine Saite zum Klingen gebracht, die nicht verstummen wollte.

Er fand unter den Hauptlinien, die sich als Erinnerung durch seine Inseljahre zogen, kaum eine, an der Eva keinen Anteil gehabt hätte. Sturmfahrt und Okarina, der gemeinsame Becher in der Blockhütte. Später in Güstrow – über allem lastete eine Melancholie, die irgendwie nach einer Auflösung verlangte.

Seiner amerikanischen Freundin Helen war es nicht gelungen, diese Erinnerungen zu tilgen. Mit dem spöttischen Charme, der ihr eigen war, sagte sie oft: «Jetzt bist du wieder bei deinem island-girl.» Natürlich besaß dieses ferne Inselmädchen alle Vorzüge, die sie, die selbstbewußte Amerikanerin, nicht aufweisen konnte. Helen sah Eva in Deutschland Trümmersteine putzen, Gedichte verfassen, ganz deutsch und ganz innerlich. So stärkte sie das europäische Bollwerk gegen die bolschewistische Gefahr. Amen!

Helen trieb mitunter ihren Spott etwas zu weit, sie war eifersüchtig auf die «glamour lady», aber in einem Punkt hatte sie recht: Das Vergangene, das Ferne, das Unwiederholbare unterlag entweder den Gesetzen des Vergessens oder der Verklärung.

Würziger Orangenduft stieg Tiefenbach in die Nase. Verreist war die Reporterin Eva – so! Und ganz plötzlich. Schloth sollte sich ja nicht unterstehen, ihm einen anderen Interviewer zu schicken. Er war auf Eva eingestellt. Er griff nach einer Orange, setzte das Messer an und sezierte sie wie ein Chirurg.

4
Freunde an der Elbe

Es ist gut, Freunde zu haben, die aus den mageren Worten eines Telegramms herauszulesen verstehen, daß man sie braucht. Eva mußte auf die Aufenthaltsgenehmigung aus Dresden nicht lange warten. Sie nahm den nächsten Interzonenzug.

Seltsam, daß Jürgen Baers Weg gerade nach Dresden geführt hatte. Hier hatte sein Leben enden sollen, hier hatte es neu begonnen. Unter den Bomben sprangen Gefängnistüren aus den Angeln, barsten Kerkermauern, wurden Wächter Opfer der Panik. Daß der Geflohene nicht erneut Häschern in die Hände gefallen war, war das Verdienst Lores, die später seine Frau wurde. In einer sächsischen Kleinstadt hatte der Treck, mit dem sie und ihre Mutter Breslau verlassen hatten, Halt gemacht. Der kranken Mutter wegen ging Lore oft ins Nachbardorf um Milch. Eine Bäuerin auf abgelegenem Hof, die mit vier kleinen Kindern recht geplagt war, bezahlte die Ratschläge und Hilfeleistungen der ehemaligen Rotkreuzschwester mit Naturalien. Es war Mitte Februar, als die Bäuerin Lore ins Vertrauen zog. In der Gerätekammer über dem Stall lag ein kranker Mann, ein Slowake. Sie hatte es nicht übers Herz gebracht, den Hilfsbedürftigen von der Schwelle zu weisen. Einen Arzt lehnte der Kranke ab. Lore betrat die Kammer, und ehe sie sich mit der Krankheit des hohlwangigen Fremden befassen konnte, überfiel er sie mit flehentlicher Bitte, sich seines Kameraden anzunehmen, der sich in der kalten Scheune versteckt hielt. Er habe nicht gewagt, der Bäuerin, die ihn so barmherzig aufnahm, zu gestehen, daß sie zwei Flüchtige unter ihrem Dach beherberge. Ein anderes Versteck für den Freund zu finden, das war ihm nicht weniger wichtig als Hilfe für seinen entzündeten Hals. Nach kurzem Zögern hatte Lore sich durchgerungen. Das Kriegsende war doch nahe. Sie wagte dennoch viel, als sie Jürgen Baer mit in ihre Notwohnung nahm, zwei schmale Zimmer im Hofgebäude eines alten Apothekerhauses. Die Gegenwart des beherzten Mädchens wurde für ihn zum Symbol wiedergewonnenen Lebens. Er hielt zu ihr, als seine

Familie in Marburg gegen diese Verbindung opponierte. Seine Verlobte, in deren Vorstellungswelt er stets mit dem Makel eines Sträflings behaftet sein würde, gab ihn nach kurzer Bedenkzeit frei.

Eva hatte nach langer Fahrt bei wenig Schlaf das Reiseziel erreicht. In der rußigen Bahnhofshalle des Dresdener Hauptbahnhofs stand Baer.

«Einmal kommst du doch», sagte er mit liebevollem Spott und trug ihre Reisetasche zum Wagen. «Fahren wir gleich zum Institut?»

Nach dreizehn Jahren das erstemal wieder in der Elbestadt, wollte sie auch nicht eine Stunde ungenutzt verstreichen lassen. Obwohl sie zwischen Erschöpfung und innerer Anspannung schwankte, wollte sie zuerst seine Arbeitswelt sehen. Das Institut war eine großzügige, in viele spezielle Forschungsbereiche gegliederte Anlage.

«Als erstes brauchst du einen Mokka», sagte er und führte sie in die Kantine. Auf einem Tisch war eine Tageszeitung liegengeblieben. Eva las die Schlagzeile: Bonn greift nach der Atombombe. Er sah ihren Blick, sagte aber nichts. Er freute sich, daß sie zusehends munter wurde. «Komm, ich zeige dir meine Wirkungsstätte. Außerdem muß ich mich noch um einen anderen Gast kümmern.»

Der Versuchsreaktor, Kernstück des ersten Atomforschungszentrums der Deutschen Demokratischen Republik, war im Dezember 1957 in Betrieb genommen worden. Baer hatte der Reaktormannschaft angehört, die in Dubna ihre Ausbildung erhielt. Vor knapp zwei Jahren, als Eva zuletzt mit ihm sprach, berichtete er ausführlich von dem Institut an der Wolga. Er hatte in Berlin, wo sie nach ihrem Besuch des Frauenkonzentrationslagers Ravensbrück ihre Fahrt unterbrochen hatte, einen Abend lang Mappen aufgeblättert, Fotos gezeigt und ihr die wichtigsten Texte aus dem Russischen übersetzt. Damals fand sie die Häufung von Superlativen etwas übertrieben: Der größte der Welt – höchste Energien – sekundenschneller Flug kleinster Teilchen. Es waren Daten, die das Vorstellungsvermögen eines Laien überstiegen. Als die Welt mit dem ersten künstlichen Erdtrabanten, dem Sputnik, überrascht wurde, revidierte Eva ihre Skepsis von damals. Logenbrüder – das Wort kam ihr in den Sinn, je deutlicher sie erkannte, daß der Schlüssel zu dieser Welt des unendlich Kleinen ein Fachwissen war, dessen Formelsprache in Moskau ebensogut verstanden wurde wie in Neu-Delhi oder Chikago.

Als Baer mit ihr den Rundgang durch das Institut begann, erinnerte sie sich ihrer eigenen Arbeit in Peenemünde. Damals hatte sie pflichtschuldig, mit wenig Anteilnahme und geringer Vorkenntnis, Manometer abgelesen und Meßprotokolle geführt. Das Modell der A4-Rakete in der Meßkammer des Strömungskanals war ihr wunderlich schön erschienen, bis sie das Aggregat in Aktion sah. Erst in dem Augenblick, da es sich dröhnend vom Boden hob und in den Himmel stieß, wurde ihr das Ausmaß der unheilvollen Bestimmung des Modells bewußt. Baer, der das Unheil früher erkannt hatte, öffnete ihr die Augen. Er haßte die Auftraggeber und haßte zuweilen sich selber, wenn seine Forscherleidenschaft trotz besseren Wissens um den verderblichen Zweck ihn übermannte. Jetzt schien er einig zu sein mit seinen Aufgaben. Er ging durch die Hallen, die Schalträume und Laboratorien wie ein Mann, der sein Haus gut bestellt weiß und es mit Stolz zeigt.

Baers Haar war fast weiß. Wie damals fiel ihm eine Strähne in die Stirn, wenn er sich herabneigte, und er mußte es oft tun beim Erklären, denn er war groß. Geduldig erläuterte er Eva am Galvanometer das Springen der Lichtmarken. In den Schalt- und Steuerungsräumen konnte man meinen, die Präzision der Meßtechnik sei vollkommen. In einem kleinen Labor hingegen fanden sie zwei Männer in grauen Kitteln, die verbissen an einem Gerät bastelten. Baer sprach mit ihnen. Da reichten die vorhandenen Apparate nicht aus für das, was die beiden vorhatten.

Es gab kaum eine Abteilung, wo Baer nicht ein paar Worte mit den Mitarbeitern wechselte. Eva begriff wenig, doch was ihr besonders auffiel, versah sie in ihrem Notizheft mit einem Ausrufezeichen: Er spricht fast nur im Futurum.

Im Weitergehen gab er unbewußt eine Erklärung dazu: «Die Isotope-Abteilung ist erst im Aufbau, aber dort liegen die Perspektiven für unsere Volkswirtschaft.» Er sah es als selbstverständlich an, daß sie wußte, was Isotope für die moderne Industrie bedeuten. Stichworte fielen ihr dazu ein: zerstörungsfreie Prüfung von Gußstücken, Geschwulstbekämpfung in der Medizin. Die noch nicht erreichte nutzbringende Anwendung, das also war die Bedeutung seines häufigen «werden wir machen».

Im Vorraum der Heißen Kammern gab er ihr einen Manipulator in die Hand. Vorsichtig hob sie mit dieser verlängerten Hand aus Stahl und Nickel eine Ampulle aus einem Behälter. Es war ein merkwürdiges Gefühl, jenseits der achtzig Zentimeter dicken Glaswand die radioaktiven Isotope, diese begehrten, im Reaktor unter großem Aufwand erzeugten Stoffe, liegen zu sehen.

Als Abschluß des Rundgangs drangen sie ins Herz des Instituts vor. Auf dem eisernen Steg in Höhe des Reaktorkopfes träumte Baer weit voraus in die Zukunft. Sobald die Grundlagenforschung auf dem Wasserstoffatom aufbauen könnte, gäbe es keine Spekulationen mehr um das Spaltmaterial. Der Uran-Weltmarkt würde dann uninteressant für die Finanzhyänen. Um Gummi, Kohle, Erdöl waren Wirtschaftskriege entbrannt; das jüngste Kind, Uran, hatte den modernen Kolonialismus zur Hochblüte gebracht. Im Kongo und in Brasilien waren die korruptesten Manager am Zuge. Die Baisse für ihre Spekulationen würde das Wasserstoffatom zuwege bringen. Eva dachte an die Notiz über das Futurum. Bislang hatte sie keinen Wissenschaftler kennengelernt, der so selbstverständlich Forschung und Wirtschaftspolitik miteinander verquickte.

Aber war die Grundlagenforschung – und der hatte er sich verschrieben – nicht auch die Voraussetzung für den Bau der Hiroshimabombe gewesen? Bei den großen Weisen, den Nobelpreisträgern der Physik und Chemie, waren jene jungen Leute in die Schule gegangen, die in Los Alamos, am Rande der Wüste Neu-Mexikos, das Atomfeuer in den Leib einer Bombe luden. Sie hatten ihre Physik sehr gewissenhaft gelernt, die klugen Nachwuchsforscher aus Italien, Ungarn, Deutschland, England, Amerika. Als sie mit dem Manhattan-Projekt im August '45 der Welt bewiesen, wie vollkommen sie ihr Handwerk beherrschten, tat Max Born, einer der Göttinger Achtzehn, den Ausspruch, ihm wäre wohler, wenn er seinen Studenten etwas weniger Physik und dafür ein bißchen mehr Ethik vermittelt hätte.

Eine Gruppe in weißen Kitteln, klein neben dem mächtigen Reaktorblock, versammelte sich im Versuchsraum. Baer neigte sich zu Evas Ohr. «Nun kann ich das Geheimnis lüften. Dort unten steht Professor Leupold. Frisch importiert aus Dubna. Er war vorige Woche schon hier.»

Der Name löste in Eva eine Kette von Gefühlen und Erinnerungen aus. Tiefenbachs Lehrer und Freund, der Verschollengeglaubte, er war zurückgekehrt. Ihr Herz schlug schneller, als sie Baer folgte und sich erkannt sah.

Leupold blieb in einiger Entfernung stehen und betrachtete sie in einer Art wehmütiger Rührung, dann ging er auf sie zu, nahm sie in den Arm und küßte sie auf beide Wangen. Sie verlor sofort alle Befangenheit. Sie hatte ihn als ernsten Mann mit zögernden Gesten im Gedächtnis behalten, seine Lockerkeit überraschte sie.

«Wie geht es Hans Tiefenbach?» Daß er sie mit seinem Freund und Schüler in Verbindung brachte, damit hatte sie rechnen müssen. Trotzdem konnte sie eine leichte Verlegenheit nicht verbergen. Leupold bemerkte es und strich ihr über den Ärmel. «Da lebt man auf der anderen Hälfte der Erdkugel und macht sich seine Wunschbilder zurecht. Mittlerweile handeln die Objekte unserer Träume gerade entgegengesetzt.»

Eva fing sich. Sie berichtete knapp, was sie von Tiefenbach wußte. Bei dem Wort Nevada wurde ihre Stimme brüchig.

Leupold empfand ihre Bitterkeit. «Wissen Sie auch, welche Gedanken ihn dabei bewegt haben?»

Sie sah ihn überrascht an. «Meinen Sie wirklich, daß es da große Unterschiede gibt? Sobald der Beruf zur Leidenschaft wird, und das ist bei ihm bestimmt der Fall . . .»

«Bei mir auch und bei Baer ebenso», warf Leupold ein. «Jeder Mensch muß seine eigenen Antworten finden. Die müssen Sie auch Tiefenbach zugestehen. Zu den Tests werden häufig Beobachter eingeladen. In den USA gibt es, wie überall in der Welt, mutige Leute, die sich durch die offizielle Politik nicht beirren lassen.»

Es klang, als habe auch er vor schwerwiegenden Entscheidungen gestanden. Eva wagte nur zögernd ein paar Fragen nach seinen Erlebnissen «auf der anderen Seite.»

«Ja, die andere Seite», wiederholte er nachdenklich. «Bei

Ihnen ist wohl wenig darüber bekannt.» Er sah zur Uhr, als überlege er, inwieweit er sich auf ein Gespräch einlassen könne, aber Baer stand schon hinter ihm. So sagte er nur: «Ach, wissen Sie, Eva, ein Staat, der so gefährdet ist, der verlangt Opfer von seinen Bürgern. Und von seinen Gästen erwartet er, daß sie sich an Verbindlichkeiten halten.»

Etwas eingeschüchtert fragte Eva: «Es waren doch keine verlorenen Jahre für Sie?»

«Nein, trotz mancher Einschränkungen, was das private angeht. Ich habe sehr viel gelernt.»

Ein großer schwarzer Wagen wartete vor dem Portal. Baer war Leupold beim Einsteigen behilflich. «Wo sind Sie denn in nächster Zeit zu erreichen, Sie Weltenbummler?»

Leupold kurbelte das Fenster herunter. «In Frankfurt, in München – und im Zweifelsfalle über die Universität Jena.» Er reichte Eva die Hand. «Vielleicht treffe ich Tiefenbach irgendwo auf meiner Rundreise.»

Er war wohl in Deutschland noch nirgendwo wirklich angekommen.

Eva blickte dem Davonfahrenden gedankenvoll nach. Leupold und Tiefenbach, zwei Männer, die einander schätzten, waren aus verschiedenen Richtungen der Windrose in die Heimat zurückgekehrt, auf deren Territorium die Lebensmaximen ihrer einstigen Gastländer unmittelbar aneinanderstießen. Ob die internationale Bruderschaft ihres Berufs stark genug war, die Entfremdung zu überwinden? Bei Leupold hatte sich eine Bereitschaft dazu angedeutet. Wie aber stand es um Tiefenbach? Hätte sie das Interview wahrgenommen, vielleicht wüßte sie mehr.

«Warum hat man Leupold in der Sowjetunion festgehalten?» fragte sie Baer, «andere sind doch längst wieder hier.»

«Ich glaube, er war von der Arbeit so gepackt, daß er sie zu einem Abschluß bringen wollte.»

Eva erinnerte sich an den Ausspruch eines Amerikaners, den ihr Kollege Justus Funke manchmal zitierte. Die Sowjetunion sei das Gelobte Land der Mathematik. Was besagt: des abstrakten Denkens, durch das der moderne technische Fortschritt erst möglich wird. Die ersten Erdtrabanten trugen russische Namen, sie waren der sichtbare Beweis. Bei der Vorstellung, Dr. Schloth eine Reportage anzubieten etwa des Titels: Zehn Jahre unter dem Bolschewismus gelebt – Begegnung mit einem deutschen Atomphysiker –, mußte sie unwillkürlich lächeln. Leupolds Verständnis für Tiefenbachs Situation hatte sie verblüfft. Das Eindringen in die Zusammenhänge und Gesetzmäßigkeiten der Gesellschaft in ihren Entwicklungsphasen sei eine der größten Vergnügungen, die das Leben biete. Leupold hatte Bertolt Brecht zitiert und für sich nutzbar gemacht.

Am nächsten Tag ging Baer mit ihr an der Elbe entlang. Breit floß der Strom, träge und ruhig durchschnitt er das Land. Eva korrigierte sich: Erst nördlich von Magdeburg war er eine Strecke lang wirkliche Schnittstelle.

«Ich möchte dir das Haus zeigen, aus dem ich entkommen bin», sagte Baer. Er steuerte den Wagen durch den Nachmittagsverkehr. Die neuen Straßenzüge konnten die Spuren der mörderischen Heimsuchung noch nicht auslöschen, und man wollte auch nicht alles vergessen machen. Die mahnende Ruine der Frauenkirche würde weiter zum Stadtbild gehören. In der Galerie vor der Sixtinischen Madonna schloß sich der Erlebniskreis für Eva. Trotz der Flammenstürme in den Straßen, trotz der brennenden Schiffe auf der Elbe, trotz der Hölle im Großen Garten hatte die Stadt, hatten die Menschen Dresdens ihren Lebensmut bewahrt.

Eva betrachtete Baers Hände. Unbehandschuht lagen sie auf dem Steuer. Die Gelenke von Fesseln umspannt, war er wehrlos gewesen wie die ohnmächtige Stadt. Er stoppte den Wagen vor einem Gebäude mit grauverputzter unregelmäßiger Fassade. In der Halle ließ eine Justitia mit verbundenen Augen, die Waage in der Hand, keinen Zweifel über den Zweck des Hauses. Das ehemalige Landgericht war, nunmehr als Bezirksgericht, seiner Bestimmung erhalten geblieben, doch als sie durch einen Nebenausgang wieder ins Freie traten, stießen sie auf bemerkenswerte Veränderungen.

Eingebaut von Verwaltungs- und Wirtschaftsflügeln, war die Haftanstalt von außen her nicht sichtbar gewesen. Mit ihren vier langen Gebäudeteilen hatte sie wie ein riesiges, von den Scheren eines gewaltigen Krebses umklammertes Kreuz an der Breitseite des Gerichts gelegen. Unter den Detonationen der Bomben barsten die Mauern, Menschenleben mit sich reißend, für einige Kühne den Weg in die Freiheit öffnend. Als die Stadt neu aus den Trümmern wuchs, befreite die benachbarte Technische Hochschule die Reste des Kreuzes aus ihrer Umklammerung. In einem der Trakts hatte der Umbau erst begonnen, alle Merkmale seiner traurigen Vergangenheit waren noch sichtbar: Eiserne Galerien und Treppen, die Mittelplattform, wo der Wachhabende mit dem Maschinengewehr gesessen hatte, Zellen mit vergitterten Fensterluken, mit Klapptisch und Pritsche.

Baer lehnte sich in einen der Türrahmen. Er nahm Eva bei den Schultern und führte sie zur Luke. Seine Hände umklammerten die Eisenstäbe. Manchmal, wenn er von der Zeit träume, sähe er sich in dieser Stellung, sagte er. Sie griff nach seiner Hand und ließ sie nicht mehr los. Stumm durchschritten sie einen tunnelartigen Gang. Ein eisernes Gitter am Ende versperrte den Zutritt zu einem Hof. Im Hintergrund auf einem flachen Podest lagen Blumensträuße.

«Was ist das?» fragte Eva tonlos.

«Der Hinrichtungshof», sagte Baer leise.

Ihr Blick fiel auf eine in die Wand eingelassene Tafel.

1069 Kämpfer gegen Krieg und Faschismus,
für Frieden, für Gerechtigkeit und das Glück der Menschen
wurden in diesem Hofe in den Jahren 1939–1945
hingerichtet.

Das gemeinsame Erlebnis dieses Nachmittags beschäftigte Jürgen Baer noch, als Eva sich zur Abreise bereitmachte.

«Damals auf der Insel», begann er, «da bildete ich mir ein, ich hätte dich ein bißchen mitgeformt. Dein Wahrheitssuchen erschien mir als ein guter Anfang, dein Denken war im Umbruch begriffen. Als ich fort mußte, warst du eins meiner ‹unvollendeten Werke›, und ich habe hinter den Mauern oft über dich nachgedacht.» Forschend sah er sie an. «Schade, daß ich mir heute kein rechtes Bild machen kann über dein Leben.»

«Wahrscheinlich wärst du enttäuscht, wie Rubyschewski oder wie gewisse andere Leute.» Eva seufzte. «Ich glaube, alle die mich von früher her kennen, haben mehr von mir erwartet. Ich bin ein Versager. Nicht einmal bis zur repräsentativen Ehefrau hat's gereicht.»

«Welch ein Glück. Als Frau Uhlig hätte ich dich am wenigsten gern gesehen.»

«Und in welcher Richtung könnte sich das unvollendete Werk nach deiner Meinung am sinnvollsten vollenden?»

Trotz ihrer Ironie blieb er ernst. «Warum schickst du keine Ausschnitte deiner Artikel mehr? War ich ein zu strenger Kritiker?»

Mit Unbehagen dachte Eva an die Bagatellen der letzten Zeit. Da gab es kaum etwas, womit sie vor ihm bestehen konnte. Nach dem Erlebnis des Gefängnishofes würde sie viele seiner Gedanken besser verstehen. «Man muß dich ab und zu in deiner Umgebung sehen, dann rücken deine scharfsichtigen Analysen ins rechte Licht.»

Er lächelte. «Das klingt, als hättest du dir Leupolds Empfehlung zu Herzen genommen: Jeder muß seine eigenen Antworten finden.»

Auch Antworten können sich ändern, dachte Eva. Etwa, wenn Undeutliches von heute übermorgen schärfere Konturen bekommt. Seine Gewohnheit, das Lösen schwieriger Aufgaben in die Zukunft zu projizieren, wirkte zwar sehr optimistisch, zugleich aber schien ein Zug von Sorglosigkeit, ja Lust am Improvisieren mitzuschwingen, was ihr bei seinem Beruf nicht angemessen erschien. Oder hing es mit dem zusammen, was Leupold Verbindlichkeit genannt hatte, die ein besonders gefährdeter Staat von seinen Gästen erwartete? Und hier war sie – gewissermaßen – die Ausländerin.

Die Zeiger der Bahnhofsuhr verhinderten die Fortsetzung des Gesprächs. Der Interzonenzug fuhr ein.

Jürgen Baer legte einen Arm um Evas Schulter. «Ich wollte aus deiner Dresdenreise eigentlich keine Lektion machen, aber nun ist doch so etwas ähnliches draus geworden. So bin ich eben, du kennst mich ja. Schon damals war ich nicht anders.» Mit einer abbittenden Gebärde zog er sie an sich und küßte sie innig. Es war das Siegel, das diesen Tagen der Freundschaft zukam.

5
Konferenzen

Das war ein Frühjahr, wie Rubyschewski es lange nicht erlebt hatte. Die Ereignisse jagten einander. Mit Spannung wartete er auf einen Brief seiner Tochter. In Gedanken hörte er Ilses zornige Altstimme: «Schewski, eure Leute haben den Verstand verloren.» Nicht alle. Er hatte gerade eine Besprechung mit einem Betriebsrat der Schwenndorfer Tongrube hinter sich. Dieser Winduck ließ sich nicht hinters Licht führen. Der gutgemeinte Leitartikel in der Aktuellen Umschau hatte ihn gar nicht befriedigt. «Hier blieb eine Chance ungenutzt», sagte er. «Es klingt, als sei doch alles gar nicht so schlimm, eine Welt ohne Waffen ist sowieso ein ferner Traum, also müssen wir weiter rüsten, und zwar so modern wie möglich. Dann läßt es sich besser verhandeln – um den Frieden. Um den Frieden geht es zuletzt immer. Das kennen wir ja.» Winducks Stimme hatte gegrollt. Rubyschewski hatte zugeben müssen, daß der Leitartikler übervorsichtig an das heiße Thema herangegangen war.

Die nächste Chance – der erste Mai – durfte nicht vertan werden. Er hatte sich den Leitartikel selber ausbedungen. Winduck war nicht sehr optimistisch, was die Stimmung im Betriebsteil II anging. Es gäbe immer noch Arbeiter, die nicht begreifen wollten, daß dieser Erste Mai einen besonderen Charakter trug! Es ging um mehr als um höhere Löhne.

Rubyschewski entwarf sein Konzept. Sein Taschenkalender war mit Notizen gefüllt. Gedankenstützen und Merkwürdigkeiten. Professor Obergs Name war dabei, ebenso das Ärzteehepaar Kamprad. In Dresden mochte Eva Leonhard gerade in den Nachtzug steigen. Morgen würde Tiefenbach über Versuche mit hohen Energien sprechen. Beste Gelegenheit, ein paar Stunden zu opfern, um die Gedanken eines Mannes zu hören, demgegenüber Eva voller Vorbehalte war.

Evas Reisetasche blieb vorerst unausgepackt. Es gab Wichtigeres zu tun. Wollte sie versuchen, die Gefühle der letzten Tage in ein Bild zu fassen, so müßte sie die beiden Teile Deutschlands in die Waagschalen der Justitia legen. Du liebe

Güte, welch eine Anmaßung. Nein, so ging's nicht. Wie auch immer, Rubyschewski würde begierig sein, über ihre Eindrücke zu hören. Sie rief in der Redaktion an. «Herr Rubyschewski ist den ganzen Vormittag auf der Physikerkonferenz.» Die Sekretärin ahnte nichts von der Wirkung ihrer schlichten Auskunft. Freundlich setzte sie hinzu: «Er hat Sie gestern schon erwartet. Ich glaube, er wollte sich mit Ihnen verabreden.»

Die Konferenz hatte also begonnen, und auf der Referentenliste stand Tiefenbachs Name. Sicher würde er einen gescheiten Vortrag halten über Probleme, die ganz besonders wichtig und ganz besonders schwierig waren. Eva stand im Badezimmer vor dem Spiegel und massierte mit den Fingerspitzen ihr Gesicht. Von der schlaflosen Nacht im Interzonenzug zeugten bläuliche Augenschatten, aber das unruhige Herz war stärker als die Müdigkeit. Vergangene Bilder und Klänge lockten. Die Zeit war ein großer Täuscher. Das vom Schlick der Jahre verdeckte, jenes aus vielen Steinchen einst entstandene Mosaik wies sich als unvergänglich aus. Das hatten die Gespräche mit Baer überdeutlich werden lassen.

Sie fuhr zur Konferenz. Bei dem schwachen Versuch, für ihren Entschluß eine sachliche Rechtfertigung zu finden, dachte sie an Dr. Schloth, dem sie übel mitgespielt hatte und den es zu versöhnen galt.

Sie traf während der Pause zwischen zwei Vorträgen ein. In der Vorhalle stieß sie auf Martin Uhlig. «Wo warst du?» Mißtrauisch musterte er ihr blasses Gesicht.

«Ich komme aus Dresden, meiner Schicksalsstadt.»

«Und da hältst du es nicht für nötig, mir vorher etwas zu sagen?» Er war verärgert, mit Recht, wie Eva zugeben mußte.

«Ich habe Professor Leupold dort gesehen.»

Uhlig staunte. «Noch ein Rückkehrer. Das wird Hans interessieren.» Auf der Treppe zum ersten Stock wurden sie getrennt.

Im Wandelgang standen die Konferenzteilnehmer in Gruppen, rauchend, debattierend. Vor der Tür des Hörsaals unterhielten sich zwei Männer mit Hans Tiefenbach. Obwohl Eva es vermied, ihn voll anzublicken, empfand sie den Moment, da er sie erkannte.

Mit gezwungenem Lächeln begrüßte sie Rubyschewski. Seine lebhafte Anteilnahme am Verlauf ihrer Reise löste die Verkrampfung. «Ich werde Schloth reinen Wein einschenken, wo ich war und was ich über West-Ost-Beziehungen denke.»

Er runzelte die Stirn. «Das werden Sie besser nicht tun. Eile mit Weile. Bleiben Sie dem Horizont ruhig noch treu.»

Die Pause war zu Ende, die Grüppchen lösten sich auf, alles strömte zurück in den Saal. Rubyschewski blieb an Evas Seite. «Die Leute hier tun, als wüßten sie nichts von den Beschlüssen im Bundestag. Das ging schon aus Wedelstedts Begrüßungsansprache hervor.»

Eva stutzte. «Wer ist das – Wedelstedt?»

«Der Generalsekretär der Fördergesellschaft.»

Eva sah im Präsidium einen etwas fülligen Mann mit glatt zurückgekämmtem, glänzendem Haar. Dem Alter nach konnte er ein Vetter Hartmuts sein. Der Name Wedelstedt war ihr nicht wieder begegnet, seit sie von Hartmuts Tod erfahren hatte.

Tiefenbach begab sich zum Rednerpult. Sie lauschte der verschleierten Stimme und suchte aus Klangfarbe und Nuancen heraus das Wesen des Mannes zu erkennen, der dort oben stand, älter geworden, sicherer, wie es schien, aber auch ein wenig müde. Sie ertappte sich dabei, daß sie den Inhalt ganzer Passagen nicht erfaßte. Von Kernenergien sprach Tiefenbach, von ihrer Vermessung und Deutung. Für Eva wurden Stimme und Ausdruck als erste Attribute seiner Persönlichkeit wieder lebendig. Daß sie über den Sinn seiner Worte gar nicht nachsann, machte sie bestürzt und befangen. Sie fürchtete den Augenblick, da das Schemenhafte ihrer kurzen Begegnungen und die Anonymität des offiziellen Redners wegfallen würden, wenn das Unverwechselbare seines Wesens, das ihr bereits zu schaffen machte, sich uneingeschränkt zeigen würde. Beifall ließ sie aufschrecken. Das Auditorium dankte dem Referenten.

Rubyschewski wiegte anerkennend den Kopf. «Daß Maihuber den Mann brauchen kann, wundert mich nicht.»

«Ich denke, die Fördergesellschaft will ihn haben?»

«Was so ziemlich ein und dasselbe ist», sagte er spöttisch.

Eva brachte nicht die Kraft auf, dem anschließenden Vortrag eines polnischen Experten zu folgen. Hastig verabschiedete sie sich von Rubyschewski und floh die Treppe hinab. In der Halle erreichte sie die verschleierte Stimme: «So warte doch.»

Tiefenbach erschrak über die hohle Blässe ihres Gesichts. «Ist dir nicht gut?» fragte er besorgt. Sie wehrte ab, verlegen, mit einer Ausrede. «Stimmt es, daß Leupold wiedergekommen ist? Wie geht es ihm? Wo will er sich denn niederlassen?» Seine Fragen überstürzten sich.

Eva sah an ihm vorbei. Deshalb hatte er sie gesucht. Ihre Antworten kamen knapp, wie die eines unbeteiligten Berichterstatters.

Tiefenbach spürte die Frostigkeit. Er konnte sich Evas Verhalten nicht erklären. Sie mußte doch wissen, was Leupold ihm bedeutete. Schweigend standen sie sich gegenüber. Die Fremdheit zwischen ihnen wuchs. Dr. Schloth, der das Zusammentreffen der beiden beobachtet hatte, näherte sich diskret hüstelnd.

«Nun, lieber Tiefenbach, hat sich die Treulose bei Ihnen entschuldigt? Gegen die Geheimnisse unserer Damen sind wir immer wieder machtlos.»

Eva lächelte gezwungen. «Es tut mir leid, aber der Termin . . .»

Schloth winkte großmütig ab. «Ich weiß, das Büro hatte den Termin mit Ihnen nicht rechtzeitig vereinbart. Das entlastet Sie. Inzwischen mußte ich das Interview anderweitig vergeben. Schade. Vielleicht überlegen Sie sich bis heute abend ein neues Thema. Wir sehen uns dann im Konzert.»

Tiefenbach gab Eva die Hand. In wenigen Minuten würde es im Saal weitergehen. «Nach dem Konzert ist ein Beisammensein im kleinen Kreis vorgesehen. Wirst du kommen?»

«Ich weiß nicht . . .»

«Ich bitte dich – komm.»

Die Sinfonie reißt an den Nerven. Gebäude, die auf dem Fundament des primitiven Geräusches entstehen und über die Pfeiler der Harmonie hinweg zur Monotonie aufeinandergetürmter Stockwerke wachsen. Schrilles Nachzittern. Antennen auf höchstem Punkt. Triangel, von magnetischen Wellen berührt. Alles ist Ton. Fremd der Klang.

Wir waren noch nie zusammen im Konzert, dachte Eva. Sie saß rechts von Tiefenbach. Wahrhaftig, man hatte sie neben ihn gesetzt, und dennoch war es kein gemeinsames Musikerlebnis. Ein festliches Haus, elegante Menschen. Auch sie hatte sich mit Sorgfalt zurechtgemacht. Schlaf, Höhensonne, ein Bad tilgten die Spuren der Abspannung. «Sie sehen glänzend aus», hatte Dorothee zum Abschied gesagt.

Eva scheute sich, ihre Arme auf die Seitenstützen des Parkettsessels zu legen. Sie wollte eine Berührung vermeiden und hatte die Hände um das Abendtäschchen gekrampft.

Links von Tiefenbach hatten Rosemarie und Viktor Glaesele ihre Plätze. Rosemarie hatte Eva begrüßt, als ob nichts gewesen wäre, und Tiefenbach sofort in eine Unterhaltung verstrickt. Eva fand die Sicherheit, mit der diese Frau sich gab, beneidenswert. Während atonale Kaskaden die Zuhörer berieselten und das Marimbaphon klapperte, beschloß Eva, es mit der Brillantengeschmückten aufzunehmen. Vorsichtig hob sie die Arme auf die Sesselstützen.

Rosemarie verfolgte mit hochgezogenen Brauen, wie Tiefenbach seine Haltung änderte, wie Arm an Arm zu liegen kam. Es zuckte um ihren Mund.

Er wandte Eva sein Gesicht zu. Sie bemerkte es wohl, aber sie sah wie gebannt auf den Dirigenten, dessen ekstatische Bewegungen sie zum Lachen reizten. Die Pause empfand sie als Erlösung. An Tiefenbachs Seite betrat sie das Foyer.

«Bereust du, daß du gekommen bist?» fragte er.

«Dann dürfte Bruckners Sechste nicht auf dem Programm stehen.» Sie nestelte an ihrer Handtasche und zog ein Kärtchen hervor. «Ich habe dir aufgeschrieben, wo Leupold zu erreichen ist. In Jena – fürs erste.»

«Lieb von dir, daß du daran gedacht hast.»

Maihubers gesellten sich zu ihnen und ein Mann in straffsitzender Uniform, Major Reiske. Wendla Maihuber hatte zugunsten eines Rubinkreuzes auf ihr Lorgnon verzichtet. Aus kurzsichtigen wasserblauen Augen musterte sie Eva eingehend. Die Prüfung fiel günstig aus, sie stellte einige Fragen. Unbefangen gab Eva Antwort. Endlich fühlte sie die ersehnte Sicherheit. Sie ging auf einen Scherz Maihubers ein, der die Musik mit den zu Tönen gewordenen Experimenten der Physiker verglich, während der Major die Architektur bemühte. Nun gut, Physik – Architektur, Ton an Ton, Stein auf Stein. Oder Ton gegen Ton, Zertrümmerung der Materie. Was immer es sein mochte, Klang gewordene Wünsche oder Ängste, Eva ließ sich nicht einschüchtern.

Nach der Pause erklang Bruckners Lobgesang auf die Schönheit der Erde. Der zweite Satz mit der zweimaligen Wiederkehr des Motivs vom rauschhaften Glück und dem darauffolgenden Verzicht und Leid stellte sie noch einmal auf eine harte Probe. Erst beim Scherzo hatte sie sich durchgerungen. Ihr Arm berührte den seinen. Seide traf an Tuch, nichts weiter.

Auf dem kurzen Weg zum Restaurant bot er ihr den Arm, wie es die Höflichkeit erforderte. Sie hatten an diesem Abend zusammenzugehören. Sie tauschten keine verstohlenen Blicke beim Platznehmen im Restaurant, sie fügten sich drein wie in ein Spiel, dessen Regeln befolgt werden müssen.

«Auf das Wohl unseres neugewonnenen Freundes Doktor Tiefenbach.» Maihuber erhob sein Glas.

«Und auf das Wohl seiner reizenden Begleiterin», sagte Major Reiske galant.

Eva dankte, lächelte Tiefenbach zu. Machen wir das Spiel. Da drüben sitzt der Generalsekretär eurer Fördergesellschaft aus dem Geschlecht der Wedelstedt. Er blickt zu mir herüber, verstohlen aufdringlich. Vielleicht weiß er, daß sein Vater, seinerzeit Wehrwirtschaftsführer, mich in Berlin ins Theater geführt hat, zusammen mit Hartmut, seinem Vetter, der später in Rußland Geiseln erschießen ließ und fiel. Die Welt ist so klein, es sind immer wieder dieselben, die man trifft. Freilich, einige sind vor allem deinetwegen hierhergekommen, auch Rosemarie Glaesele, ehemalige Klemt. Auf dem Fest bei Engler wollte sie mir ein für allemal die Lust nehmen, in ihre Kreise einzudringen. Daß sie mich heute mit diplomatischer Loyalität duldet, habe ich nur dir zu verdanken. Ähnlich wie damals in Güstrow. Als du endlich kamst, war der Hotelportier versöhnt, wurden die Kellner liebenswürdig. «Sind die Tulpen nicht herrlich?» sagte Wendla Maihuber vorhin zu mir. Stell dir vor, sie fragt mich um meine Meinung. Ah, der Wein ist gut, und die Forelle in Aspik schmeckt delikat. Weißt du eigentlich, daß sie alle deine vergangenen Sünden ausgegraben haben und wissen, daß wir zwei ...? Es ist zum Lachen. Und jetzt glauben sie, daß wir zwei immer noch ... Als ob die Welt sich nicht weitergedreht hätte. Ist dir nicht aufgefallen, daß Martin beim festlichen Teil nicht mehr dabei ist? Er mußte ja unbedingt noch nach Aschingen fahren ... Es ist wirklich ein großer Spaß. Machen wir das Spiel!

«Gnädigste, auf Ihr Wohl.» Viktor Glaesele, das personifizierte schlechte Gewissen, hob ihr sein Glas entgegen. «Sie sind mir hoffentlich nicht mehr böse. Ich mußte den Film ganz schnell abdrehen, es war eine Zwangslage. Man ist so selten Herr seiner Entschlüsse.»

Wedelstedt war in ihre Nähe gerückt. «Machen Sie mir die Freude, trinken Sie einen Cocktail mit mir.» Mit höflicher Geste zu Tiefenbach: «Sie gestatten doch, Doktor?»

Tiefenbach fing Evas mutwilligen Seitenblick auf. Von Maihuber ließ er sich in ein Gespräch ziehen, drehte sich aber so, daß er die Bar im Auge behalten konnte.

Vor der indirekten Beleuchtung, matt angestrahlt von der Rückwand, hob sich ihr Profil mit dem kühnen Nasenbogen ab. Die leicht vorgeschobene Unterlippe gab dem Gesicht etwas Trotziges, Selbstgewisses. Stärker als er von früher her in Erinnerung hatte, sprangen ihre Backenknochen hervor, auch der Ausdruck ihrer Augen schien ihm gewandelt. Sie konnten in durchdringendem Spott aufblitzen. Was Profil hat, gewinnt mit den Jahren, dachte er, unansehnlich wird nur das Glatte, Oberflächliche. Also besaß sie doch Profil? Nach den ersten Begegnungen hatte er es bezweifelt, und seit einigen Tagen wurde er ein unbehagliches Gefühl nicht los, wenn er an sie dachte. Daran war Uhlig schuld. «Wundere dich nicht», hatte er gesagt, «du wirst in der ersten Zeit vermutlich ein bißchen abgetastet. Wir leben hier dicht am ‹Feind›. Man will sich deiner Botmäßigkeit versichern. Das geschieht äußerst dezent, du wirst keinen Schatten unterm Haustor entdecken. Da gibt es andere Mittel.» Wie andere Mittel aussahen, wußte Tiefenbach. Es wäre ein Jammer, wenn Eva sich dazu hergeben würde.

Wie dieser Major Reiske ihr den Hof machte. Wedelstedt mußte sich anstrengen, um mitzuhalten. Sie saß zwischen den beiden Männern, und der Pomadenschopf Wedelstedts kam ihrem Dekolleté unverschämt nahe. Maihuber gab ihn endlich frei, und Tiefenbach konnte unauffällig, langsam schlendernd sich der Bar nähern. Ev muß mich doch kommen sehen, dachte er, warum läßt sie sich nichts anmerken? Ev – es durchfuhr ihn. Er hatte sie noch nicht einmal bei ihrem Namen genannt, nicht die Kurzform gebraucht, die immer nur ihm vorbehalten war. Mein Gott, wie lange lag das zurück. – «Ev!»

Sein mutwilliger Ruf ging im Gelärm an der Bar fast unter, aber sie hatte er erreicht. Sie fuhr herum. Klirrend stellte sie ihr Glas auf die Platte.

Er stand kaum drei Schritte von ihr entfernt. «Ich wollte nur wissen, ob du noch ansprechbar bist nach so viel Geist im Glase.»

Reiske und Wedelstedt lachten. Auch Eva lächelte wieder. Tiefenbach hatte seinem Zuruf das Gewicht genommen.

Er wollte das Spiel, da es nun einmal begonnen war, ganz auskosten. Er griff nach ihrem Glas. «Das ist doch deins. Darf ich, Ev?» Sie gab ihm den Blick zurück und nickte.

Maihuber hielt die Gelegenheit für günstig. Er trat heran. «Der Abend soll nicht zu Ende gehen, ohne daß wir der Hoffnung Ausdruck geben möchten, Doktor Tiefenbach recht bald zu den Unseren zu zählen.»

Der Barkeeper hatte rasch ein Glas gefüllt. Tiefenbach ließ es stehen. Für den Toast dankend, trank er aus Evas Kelch. Warum tut er das? dachte sie. Ob er sich an den Becher in der Blockhütte erinnert? Gelb war er mit braunen Punkten.

«Die Entscheidung, ob ich hierbleibe oder nicht, ist gar nicht so einfach.»

Eva erschrak. Die Stimmung war verflogen. Reiske und Wedelstedt hatten sich taktvoll zurückgezogen. «Ich möchte gehen», sagte sie matt.

Tiefenbach runzelte überrascht die Brauen. Eben noch war sie ihm munter und frisch erschienen. Dann fiel ihm ihre Rückreise von Dresden ein. «Ich besorge ein Taxi.» Als der Wagen vorfuhr, stieg er zu ihr ein. Ihre Blicke trafen sich im Halbdunkel. «Was war das heute abend, Ev?»

«Ich weiß nicht. Ich denke – ein Spiel.»

«Ein Spiel?» Sein Spottlachen blieb im Ansatz stecken. «Du spielst übrigens hervorragend.» Er forschte in ihrem Gesicht, es blieb ausdruckslos. «Warum bist du neulich nicht gekommen, zu dem Interview?»

«Die Fahrt nach Dresden kam dazwischen. Sie war mir sehr wichtig. Ich habe ja auch Leupold getroffen. Und Baer.»

«Baer? Wer ist Baer?»

«Jürgen Baer, hinter dem sie damals her waren. Weißt du nicht mehr?»

«Ach ja, doch. Und der war natürlich auch wichtig?»

«Er war mir immer wichtig», sagte sie schlicht.

Er beugte sich zu ihr und legte den Arm auf die Rückenlehne, so daß er ihr Haar berührte. «Ich wüßte gern, was dir noch alles wichtig ist, aber dir liegt offenbar nichts daran.»

«Woraus schließt du das?»

«Nun ja, immerhin, das Interview – es hat nun ein anderer gemacht. Könnten wir es denn nicht für uns nachholen, sozusagen auf Gegenseitigkeit?»

Der Wagen hielt. «Hier wohnst du also. Und was wird mit dem Interview?» Er nahm ihr das Schlüsselbund ab.

«Ruf mich an, ich habe in nächster Zeit viele Termine.»

Es regnete ganz fein. Besorgt zog sie ihn unters Vordach. Er fingerte am Schloß, nahm sich Zeit, fragte hintergründig, als sie ihm die Hand geben wollte: «Gehört das nicht mehr zu dem Spiel von heute abend?»

«Nein, das Spiel war doch für die anderen.»

Die Antwort ernüchterte ihn. Er hielt ihr die Tür auf. «Gute Nacht.»

Ihre Hand sank herab.

6
Unerwünschte Kontakte

Sämtliche Veröffentlichungen über das Projekt einer Gaszentrifuge an der Universität Charlottesville in Virginia hatte Tiefenbach sich besorgt und eingehend studiert. Im Vergleich dazu war Oberg mit seinem Vorhaben erheblich weiter. Der Gelehrte hatte in den letzten Jahren eine enorme Arbeit geleistet. Sollte es gelingen, mit Hilfe dieser Gaszentrifuge die Uran-Isotope U 238 von U 235 zu trennen, würde man über die billigste aller gegenwärtig bekannten Herstellungsmethoden spaltbaren Materials verfügen. Mit Oberg ließ sich über Zukunftspläne kaum reden. Hingegen besaß sein Oberassistent einen Sinn fürs Praktische. Als Tiefenbach den Mitarbeitern der Forschergruppe vorgestellt wurde, lächelte der Oberassistent triumphierend. «Daß die Elektron Ihre Mitarbeit bei uns befürwortet, beweist die Anerkennung unserer Sache. Was Professor Oberg noch immer nicht glauben will – die Ultrazentrifuge wird bald ein begehrter Exportartikel werden.»

Tags zuvor hatte Tiefenbach den Vertrag unterschrieben, der ihn für zwei Jahre an die Elektron, die federführende Gesellschaft für die Entwicklung des Geräts, band. Sein Entschluß, vorerst in Europa zu bleiben, war damit besiegelt. Als erstes zog er aus dem unruhigen Hotel aus. Auf seinen Streifzügen durch die Stadt entdeckte er eine Pension, die ihm wegen ihrer ausnehmend schönen Lage gefiel. Der Blick vom Balkon des Zimmers ging über den Talkessel mit der Innenstadt hinweg zu den bewaldeten Hügelketten, an deren Hänge sich Villen und Landhäuser schmiegten. Die Pensionsinhaberin Frau Kastel, deren Mann sich bei Kriegsende erschossen hatte, war eine üppige, in stramme Korsagen verpackte Matrone. Das Bild ihres Verblichenen nahm eine ganze Wand ihres Wohnzimmers ein. Über die merkwürdig verwaschene Stelle auf dem exakt gemalten linken Revers ließ sich Frau Kastel nur sehr verschwommen aus. Dr. Tiefenbach, der längeren Gesprächen stets auswich und nicht ein einziges Mal die einladend geöffnete Zimmertür nutzte, sondern stets mit knappem Gruß vorbeiging, blieb ihr ein Rätsel. Selbst als sie an einem Freitagnachmittag ein Telefongespräch für ihn entgegengenommen hatte, blieb er höflich kühl. Der Rundfunk erwartete seinen Besuch. Absprache wegen einer Sendereihe. So. Aha. Mit stummem Vorwurf im Blick überreichte sie ihm seine Post. Als er in seinem Zimmer verschwunden war, sagte auch Frau Kastel «Aha.»

Die Briefe kamen aus Warschau und aus Jena. Der Verdacht, daß Frau Kastel seine Post kontrolliere, konnte Tiefenbachs Hochstimmung nicht beeinträchtigen. Zuerst las er den Brief aus Warschau. Die Bekanntschaft mit Kampicki datierte von der Physikerkonferenz. Bereits dort hatte der polnische Kollege gefragt, ob Tiefenbach bereit sei, in Warschau, Breslau und Krakau zu referieren. Nun hielt er die offizielle Einladung der polnischen Akademie der Wissenschaften in Händen. In die Freude darüber mischte sich Bedauern. Die Elektronleute würden ihr frisch aus den Staaten importiertes Mitglied ungern in östliche Richtung reisen sehen.

Seine Hochstimmung erhielt einen weiteren Dämpfer, als er statt des erwarteten ausführlichen Antwortschreibens von Leupold nur eine locker beschriebene Seite aus dem Umschlag zog. Die wenigen Zeilen bargen jedoch eine wichtige Nachricht. Leupold teilte mit, daß er in Kürze nach München reise und ihn dort zu sehen hoffe. Zum Schluß bat er um «große Grüße an Eva Leonhard».

Tiefenbach kannte seinen alten Lehrer gut genug, um zu wissen, daß er sich auf unbequeme Fragen gefaßt machen mußte, was die letzten dreizehn Jahre anging. Wo beginnen, wollte er dem wißbegierigen Partner das eigene Tun und Lassen erklären? Bei der dumpfen Verzweiflung der ersten Monate, die Leupold ähnlich empfunden haben mochte? Institute, Laboratorien, als Hirn der deutschen Industrie fast bis zuletzt auf Hochtouren gehalten, lagen still, das besiegte Deutschland war wie ein gelähmter Organismus, zu nichts anderem imstande als zur Nahrungsaufnahme. In diese Situation kam die «operation paperclip». Ob Leupold wußte, wie der kuriose Begriff entstanden war? Unternehmen Büroklammer, höchst banale Bezeichnung, wenn man bedachte, daß es für das Schicksal einiger hundert deutscher Familien zum Schlüsselwort wurde. Als die Leute vom Intelligence Service ihre Treibjagd nach versprengten Wissenschaftlern erfolgreich beendet glaubten, legten sie gewissenhaft eine Kartei an. Wer wichtig erschien, bekam eine Büroklammer an seine Karte.

Mißtrauen und Bürokratie waren auch in White Sands noch spürbar, aber schließlich gingen die Amerikaner daran, ihre kostspielige Kriegsbeute auszuwerten. Erforschung der höheren Luftschichten durch V2-Raketen hieß der erste große Auftrag. Statt Sprengladungen wurden meteorologische Instrumente in die Spitze der Aggregate eingebaut. Aber erst, als Armee, Luftwaffe und Marine zum Wettlauf im Raketenprogramm ansetzten, gab es die höchste Dringlichkeitsstufe für ferngelenkte Waffen an die deutschen V2-Erbauer. Das war fast zehn Jahre nach dem Krieg. Aus dem deutschen Team waren viele bereits abgesprungen. Auch er, Tiefenbach, hatte längst Anschluß an sein eigentliches Fachgebiet gesucht und es zunächst in Chikago gefunden. Er empfand es als besonderen Glücksfall, denn der Atomreaktor, mit dem Enrico Fermi die erste Kettenreaktion gelungen war, hatte für den Europäer etwas Legendäres. Dann schickte die Universität Berkeley eine Einladung, an Versuchen teilzunehmen. Schließlich lockte die Universität, an der Einstein gewirkt hatte: Princeton. Ein neues Elementarteilchen, das Pi-Meson, war entdeckt worden. Was für ein Schritt ...

Tiefenbach wußte, von hier ab würde es mit dem Lebensbericht nicht mehr so fließend gehen, jetzt kamen Punkte, wo Leupolds Fragen dringlicher werden würden. Die Militärs erschienen auch hier auf dem Plan. Nach dem Krieg hatte das Pentagon die Institute durch Geldmittel flottgemacht, nun präsentierte es die Rechnung. Eine Zeitschrift schrieb ungeniert, die USA stellten wöchentlich eine Atombombe her. Es wunderte sich dann auch niemand mehr, als durchsickerte, daß in den USA hunderttausend Experten mit der Bearbeitung von zweitausend streng geheimgehaltenen Vernichtungsprojekten Tag und Nacht beschäftigt seien. Dieses gewaltige Team brachte der Welt das Gruseln bei. Kaum drei Jahre Entwicklung waren nötig gewesen, um die Insel Elugelab im Pazifik regelrecht verdampfen zu lassen. Die Superbombe war da.

So sahen die äußeren Daten dieser Zeit aus. Wie es um die inneren Daten, die persönlichen Gedanken und Empfindungen bestellt war, stand auf einem anderen Blatt. Große Grüße – es kam aus dem russischen *bolschoi* – an Eva Leonhard. Leupold hatte Eva von der ersten Begegnung an gemocht. Daß ausgerechnet sie es war, die Leupold zuerst wiedersah, obendrein in Dresden – ein seltsames Zusammentreffen. Aber wem sonst wäre es eingefallen, nach Dresden zu fahren, weder Uhlig, noch Rosemarie Glaesele, noch sonst einem, außer Oberg vielleicht. Ihr Verhalten blieb rätselhaft, nicht zuletzt der kühle Abschied im Regen vor der

Haustür. Alles nur Spiel. Lächeln, Blicke, Berührung der Hände – nur für die anderen. Er konnte – nein, er wollte es nicht glauben.

Tiefenbach war auf den Balkon hinausgetreten. Die Dämmerung deckte dunkle Schleier übers Tal. Seine Augen wanderten, geleitet von den Ketten der Bogenlampen, über Haupt- und Querstraßen hin. Dort drüben mußte sie wohnen. Das Alleinsein bedrückte ihn plötzlich. Er sehnte sich nach einem Menschen, der ihm vertraut war, mit dem er gerade heute, so angefüllt mit Erinnerungen und Gedanken an Zukünftiges, ein paar aufrichtige Worte sprechen konnte. Er ging zum Telefon und wählte Evas Nummer. Vielleicht ergab sich heute Gelegenheit zum Interview auf Gegenseitigkeit. Eine fremde Stimme am anderen Ende der Leitung setzte jedes Vielleicht außer Kraft. Eva sei nach Schwenndorf gefahren, der Junge werde ins Sanatorium geschickt.

«Hat sie ein Kind?» fragte er verblüfft.

Die fremde Stimme lachte. «Na ja, den Rainer, ihren Pflegesohn. Vor Montag kommt sie nicht zurück.»

Seine Hochstimmung war verflogen. Er begann ein Antwortschreiben an Leupold aufzusetzen.

Norbert Klemt kontrollierte den Benzinanzeiger. Für die Fahrt nach Klüterlingen reichte der Saft, und für die Rückfahrt würde sich schon eine Lösung finden. Blumen waren wichtiger. In der Stadt kaufte er Rosen von der edelsten Sorte. Ein lahmer Junge am Stock war er damals, als Mechthild mit ihm zum Rosenrondell spazierte, ganz langsam, zweimal ums Parkhaus. Der erste große Ausflug. Lange Ruhepause am Rondell. Rosen habe ich noch nie verschenkt, dachte Norbert. Seine Freundinnen liebten Leckerbissen, Konfekt, modische Extras. Nun lagen Rosen neben ihm.

Wundere dich nicht darüber, Tante Mechthild. Vielleicht ist es nur, weil ich etwas gutmachen möchte. Dein Bruder Viktor hat ein cholerisches Temperament. Ich kann nichts dafür, daß ich manches höre, was nicht für meine Ohren bestimmt ist. Er macht mit Rosemarie Saison in Kairo, ansonsten hätte ich Fahrverbot bekommen via Parkhaus.

Norbert fuhr in den sinkenden Nachmittag hinein. Viel lieber wäre er am Vormittag zum Flughafen gefahren. Doch wußte man, ob nicht gerade dort bekannte Gesichter auftauchten? Begrüßung unter Ausschluß der Öffentlichkeit schien angeraten bei Rückkehrern aus Nagasaki. Als er ins Sanatoriumsgelände einbog, sah er das weit offene Fenster vom Wohnzimmer der Kamprads. Ein Gardinenschal hatte sich nach draußen geschwungen und wedelte ihm entgegen. In großen Sätzen nahm er die Treppenstufen zum ersten Stockwerk. Von den Rosen fiel raschelnd das Seidenpapier.

«Junge, daß du heute kommst.» Mechthild hatte den Wagen vorfahren hören. Als sie die prachtvollen Rosen sah, zog sie seinen Kopf herab und küßte ihn.

Ihre Zärtlichkeit versetzte ihn in eine seltsame Unruhe. Er hatte das ganz einfache, naive Verlangen, Gutes zu tun. Die Vase vom Schrank herunterholen, Koffer zum Speicher tragen. Mechthild beobachtete gerührt die bei ihm gar nicht so selbstverständliche Emsigkeit.

«Früher fragtest du immer, was hast du mir mitgebracht. Deine Mutter durfte es allerdings nicht hören.»

«Und heute darf sie nicht einmal wissen, daß ich hier bin.»

Mechthild war nur wenig überrascht. «Besuchsverbot für Klüterlingen?»

Norbert verzog vielsagend das Gesicht. Auf der Schwelle erschien Rudolf Kamprad. Er hatte die Willkommensvisite beim Direktor des Sanatoriums hinter sich. «Korrekt, aber mit Distanz», sagte er, Mechthilds Frage vorwegnehmend. «Dann sogar eine Prise Wohlwollen obendrauf.»

«Weil du nicht gleich mit dem Stichwort Nagasaki hausieren gegangen bist.»

Kamprad trat neben Norbert und klopfte ihm auf die Schulter. «Das hat sie mir geraten. Sie ist eine kluge Frau, wie?»

«Und nicht nur das.» Norbert seufzte.

Kamprad schnürte es das Herz ab, diese seltene Art verbotener Liebe mit ansehen zu müssen, diese echte Mutter-Sohn-Verbindung. In Mechthilds Zimmer sah er die Rosen stehen. Ägypten ist weit, und Norbert tut, wonach ihm der Sinn steht, sagte sich Kamprad. Da soll einer kommen und behaupten, sein Sinnen und Trachten sei böswillig, frivol. Am Kaffeetisch sah er ein Zigarettenkästchen in japanischer Lackarbeit, eins der wertvollsten Reiseandenken.

Mechthilds Hand legte sich auf die ihres Mannes, als bitte sie um sein Verständnis. «Er hat so hübsch gefragt, ob wir ihm etwas mitgebracht haben. Genau wie früher.»

Kamprad gab ihren Händedruck zurück. Wie sehr wünschte er ihr, sie könnte all das für den Jungen tun, was das Herz ihr auftrug.

7
Die Magnolie

Martin Uhlig hatte lange geschlafen und trug noch den Morgenrock, als Tiefenbach mit einem nagelneuen grauen Porsche vorfuhr. Uhligs Aufforderung, sich sein Wirkungsfeld in Aschingen anzusehen, lag einige Wochen zurück. «Ich nehme Einladungen immer ernst», sagte Tiefenbach, als sei damit der sonntägliche Überfall hinreichend erklärt.

Uhlig kam der Besuch ungelegen. Er brummte: «Du hast dir einen ungünstigen Tag ausgesucht. Sonntags ist das Werk geschlossen.»

«Das Werk kann ich verschmerzen. Ich wollte mit dir ein bißchen plaudern.»

Während Uhlig sich anzog, etwas fahrig und nicht ganz so akkurat wie sonst, unternahm Tiefenbach eine Besichtigungsrunde durch die Wohnung. In der Küche sah er auf dem Tisch zwei Schnitzel. «Du erwartest Besuch?»

«Ist das so abwegig?»

«Natürlich nicht.»

Uhlig zögerte, dann sagte er: «Eva kommt.»

Die Männer maßen sich schweigend. In Uhligs Augen stand Mißtrauen. Nervös nestelte er an seiner Krawatte. Erst als Tiefenbach sich zur Tür wandte, sagte er: «Bleib nur, du störst nicht. Und das Fleisch wird eben geteilt. Außerdem würde Eva nicht zulassen, daß du wieder umkehrst. Sie hat dich ja kaum gesehen – oder?»

Tiefenbach sah keinen Grund auszuweichen. «Sie erscheint nicht mal, wenn sie hochoffiziell angemeldet ist.»

Uhlig konnte ein schadenfrohes Lächeln nicht verbergen.

«Bedeutet ihr dieser Baer eigentlich noch etwas?» fragte

Tiefenbach scheinheilig. «Anstatt mit mir ein Interview zu machen, fuhr sie zu ihm nach Dresden.»

«Ich kontrolliere sie nicht.» Uhlig dachte mit Unbehagen daran, daß er erst nach ihrer Rückkehr von der Reise erfahren hatte.

Tiefenbach bohrte: «Immerhin – zwischen euch müßte doch darüber Klarheit herrschen.»

Uhlig überhörte die Bemerkung. Als wolle er seinen Großmut beweisen, forderte er den Gast auf, Eva vom Bahnhof abzuholen.

«Nein», sagte Tiefenbach fest, «das kommt dir zu. Wenn es sein muß, schäle ich inzwischen Kartoffeln.»

Seine Reaktion erwies sich als klug. Die Spannung wich, und Uhlig verfiel in Geschäftigkeit. Er machte das Bett, räumte auf und wischte das Badezimmer trocken. «Sonst macht das Frau Wirsing alles», sagte er entschuldigend, «aber heute habe ich abgesagt. Sie ist nämlich eifersüchtig auf Eva.»

Tiefenbach nahm es lächelnd zur Kenntnis. Er hütete sich, aufs neue Fragen an diesen Namen zu knüpfen.

Jetzt kam Uhlig nicht davon los. «Kennt sie deinen neuen Wagen eigentlich?»

«Wie sollte sie.» Der fragende Blick, den Uhlig ihm beim Hinausgehen zuwarf, machte Tiefenbach die eigentümliche Situation deutlich, in die er geraten war. Nachdem Uhligs Schritte verhallt waren, ging er noch einmal durch die Wohnung. Wieviel Geist von ihr mochte darin stecken? Die Hauswirtin war eifersüchtig. Also kam Eva oft hierher.

An der Schwelle zum Schlafzimmer verharrte er lange. Ein breites Bett stand in dem mittelgroßen Raum. Wie hätte er sich verhalten, wenn Eva ihm heute morgen die Tür geöffnet hätte? Vielleicht im Morgenrock, noch die Spuren der Nacht im Gesicht, den Geruch von Uhligs Umarmung am Körper? Er wandte sich um, die Hand fuhr nervös in die Augenwinkel, als gelte es, schwer zu ertragende Bilder wegzuwischen. Dabei war die Vorstellung gar nicht so neu. Wenn er bei Helen gelegen hatte, waren ihm im Gefühl wohltuender Mattigkeit oft die Gedanken davongeschwommen. Aber die dämmernde Trägheit solcher Stunden setzte der Phantasie Grenzen, und meistens sah er Eva allein, irgendwo im Wind, und immer die See im Hintergrund. Damals war alles weit entfernt. Jetzt aus der Nähe wurde plötzlich alles anders. War es wirklich Liebe, was sie mit Uhlig verband? Ein Dickkopf ist sie, ein Oppositionsgeist – was hatte Uhlig ihm nicht alles aufgetischt an halblahmen Erklärungen, warum sie noch immer so unentschlossen nebeneinander her gingen. Eva war gewiß kein einfacher Partner. Du bist eine aufregende Geliebte – diese Charakterisierung stammte von ihm und kam eher einer Ovation gleich als einem Tadel.

Uhlig hatte offensichtlich geglaubt, Eva ließe sich als Lockspitzel gebrauchen, trotzdem schien er nicht von ihr loszukommen. Wie sorgfältig er sich zurechtgemacht hatte, ehe er wegfuhr. Der Duft des Kölnischwassers, mit dem er Hals und Schläfen betupft hatte, hing noch in der Diele.

Tiefenbach empfand so etwas wie Wettbewerbsfieber. Womit könnte er den Vorlauf des anderen aufholen? Aufmerksam blickte er im Zimmer umher. Nirgendwo standen Blumen. Vielleicht ein paar Zweige von dem blühenden Weißdorn im Vorgarten? Habe ich ihr jemals Blumen geschenkt, fragte er sich, während er auf Frau Wirsing zuging, die den Hauptweg harkte. In der Mitte des Rasenplatzes stand ein Magnolienbaum. Tiefenbach bat um eine Blüte. Er wußte, daß man Magnolien nicht für die Vase schnitt, gerade deshalb reizten sie ihn.

«Wenn Sie rankommen.» Frau Wirsings Antwort klang, als wüßte sie genau, daß er nicht herankam. In der Tat, die Äste waren hoch. «Drunten steht ein alter Stuhl.» Die Frau wies nach der Kellertreppe und harkte weiter.

Er stieg auf das verstaubte wacklige Gestell und brach einen Zweig mit einer entfalteten Blüte und einer Knospe.

«Sie müssen sich abputzen, Ihr Anzug ist schmutzig.»

Er dankte zerstreut. Knospe und Blüte – ging es ihm durch den Sinn – Eva damals und heute. Er lachte in sich hinein. Wie romantisch er sein konnte. In gehobener Stimmung begab er sich auf die Suche nach einer Vase. Und dann brauchte er eine Kleiderbürste. Er fand sie im Schlafzimmer auf der Kommode. Uhligs Handbücher und die abendliche Lektüre standen dort, sauber aufgereiht. Ein schmaler broschierter Band fiel durch sein höheres Format auf. Physik der Atomkerne – Tiefenbach hielt sein Buch in der Hand. Diese Seltenheit besaß Uhlig, und er hatte ihm nichts davon gesagt? Jedes noch vorhandene Exemplar erschien ihm wie ein wiedergefundener Freund. Doch als er den Innentitel aufschlug, wandelte sich seine Freude in Enttäuschung. Seine Handschrift, seine Widmung an Eva: Stettin, 12. Februar 1945, der Tag vor ihrer Trennung, die Stunden vor der letzten gemeinsamen Nacht im Wartesaal. Deutlich sah er alles vor sich: Evas kleines Zimmer, das unbequeme Sofa und der noch unbequemere Hauswirt. Dann das Flüchtlingselend auf dem Bahnhof, Evas tröstende Worte an seiner Seite, sein Kopf am harten Pfeiler, der letzten Insel. Nein, die letzte fanden sie im Morgengrauen, nach der Fahrt Schulter an Schulter im Viehwaggon, zwischen zwei Karren auf dem Bahnhof in Dresden. Nicht für lange – war sein Trost. Gib auf dich acht – ihre Bitte. War das nicht erst gestern?

Tiefenbach schloß die Augen. Daß sein Buch hier stand, in dieser Wohnung, bewies die unüberbrückbare Kluft von dreizehn Jahren. Eva rettete es aus der Katastrophe von Dresden über alle Fährnisse der Zeit hinweg, um es dann aus der Hand zu geben. Er war nahe daran, die Magnolien wegzutun, aber sie sahen in dem blauen Krug zu anmutig aus, herbes Rosa aus dem Grunde des Kelchs aufsteigend und sich im Weiß verlierend, jedes Blütenblatt vollendet in Form und Maserung. Er ließ den Zweig in der Küche stehen, neben den geschälten Kartoffeln.

Uhlig stellte erleichtert fest, daß Eva den vor dem Hause parkenden Wagen nicht kannte. Jetzt erst berichtete er ihr von dem Besuch. «Hans kam völlig überraschend», setzte er erklärend hinzu. Daß sie wortkarg blieb, machte ihn unruhig.

Im Garten sagte sie: «Schön, daß ich die Magnolie in der Blüte sehe. Sie ist herrlich.» Dann schwieg sie wieder.

«Ist es dir unangenehm, daß er da ist?»

«Nein, nein» versicherte sie hastig.

Uhlig war verwundert, daß sich an der Korridortür niemand zeigte. Eva hatte schon den Mantel abgelegt, als Tiefenbach aus dem Wohnzimmer kam. Sie begrüßten sich mit Zurückhaltung.

Eva tat geschäftig, inspizierte die Küche, wie es der Hausfrau zukam. Sie brachte den Krug mit den Magnolien ins Zimmer. «Warum stehen sie draußen?»

Tiefenbach war viel zu vergrämt, um darauf zu antworten. Das Wettbewerbsfieber war verflogen. Er sah Eva in der Wohnung umhergehen, als sei ihr jeder Winkel vertraut. Sie freute sich über frisch gestrichene Blumenkästen und bewunderte die Fernsehantenne an der Balkonbrüstung. Uhlig gab sich als einfallsreicher Hausvater, der seine Frau nach längerer Abwesenheit mit kleinen Überraschungen empfängt.

Ich ertrage es nicht, dachte Tiefenbach. Sein Entschluß, nach dem Mittagessen aufzubrechen, stand fest. Doch zuvor wollte er Gewißheit haben, wie es sich mit dem Buch verhielt. Scheinbar beiläufig sagte er zu Uhlig: «Dir ist wohl nicht zufällig ein Exemplar meiner ‹Physik der Atomkerne› begegnet? Für mich ist jeder Band wertvoll.»

Uhlig zögerte. Er wußte, daß Tiefenbach die Frage nicht zufällig stellte. «Ja, ich habe es.» Beschwörend blickte er zu Eva, deren Augen zwischen ihm und dem anderen hin und her wanderten.

«Es gehört mir», sagte sie leise.

Tiefenbach ließ seine Pfeife wölken. Daß Eva plötzlich auf ihr Besitzrecht pochte, schien mit ihrer Haltung nicht übereinzustimmen. «Gibst du es mir zurück?»

«Nein.»

«Warum nicht?»

«Wegen der Widmung.» Ihre Stimme klang wieder fest.

«Du hast es doch schon aus der Hand gegeben.»

«Das war, bevor du kamst.» Plötzlich schoß ihr das Blut ins Gesicht. Der Sinn ihrer trotzigen Verteidigung kam ihr erst zum Bewußtsein, als die Worte ausgesprochen waren. Tiefenbach hatte begriffen: Aber jetzt, jetzt bin ich da. Er sagte es nicht, er nahm die Pfeife aus dem Mund und starrte sie an, wartend, fragend, mit einer Spur Triumph. Eva empfand nur den Triumph. Er hatte sie in die Enge getrieben, zwei Möglichkeiten blieben: offenes Bekennen oder Trumpf drauf. Tiefenbach sah, wie der Ausdruck ihrer Augen sich veränderte. Mit gespielter Leichtigkeit führte sie den Hieb.

«Ich kann das Buch nicht hergeben. Vielleicht brauche ich

deine Handschrift als Legitimation. Bei den Horizont- und Elektronleuten muß man satisfaktionsfähig bleiben.»

Er horchte auf. Sie wußte also, wofür er sie eine Zeitlang gehalten hatte. Jetzt zahlte sie ihm heim, daß er sich hatte irritieren lassen: Bilde dir nur nichts ein. Buch und Widmung haben in dreizehn Jahren ihren Wert verändert. Der 12. Februar 1945 ist kein Schicksalstag mehr, nur noch Dokument für die Exklusivredakteure. – Bevor du kamst, hatte sie gesagt. Er wollte sie stellen, sie war ihm entschlüpft. Trotzdem glaubte er ihr nicht.

Uhlig, der inzwischen das Buch geholt hatte, war Eva dankbar, daß sie verschwieg, auf welche Weise er es ihr vor Monaten abgenötigt hatte. Seine Beflissenheit, sich Maihuber nützlich zu erweisen, mußte Tiefenbach unangenehm berühren. «Wie ich hörte, ist dein Vertrag mit der Elektrongesellschaft perfekt.»

«Ja. Obergs Projekt ist es wert, hier ein paar Jahre zu arbeiten.»

«Und dann?»

Tiefenbach stocherte in seiner Pfeife und erging sich in allgemeinen Bemerkungen. «Irgend eine Hochschule wird sich schon finden, mit der es sich lohnt zusammenzuarbeiten.»

«An welche denkst du?»

«Ich will mich erst mal gründlich umsehen – in Europa.»

Uhlig sagte anzüglich: «Wer Fermi kennengelernt hat, James Franck und Teller, dem stehen natürlich alle Türen offen. Von Nevada – und sei es nur als Zaungast – ganz zu schweigen.»

Das war genau gezielt. Tiefenbach musterte den Rivalen aus schmalen Augen. «Ja, ich war dabei, als die Bombe gezündet wurde, mit einer Beobachtergruppe aus Princeton. Hast du schon mal einen Blitzschlag erlebt, der eine Eiche in Sekundenschnelle in eine lodernde Fackel verwandelt hat? Furchterregend und gewaltiges Naturschauspiel in einem. So war Nevada. Wer das bestreitet, der lügt.»

Eva, die bisher still dem Gespräch der Männer gefolgt war, sagte: «Eine Bombe ist kein Naturphänomen.»

«Was in ihr steckt,» erwiderte Tiefenbach belehrend, «sind von Menschenhand gesteuerte Naturkräfte, zur Höchstleistung gebrachte Naturwissenschaft.»

Mühsam verbarg sie ihre Erregung. «Daß du so darüber reden kannst.»

«Ich sage es ganz bewußt», fuhr er ruhig fort. «Bevor man urteilt, muß man verstehen, was es physikalisch-technisch bedeutet. Ein moderner Physiker kann nicht irgend einen Teil dieses wissenschaftlichen Bereichs aus seinem Interessengebiet ausklammern, selbst dann nicht, wenn es ihm widerwärtig ist. Andernfalls gerät er in wissenschaftliche Eingleisigkeit.»

Evas Gefühl wehrte sich heftig gegen eine solche Deutung. Sie suchte nach einem Gegenbeispiel aus ihrem Beruf. «Wenn ein Journalist antihumane Artikel schreibt und damit ein starkes Echo erzielt, werde ich seine Arbeiten nicht ignorieren, mich aber hüten, diesem Menschen die Hand zu geben.»

Tiefenbach schien unbeeindruckt. «Völlig verständlich, von dir aus gesehen. Nur, den Journalisten wird das wenig stören, er wird weiter die Hirne vergiften. Du siehst also, man kann gar nichts tun.»

Nun hat er sie kleingekriegt, dachte Uhlig. Eva tat ihm leid, zugleich spürte er eine gewisse Genugtuung, daß die unterschiedlichen Auffassungen der beiden so deutlich zutage traten. Es konnte nicht schwierig sein, die Kluft noch ein bißchen zu verbreitern. Er tat, als wolle er Eva aus der Sackgasse heraushelfen. «Jetzt bleibt dir noch die Gretchenfrage, ob Hans selber mitmachen würde. Mit der Hand am Druckknopf, meine ich, nicht nur als Beobachter.»

«Dann wäre ich sogenannter Geheimnisträger, und sie hätten mich drüben nicht ohne weiteres gehen lassen.»

«Aber hier könnte es ja noch kommen», sagte Uhlig spitz. «Schließlich ist die Ultrazentrifuge kein Kinderspielzeug.»

Betont ruhig entgegnete Tiefenbach: «Die Isotopentrennung wird billiger, was in Zukunft für kleine Staaten und für die Entwicklungsländer von Bedeutung sein dürfte.»

«Es fragt sich nur, was diese Kunden der Zukunft mit ihrem selbstproduzierten Spaltmaterial anfangen.»

Tiefenbach runzelte die Stirn. «Ich finde es absurd, stets die Wissenschaftler für die Anwendung ihrer Arbeiten verantwortlich zu machen. Dafür gibt es internationale Abkommen, oder man schafft sie, wenn die Lage es erfordert. Der offene Erfahrungsaustausch ist die beste Sicherung gegen jeglichen Mißbrauch. In führenden Fachzeitschriften kannst du dich über das Prinzip unserer Maschine informieren.» Mit heftiger Bewegung legte er die Pfeife in den Aschenbecher, es gab einen scharfen Ton. «Außerdem weiß ich nicht recht, warum du mich fortwährend attackierst. Vielleicht überlegst du dir einmal, wozu die Reaktormaterialien dienen, die euer Aschinger Werk herstellt.»

Uhlig lenkte ein und stellte eine Flasche Asbach Uralt auf den Tisch. «Nichts für ungut, Hans. Auf einen glücklichen Anfang.»

Eva wurde für die Qualität ihres Mittagessens sehr gelobt. Aus den beiden Schnitzeln hatte sie mit Hilfe des Goldenen Schnitts, wie Uhlig es nannte, drei gemacht. Durch das darüber geschlagene Setzei fühlte Tiefenbach sich an eine Kasinospezialität erinnert, die die Duse seinerzeit unter der Bezeichnung Inselstern servierte.

Uhlig wollte von der Melancholie, die sich mit Erinnerungen an die Inselzeit verband, nichts wissen. Er schlug einen Spaziergang vor. «Ich möchte euch mein Angelparadies zeigen.»

Tiefenbach vergaß seinen Vorsatz, nach Tisch aufzubrechen. So ein Sonntag im kleinen vertrauten Kreis war doch recht reizvoll, und es war angenehm, in Evas Nähe zu sein. Er hatte schon den Mantel angezogen und wartete in der Diele, als sie Spinnweben an seinem Hosenbein entdeckte. «Das haben mir die Magnolien eingebracht. Es war gar nicht so einfach mit dem Blumenstrauß.» Er stellte das Bein auf ein halbhohes Putzschränkchen. «Daß du immer dahinterkommen mußt, auch wenn man dir nicht alles sagen will.»

Es sollte ein Scherz sein, aber der ernste Unterton entging ihr nicht. Sie übersah seine Hand und bürstete die Spinnweben von dem grauen Tuch. Er hielt still. Ihr nach vorn geneigter Kopf war dicht unter seinem Gesicht. Das leichte Schurren der Bürste, sonst gab es keinen Laut. Einer hörte des anderen Atem. In seinen Armen zuckte es, aber er bezwang sich.

Uhligs Angelparadies erwies sich als ein großer, von lockerem Wald umschlossener Teich. Eine breite Schneise gab den Blick auf ein Dorf frei. Hinter der Wiese, auf der Campinghäuschen wie bunte Käfer hockten, begann ein Höhenweg. Birkenzweige streiften das Haar. Die drei gingen im Gänsemarsch. Tiefenbach schlenderte hinter Eva her. Er war mit dem Tag längst ausgesöhnt. Was Uhlig erzählte, drang nicht bis zu ihm. Ihn unterhielt Eva – gewissermaßen – durch ihren Gang, ihre Gebärden, das Neigen des Kopfes, wenn die Zweige tief hingen. Von der letzten Anhöhe aus sahen sie Villa Waldblume, ein im Grün versteckter gelber Würfel.

Es dämmerte bereits, als sie das Haus erreicht hatten. Frau Wirsing schloß im Erdgeschoß die Fensterläden.

«Ich habe ihr versprochen, sie in die Stadt mitzunehmen», sagte Uhlig. Als er ihr umfangreiches Gepäck sah, sogar ein Kleinmöbel, das sie zu ihrer Tochter bringen wollte, konnte er nicht anders, als Tiefenbachs Angebot anzunehmen, daß Eva mit ihm fuhr.

Als Tiefenbach sein Rauchzeug vom Tisch nahm, vermißte er den Krug mit den Magnolien. Auf dem Rücksitz seines Wagens, locker in Seidenpapier gehüllt, sah er den Zweig dann liegen. Da sie es verstohlen getan hatte, versagte er sich eine Bemerkung. Sie saß still neben ihm, den Blick nach vorn. Nach einer ganzen Weile fragte er: «Hat dich der Tag auch so nachdenklich gemacht?»

«Ja», kam es nach kurzem Zögern.

«Martin ist ein netter Kerl, nicht wahr?»

«Ja, das ist er.»

«Und warum seid ihr nicht verheiratet?»

Sie seufzte. «Das ist schwer zu sagen.»

«Vieles ist schwer zu sagen. Besonders das Wichtige. Davon kann ich ein Lied singen. Kein fröhliches.» Er setzte an, einen Kleinwagen zu überholen. Beim Blick in den Rückspiegel sah sie, daß sie Uhlig verloren hatten. Die Feststellung half ihr, seine Bemerkung zu übergehen.

«Dein Wagen ist schneller, oder Martin nimmt Rücksicht auf Frau Wirsing. Bist du nicht ein bißchen unfair?»

«Du möchtest gern fair sein – gegen Martin?»

Sie wehrte das Wortspiel ab. Er biß sich auf die Lippen. Er war zu weit gegangen. Nach einer Pause sagte er: «Ob wir wohl das Interview auf Gegenseitigkeit nachholen können?»

Als sie zögerte, fuhr er fort: «Oder überlegst du dir wieder ein extravagantes Reiseziel?»

Sein Spott klang so liebenswürdig, daß sie befreit auflachte. Sie verabredeten sich zum Essen im Neckarstübchen für den Sonnabend. Als er ihr die Tasche hinausreichen wollte, kam sie ihm zuvor. Das Seidenpapier knisterte. Er sagte auch jetzt nichts. Vor ihrem Haus dachte er an jenen Abend, als sie alles zum Spiel herabwürdigen wollte. Seit heute glaubte er den Grund zu kennen. Grüßend hob er die Hand, ehe sie im Hausflur verschwand. Mein Buch hat sie auch eingepackt, dachte er. Und dann: Wie lange sich wohl eine Magnolienblüte hält?

8
Der Professor aus dem Osten

Mit dezenter Verbeugung grüßte der Oberkellner jeden Gast, der den kleinen Speisesaal des Hotelrestaurants Vier Jahreszeiten betrat. Als er von einem Herrn mittleren Alters nach Professor Leupold gefragt wurde, geleitete er den Gast an den Tisch in der rechten Nische, wo der Hausgast aus Jena in einer Runde von acht Herren speiste. Ein prüfender Blick genügte dem Oberkellner um festzustellen, daß seine Leute zur Zufriedenheit Dr. Penkuhns, Direktoriumsmitglied des größten bayrischen Elektrokonzerns, arbeiteten. Zwei Kellner servierten den Mokka, ein dritter stand mit einer Flasche Armagnac bereit, den der Professor aus Thüringen sich gewünscht hatte.

«Sie können hier auch Wodka bekommen, Herr Professor», sagte einer der Herren mit vorsichtig dosierter Ironie, «falls Sie ihn von Dubna her gewöhnt sind.»

«Danke, ich möchte Kognak», erwiderte Leupold liebenswürdig und beschnitt seine Zigarre. Dann erblickte er neben dem Oberkellner Hans Tiefenbach. Impulsiv erhob er sich, warf den kantigen Kopf zurück und richtete seine lebhaften Augen fest auf den Ankömmling. Tiefenbach hatte also vom Hotelportier seinen Brief erhalten und richtig herausgelesen, daß die Dauer dieses Gastmahls von seinem Erscheinen beeinflußt werden könnte. Er kam zur rechten Zeit. Für ihn war nach stundenlangen Besichtigungen und Gesprächen der Punkt erreicht, da sich eine Erschlaffung ankündigte. Tiefenbachs Erscheinen fing dieses Absinken gewissermaßen auf.

Die Tafelrunde war Tiefenbach fremd. In jener Zeit, als Leupold für das Berliner Zweigwerk des bayrischen Unternehmens Forschungsaufträge ausführte, trafen sie sich in Leupolds Wohnung am Wannsee. Tiefenbach erinnerte sich an einen trüben Novembertag des Jahres '44. Sie hatten die letzten Korrekturen für ihr gemeinsames Werk gelesen. Pflichtgetreu harrte der Professor in Berlin aus, obwohl er das Kriegsende voraussah. Und nun, fast fünfzehn Jahre später, saß Leupold mit Vertretern der gleichen Firma an einem Tisch. Die Großzügigkeit, mit der er behandelt wurde, sprach deutlicher als alle Argumente: Sie zählten ihn noch zu den ihrigen.

Würde der Professor die alten Verbindungen nutzen? Tiefenbach beobachtete ihn mit verstohlener Rührung. Das störrische Haar stand an den Schläfen ab und bildete am Hinterkopf eine Tonsur. Zwei tiefe, in der Kinngrube auslaufende Falten umschlossen den Mund wie eine Klammer. Oberflächlich betrachtet, schien er sich im Kreise der Münchner Herren ganz wohlzufühlen. Bequem in den Stuhl zurückgelehnt, genoß er seine Havanna.

«Waren Sie schon im Haus der Kunst, Herr Professor?» fragte ihn ein jüngerer Mann mit dicken Brillengläsern. «Auch in der Galerie am Hofgarten finden Sie eine beachtliche Ausstellung. So etwas haben Sie doch bei den Russen nicht zu sehen bekommen.»

«Moskau und Leningrad besitzen bedeutende Sammlungen», antwortete Leupold ruhig.

«Ich meine die Modernen.» Der Bebrillte lächelte nachsichtig. «Seit es in Rußland keine Freiheit mehr gibt, ist doch da nichts nachgewachsen.»

«In der Sowjetunion ist eine Menge nachgewachsen. Es zeigt sich auf so vielen Gebieten, daß ich gar nicht weiß, wo ich beginnen soll. Am sinnfälligsten für Sie, meine Herren, wird es wohl durch die Erfolge in der Weltraumforschung.»

Ein drahtiger Ingenieur konnte sich eine vorlaute Zwischenbemerkung nicht versagen. «Natürlich, die Sputniks, das mußte ja kommen.»

«Ich sagte, daß es für Sie am sinnfälligsten ist», sagte Leupold, um eine Nuance schärfer.

Dr. Penkuhn winkte den Kellner heran, worauf dieser die Flasche ergriff und höflich fragte: «Noch einen Kognak, Herr Professor?»

«Ja, einen großen.»

Eine Viertelstunde später, mit Tiefenbach im Lift allein, wirkte Leupold abgespannt. Tiefenbach sah ihn besorgt an. «Sehr taktvoll waren die jüngeren Herren nicht.»

«Die Menschen hier sind überraschend schlecht informiert», entgegnete Leupold.

«Vielleicht werde auch ich Ansichten äußern, die in Ihren Augen nicht sehr qualifiziert sind», gab Tiefenbach zu bedenken.

Leupold lächelte. «Wir beide kennen uns schließlich, und ich weiß recht gut, daß die vielen tausend Meilen zwischen unseren Nachkriegsstandorten mehr sind als nur geographische Größen.»

Sie trennten sich mit einer Verabredung zum Abendessen. Tiefenbach wohnte im vierten Stockwerk. Unter ihm auf der breiten Maximilianstraße brodelte der Verkehr. Er schloß das Fenster und warf sich aufs Bett, ohne die Bereitschaft zu schlafen. Die Vorstellung, daß Leupold einen ähnlichen Eindruck von ihm gewinnen könnte wie von den Männern um Dr. Penkuhn, bereitete ihm Unbehagen. Als Tiefenbach zum Abendessen hinunterging, fand er ihn bereits über die Speisekarte gebeugt.

«Wundern Sie sich nicht», sagte Leupold gutgelaunt, «ich bin ein starker Esser geworden. Eine Folge der russischen Gastfreundschaft. Wenn Freunde kommen, wird mit allem aufgewartet, was im Hause ist. Wie zu einer Hochzeitsfeier.»

Tiefenbach wagte einen Vorstoß. «Wie lebt man eigentlich in Dubna? Ist Ihnen als Europäer die Umstellung auf asiatische oder doch halbasiatische Verhältnisse nicht schwergefallen?»

Leupold lächelte fein. «Mein lieber Tiefenbach, Sie scheinen von Dubna falsche Vorstellungen zu haben. Es ist eine moderne, wenn auch kleine Stadt, die hundert Kilometer nördlich von Moskau liegt. Keineswegs in Asien. Ich habe diese Stadt der Forschung wachsen sehen. Von dem Ursprungsdorf zeugen nur noch wenige Holzhäuschen. Der Fernsehapparat gehört ebenso zur Wohnungseinrichtung wie Kühlschrank, Elektroherd und Heißwasserspeicher. Trotzdem haben sich bei den russischen Mitarbeitern althergebrachte Gewohnheiten erhalten. Abends sitzen sie mit Frau und Kindern am Wolgaufer und rösten selbstgefangene Fische über kleinen Holzfeuern.»

Nicht von ungefähr kam Leupold nach dieser Einleitung auf Erlebnisse aus den Anfangsjahren zu sprechen. Einer seiner Mitarbeiter, ein Russe, der zugleich Dolmetscher war, äußerte sich niemals darüber, wo er seine deutschen Sprachkenntnisse erworben hatte. Einmal machte Leupold seinem Unmut über die Isolierung der deutschen Gruppe Luft. «Man lebt ja hier wie in einem Ghetto.» Der Russe wurde blaß. «Wissen Sie überhaupt, was Sie da sagen?» Und Leupold erfuhr, daß der andere nur durch einen besonderen Glücksfall das Vernichtungslager überlebt hatte. In Auschwitz und Stutthof, wo seine Angehörigen zu Tode gemartert wurden, hatten die Aufseher die gleiche Sprache gesprochen wie der Professor, dem er zur Seite gegeben war, damit jener die Fremdheit leichter überwand. Ein anderes Erlebnis hatte Leupold im Moskauer Kaufhaus GUM am Roten Platz. Eine ländlich gekleidete Frau breitete schützend beide Hände über ihre Blumen, die sie zum Kauf anbot, als sie in ihm den Deutschen erkannte. «Njemjetzki njet.» Das Mißtrauen der Russen sei leider allzu berechtigt gewesen, sagte Leupold.

Die Frage des Mißtrauens beschäftigte Tiefenbach. «Wie stand es denn damit bei der täglichen Arbeit im Institut?»

«Wir hatten mit unserem eigenen Mißtrauen zu tun. Keiner von uns, der nach Dubna verpflanzt wurde, konnte von sich behaupten, daß ihn die Propagandawelle der Nazis unberührt gelassen hätte. So ein Bazillus stirbt nicht von heute auf morgen. Arbeiten für die sowjetische Forschung – das war für die meisten von uns die einzige Möglichkeit, dem Nachkriegselend in Deutschland zu entrinnen. War es denn auf Ihrer Seite anders? Was bedeutete Ihnen denn die operation paperclip?»

Zögernd sagte Tiefenbach: «Sie haben recht. Aber wie es nun weitergeht, ist die Frage. Ließ man Sie so einfach ziehen – ins zweigeteilte Deutschland, ohne Verpflichtung?»

Leupold streifte ihn mit einem schrägen Blick. «Heute vormittag fragte Penkuhn genauso skeptisch. Als ich ihm sagte, ich hätte die freie Wahl, vermutete er, ich sei das Opfer der sowjetischen Propaganda geworden.» Ehe Tiefenbach etwas erwidern konnte, winkte Leupold dem Kellner und zahlte. «Mir ist nach frischer Luft zumute, machen wir noch einen kleinen Bummel?»

München hatte nachts etwas Beschauliches. Selbst das Neongeflimmer der Leuchtreklamen empfand Leupold hier weniger aufdringlich als in Frankfurt am Main. Er sah sich kräftig um in den deutschen Städten. Mit offenen Mänteln schlenderten sie durch die Kaufingerstraße, bogen in eine Gasse ein und blieben vor einem Eckgeschäft stehen. Nymphenburger Porzellan, erlesene Stücke auf Samtläufern, mit Damast-Tuffs wirkungsvoll dekoriert.

«Es ergeht einem doch seltsam», sagte Leupold versonnen, «wenn man so lange in der Fremde gelebt hat. Jedes Wiedersehen wird zu einem erregenden Abenteuer. Porzellan gibt es überall in der Welt, aber Nymphenburger ist eben eine deutsche Spezialität. Ähnlich ging es mir jetzt in Dresden mit dem Meißner.»

Leupold nahm an diesem Frühlingsabend alles in sich auf: Die Wahrzeichen einer Stadt, in Jahrhunderten gewachsen, von Mut, Phantasie und Weisheit vieler Generationen zeugend. Gern hätte er gewußt, ob Tiefenbach ähnlich empfand. Auch für ihn galt die Frage: Was für ein Deutschland vertrete ich – nach einem solchen Krieg? Den Blick auf das Siegestor gerichtet, auf die hundertjährige Porta triumphalis, blieb Leupold stehen. Durch Siege errungene Macht hatte im 19. Jahrhundert steinerne Triumphtore gesetzt, konnte nicht im Gefolge der Niederlagen des 20. Jahrhunderts die Scham der Schuldiggewordenen etwas viel Kostbareres hervorbringen, nämlich den Schlüssel zum Gewissen der Menschheit?

«Ich habe oft an unsere Gespräche denken müssen», sagte Leupold, «besonders im ersten Jahr in Dubna.»

Tiefenbach war es in Neu-Mexiko ähnlich ergangen. Um wissenschaftlich arbeiten zu können, waren beide – ohne voneinander zu wissen – einer Einladung in ein Gastland gefolgt. In Länder, die hoffen ließen, daß nach einem solchen Krieg jeder Versuch legitim war, der eine friedliche Zukunft versprach.

Tiefenbach erzählte mit viel gedankenschweren Pausen, was ihn damals bewegte. «Die USA hatten Hitler bekämpft, und ich sah in ihnen ein freies demokratisches Land. Ich wollte umschwenken von der größtmöglichen Geheimhaltung zur größtmöglichen Publizität meiner Arbeiten.»

«Klappt es damit auch in Westeuropa?» fragte Leupold.

«Ich sitze an Projekten, die ich überall, auch vor Ihnen, offenlegen kann.»

Leupold bekannte, daß er noch keine Aufgabe gefunden habe, der er den Rest seines Lebens widmen wollte. Den Auftrag in Dubna hatte er zu Ende geführt. Dort hatte ihn neben der wissenschaftlichen Arbeit die Neugier gepackt. Neugier auf den kühnen Versuch der russischen Führung, mit dem Sozialismus eine neue Form des Zusammenlebens der Menschen zu praktizieren. Kühn schon deshalb, weil die sozialistische Idee sich über Jahrhunderte als Theorem erhalten hatte und nach zwei mörderischen Kriegen, als Hoffnung geblieben, nach Verwirklichung zu drängen schien.

Tiefenbach wartete mit Spannung darauf, daß Leupold Näheres über seinen Auftrag in Dubna berichtete, aber der beschränkte sich auf das Lob großzügiger Arbeitsbedingungen. «Es klingt fast, als hätten Sie während der Beobachtungen in Ihrem Gastland das ‹ordnende Prinzip› gefunden. Doch so speziell friedlich ist die Forschung im sozialistischen Modellstaat auch nicht. Immerhin – das atomare Patt wurde ja erreicht.»

Leupold sagte nüchtern: «Der politisch-diplomatische Druck Amerikas verlangte ein Gegengewicht. Die Bevölkerung der Sowjetunion hat auf vieles verzichten müssen, wegen der Absicherung gegen weitere Hiroshimas.»

«Glauben Sie im Ernst an derartige Absichten der USA?»

«Wer ein, nein zweimal die Bombe geworfen hat, wird es auch ein drittesmal tun – wenn man ihm nicht auf die Finger sieht.»

«Ja, ja, der Sündenfall der Yankees.» Tiefenbach hätte nun doch dem Gespräch gern die Schwere genommen. Aber Leupold blieb ernst.

«Lieber Freund, hüten Sie sich, die Welt vom Standpunkt derer erklären zu wollen, denen zwei Weltkriege keine Fensterscheibe im eigenen Land zerschlagen haben.»

Der Respekt vor dem alten Lehrer bewog Tiefenbach, in ruhigem Ton fortzufahren. Hatten nicht die USA selbst in richtiger Einschätzung ihrer Position als einzige Atommacht schon 1946 die Einstellung der Produktion von Atomwaffen vorgeschlagen, sich sogar zur Vernichtung der Bestände bereiterklärt? Im Plan Bernard Baruchs war alles bis ins kleinste festgelegt. Der weltweite Friedensplan scheiterte nur am Njet der sowjetischen Verhandlungspartner. Vermutlich waren Einzelheiten darüber nicht bis hinter den Eisernen Vorhang gedrungen.

Leupold wies die mildernden Umstände wegen mangelnder Information entschieden zurück. Über die Vorgänge um den Baruchplan war er genauso unterrichtet wie über das Argument, daß die Welt nicht in den Atomwettlauf geraten wäre, wenn das sowjetische Njet 1946 nicht gefallen wäre. Lakonisch sagte er: «Hätte die Sowjetunion Baruchs Vorschläge akzeptiert, also den USA die weltweite Kontrolle zugestanden, dann gäbe es heute wohl kein Vereinigtes Kernforschungsinstitut Dubna und keine Atomkraftwerke in dem ganzen weiten Land. Nein, der Plan war nicht zumutbar für den Ostblock. In einer westlichen Zeitung stand kürzlich eine Abhandlung darüber, durchaus in diesem Sinn. Ich war ganz erstaunt über die Töne, die da angeschlagen wurden. Aktuelle Umschau heißt das Blatt. Sollten Sie mal lesen.»

In Amerika galt der Plan als eine Geste des Friedens. Tiefenbach wollte sich aber daran nicht festhaken, hier kam er mit Leupold nicht auf einen gemeinsamen Nenner. Er sagte: «Als vor drei Jahren in Genf der erste Austausch der beiderseitigen Geheimnisse begann, schien es doch, als suche man nach einer neuen Organisationsform für die Naturwissenschaften. Etwas ist ja auch geschehen. Ohne diese ersten Kontaktversuche könnten wir beide hier wohl kaum so freimütig miteinander reden.» Freimütig und scharf, dachte er bedauernd und sah einem Schwarm Tauben nach, der vom Odeonsplatz herübergeflattert kam.

Leupold blieb skeptisch. «Hoffen wir, daß das Ganze nicht in eine Sackgasse mündet. Die Wissenschaften mit ihren vielen unbekannten Größen widersetzen sich allzu gern den Organisationsformen, die für Handel, Kunst oder Sport taugen. Sehen Sie sich die Liste mit den achtzehn Namen der Göttinger an. Wären es nicht so hochachtbare, international bekannte Kapazitäten, man hätte ihren Ruf kalt lächelnd überhört.»

«Es ist so vieles in Fluß», sagte Tiefenbach einlenkend. «Welches das beste Modell für die menschliche Gesellschaft sein wird, ist heute noch gar nicht abzusehen.»

«Falls es überhaupt je ein Entweder-Oder geben wird", ergänzte Leupold mit einem geheimen Seufzer.

Er hatte seine Platzkarte für den Nachtzug bereits in der Tasche, als er mit Tiefenbach durch die Säle des Deutschen Museums ging. Sie verweilten lange vor dem Experimentiertisch Otto Hahns. Mit diesem einfach anmutenden Geräteaufbau hatte der Gelehrte gemeinsam mit seinem Assistenten Straßmann die Spaltung des Atomkerns nachgewiesen.

Die Gefühle, die Tiefenbach beim Anblick des unscheinbaren Tisches bewegten, waren ähnlicher Art wie jene in Chikago, als er den berühmten Squash Court betrat, jene Halle unter der Westtribüne des Universitätsstadions, dem Stagg Field. Dort befand sich der Atomreaktor, in dem Enrico Fermi die erste kontrollierte Kettenreaktion erzeugte.

Ein ausgedehnter Spaziergang durch den Englischen Garten bildete den Abschluß ihrer Begegnung. Leupold erzählte vom Abschiedsbesuch bei Dr. Penkuhn. Der wollte es nicht begreifen, daß der Mann aus Jena weder die Friedrich-Schiller-Universität noch das Dresdener Institut aus seinen Zukunftsplänen gestrichen hatte. Er ging nicht ab von seiner Behauptung, daß für Leupold die Würfel bereits in Moskau gefallen seien. Ein bestimmter Satz aus dem Munde eines Ministers im Moskauer Kreml erschien Penkuhn unvorstellbar: Leupold solle sich sein Heimatland gründlich anschauen und keine übereilten Entschlüsse fassen.

Die beiden Spaziergänger hatten den Parkplatz erreicht.

Tiefenbachs Wagen glänzte metallisch. Leupold strich über die Kühlerhaube, als klopfe er einem Pferd den Rücken.

«Was meinen Sie, Tiefenbach, sind wir nicht nach dem Stand von Wissenschaft und Technik in der Lage, allen Völkern der Erde einen erträglichen Lebensstandard zu gewährleisten?»

«Wenn wir alle Philanthropen wären, vielleicht. Aber nicht in unserer Welt der Märkte und Prosperity.»

«Die hat schon ihre Reize! Das weiß ich seit dem Angebot von Penkuhn. Aber der Druckknopfkrieg hat auch seinen Platz darin. Und damit sollten wir uns beide nicht zufriedengeben. Jede Zeit erfordert eigene Antworten. Wir müssen weiter danach suchen, lieber Freund, jeder auf seinem Platz. Wo das sein wird, endgültig meine ich, das wissen wir wohl beide noch nicht. Und – nicht vergessen: Die Arbeit ist nicht das ganze Leben.»

Tiefenbach verstand. Taktvoll hatte Leupold bis jetzt vermieden, nach Eva zu fragen. Die Anspielung kam so spät, daß er sich mit Stichworten begnügen mußte. Es wurde eine recht verschwommene Rechtfertigung daraus.

Leupold wiegte bedauernd den Kopf. «Ich erinnere mich gern an die Begegnungen mit ihr.» Lächelnd fuhr er fort: «Für einen Schopenhauer-Anhänger habe ich Sie nie gehalten, für einen Frauenliebhaber im Goetheschen Sinne auch nicht. Ich habe Sie eher Lessing zugesellt, für den es in reifen Jahren nur eine Frau gab, ‹mit der er sich zu leben getraute›. Ich hielt Eva Leonhard für eine solche Persönlichkeit, aber das ist gewiß nicht der größte Irrtum in meinem bewegten Leben gewesen.» Viel mehr war nicht zu sagen.

9
Klänge von den Inseln

Das Klingeln des Telefons, das Schnarren der Türglocke, ganz alltägliche Geräusche, versetzten Eva an diesem Sonnabend in Unruhe. Jedesmal fürchtete sie eine höflich bedauernde Absage durch den Draht, durch einen Boten, ein Telegramm.

Bis gestern waren die Magnolienblüten frisch geblieben. Beinahe sechs Tage lang standen sie auf ihrem Schreibtisch, lenkten von der Arbeit ab, verführten zum Träumen. Trotzdem hatte Eva sie nicht entfernt. Erst heute, am siebenten Tage, welkten sie, wurden braun und unansehnlich. Blumen sterben lautlos. Bis zuletzt bewahrte die Magnolie ihre Form.

Eva war allein in der Wohnung. Sie öffnete alle Türen, versuchte ruhiger zu werden. Immer hatte sie gelitten unter dem Wartenmüssen. Wie Alpträume drückten die Erinnerungen: Hotel Erbgroßherzog in Güstrow, Munalager, Stettin. Sein Kommen wog stets alles auf, und wenn er ging, begann der Kampf zwischen Liebe und Stolz aufs neue. Wenn sie ihm heute wie ein befangener Backfisch gegenübertrat, dann war alles umsonst gewesen, alle Kämpfe gegen die Macht der Erinnerung, aller Verzicht, dieser Tribut an die Vernunft. Ein Klingelzeichen, zwei stakkatohaft kurze Töne, zerriß das Grübeln. Wenn Rainer, beladen mit Einkaufstasche und Milchflaschen, der Finger vom Klingelknopf rutschte, klang es ähnlich.

Hans Tiefenbach kam pünktlich. Er drückte seine Aktenmappe an sich, die überquoll von Päckchen. In der Tat hatte ihm das Erreichen der Klingel Mühe gemacht, denn ein längliches, in Seidenpapier gehülltes Etwas drohte herunterzufallen. Er beköstigt sich wohl selbst, dachte sie, und hat auf dem Wege eingekauft. Sie bat ihn, Platz zu nehmen.

Er saß unbequem auf einem Stuhl, die Mappe auf den Knien. Über einer Stuhllehne hing ihr Kompletmantel, daneben lagen helle Glacéhandschuhe. Alles für das Neckarstübchen. Daraus wird nichts, Ev. Behutsam griff er nach dem länglichen Päckchen, das Seidenpapier knisterte. Eva sah die Blumen, violette Tulpen. Umständlich, um die Freude zu verbergen, ordnete sie den Strauß in der Vase und stellte sie auf den Platz, wo bis vor kurzem die Magnolien gestanden hatten.

«Ich dachte, das wäre ein passender Tischschmuck, nicht wahr?» sagte er hintergründig.

Sie wurde hellhörig. Ihr Blick fiel auf die Aktenmappe, aus der zwei Flaschenhälse ragten. Ihre Überraschung fing er ab, noch ehe sie die Frage aussprach.

«Eigentlich wäre es viel hübscher, wenn wir hierblieben.»

Er bog die weichen Wände der Ledermappe auseinander. «Ich habe alles mitgebracht, was wir brauchen.» Jungenhafter Triumph, gemischt mit Schuldbewußtsein, spiegelte sich in seinem Gesicht.

Das Herz klopfte ihr bis zum Hals. Nun wurde alles noch viel schwieriger. Dennoch konnte sie nichts anderes tun als ja sagen. Für prüde oder ungastlich sollte er sie nicht halten.

Er folgte ihr in die Küche. Geschäftig breitete er seine Schätze aus: Geflügelsalat, geräucherten Aal, Wurst in Büchsen, Pfeffergurken und Käsegebäck, sogar Pasteten.

Pasteten. Sie stutzte. «Was tun wir da hinein?»

«Den Geflügelsalat, dachte ich.»

Sie lächelte. «Pasteten müssen doch warmgemacht werden.»

Er gestand ein, daß mit seinen hauswirtschaftlichen Kenntnissen nicht viel Staat zu machen sei. Beim letzten Päckchen bereitete er sie schonend vor. «Ich nahm es nur, weil mir die Verkäuferin im Delikateßgeschäft sagte, es gehöre zu einem pikanten Souper – als Vorspeise.» Weinbergschnecken – Eva starrte ratlos auf die Schneckengehäuse.

«Am besten schmecken sie überbacken, sagte die Verkäuferin. Nur ganz leicht, weißt du.»

Nein, ich weiß nicht. Da hast du dir was Schönes aufschwatzen lassen, dachte Eva. Dorothee besaß ein altes Kochbuch, das noch von ihrer Großmuter stammte. Pastor Wickrams lukullisches Roll-Magenbüchlein hatte es Dorothees Vater genannt. Aber wo bewahrte sie das kluge Buch auf? Eva verbannte ihren Gast erst einmal aus der Küche. Sie fühlte sich überrumpelt. In einer Art zornigem Trotz ging sie an die Arbeit.

Hans Tiefenbach, zufrieden mit dem Ergebnis seiner Überraschung, schlenderte durch die Wohnung. Anderthalb Zimmer, hell, luftig – sicherlich hatte sie dieses kleine Heim mit Opfern erkauft. Der Schreibtisch, frei im Raum stehend, war der wertvollste Einrichtungsgegenstand. Auch an der Couch hatte sie nicht gespart. Bücherregale und ein halbhoher Schrank waren von billiger Qualität. In Rainers kleinem Zimmer wirkte manches improvisiert. Er suchte nach einem Bild von Rainer, der Junge interessierte ihn. Auf dem Hängeregal fand er es, aufgestellt zwischen Miniaturen aus Ton, Bast und Stroh. Ein Jungengesicht, kindlich noch, aber mit einem ernsten Zug um den empfindsamen Mund. Das Bild fiel um, als er es an seinen Platz zurückstellen wollte. Es hatte zuvor an einem Gegenstand gelehnt, der jetzt verschoben war. Tiefenbach wollte keine Unordnung zurücklassen. Seine Hand tastete nach dem halbversteckten bräunlich-unansehnlichen Ding. Ehe noch sein Auge die Entdeckung recht begriff, hatte die Hand die Form erfühlt und den Fund hervorgezogen. Eine Tonflöte, geformt wie ein Vogelkörper – eine Okarina.

Die Okarina, verbesserte Tiefenbach sich in Gedanken, Hirtenflöte aus Italien. Er überließ sich der Erinnerung, die sich zu einem Bild formte. Alles war darin enthalten: Sonne und Sturm, Hoffnung, Gefahr, Erwartung und Erfüllung. Im Sand eingeschwemmt am Rügenstrand, hätten Muscheln und Algen sich die kleine Flöte zur Heimstatt erkoren, wenn Eva sie nicht geborgen hätte. Er hob das Instrument an die Lippen, seine Finger glitten über die Schallöcher. Die Töne kamen dumpf und zögernd.

Eine Tür klappte. Eva war hereingekommen. Sie sah ihn groß an. Er stand im Zimmer und hielt die Okarina in der Hand, vorsichtig, wie etwas leicht Verletzliches.

«Ist es noch dieselbe – von damals?»

«Nein», erwiderte sie leise, «die blieb in den Trümmern von Dresden.»

Er verharrte in stummer Frage: Und diese? Woher . . .?

«Ich habe sie Rainer von einer Reise mitgebracht.»

«Hast du ihm die Geschichte unserer Okarina dazu erzählt? Wie du sie nach dem Gewitterguß aus dem nassen Sand heraushobst – weißt du noch?»

Heftig bekämpfte sie die aufsteigende Befangenheit. Sie vermied seinen Blick, als sie sagte: «Rainer war damals acht Jahre. Ich mußte ein Märchen dazu erfinden, mit einer Insel im Süden natürlich.» Sie dachte, hätte ich nur das Ding weggeschlossen. Das Märchen für Rainer war unsere Geschichte.

Betroffen legte er die Flöte an ihren Platz. Wie sich das Schönste, was das Leben zu schenken vermag, in Bitterkeit verwandeln kann. Zweifel überfielen ihn, ob er richtig daran getan hatte, mit ihr in der Wohnung zu bleiben. Er wollte sie stellen, wollte ihr den Rückzug abschneiden, doch das Ausmaß der Wunden, die er damit aufriß, war größer als geahnt. Das einst Bindende erwies sich jetzt als das Trennende. Er hatte sich nie für einen guten Psychologen gehalten, insbesondere nicht im Hinblick auf Frauen. Hier versagte sein logisch geschulter Verstand. Was verriet ihr Verhalten? Er wollte sie doch nicht quälen. Sollte er die Vergangenheit ruhen lassen? Was erreichte er, wenn er sie zur Rückschau zwang? Das wäre nur sinnvoll, wenn er an das Schöne, das Kostbare von einst anknüpfen könnte, und zwar mit allem Ernst und in vollem Bewußtsein der Verantwortung.

Sie bat ihn zu Tisch. Es fielen nur die notwendigsten Worte. Die mit Ei überbackenen Schnecken waren zu trokkenen Fleischkügelchen geschrumpft. Tiefenbach lobte gutmütig und vertilgte pflichtgemäß seinen Anteil. Sein Blick sog sich fest an der garnierten Platte mit dem Räucheraal. Er wartete, pickte mit der Gabel ein paar Röstkartoffeln an.

Eva sah auf. «Hast du keinen Appetit?»

«Doch.»

«Warum nimmst du nicht von dem Aal? Ist er dir zu fett?»

Er schüttelte den Kopf. Die Antwort stand in seinen Augen: Weißt du noch, damals im Gasthof, nach dem Gewitter? Da hast du mir den Aal zerlegt, und die Fischer in der Gaststube hatten Grund, sich ihr Teil zu denken.

In stummer Bitte hob er seinen Teller an.

Sie schluckte. Den Kopf gesenkt, schälte sie ihm das rosige Fleisch aus der schwartigen Haut.

Er aß mit Genuß. «Zum Wohl, Ev. Den letzten Wein trank ich mit Leupold in München.»

Sie atmete auf. «Erzähl', wie es war.»

Er berichtete, was ihm mitteilenswert erschien. Das letzte Gespräch sparte er aus. Schopenhauer – Goethe – Lessing. Zwar hätte er gern gewußt, was sie davon hielt, aber er wollte das Gewonnene nicht aufs Spiel setzen. Seit er ihr gegenübersaß, waren alle Zweifel weggeschwemmt. Die gemeinsame Vergangenheit war unverlierbar. Die Okarina bewies es und sein Buch, selbst wenn es vorübergehend in Uhligs Händen gewesen war. Zwölf Jahre Amerika traten zurück. Kontur gewann allein die Zeit, da sie den Wind in den

Wanten der Jolle singen hörten, bei Blitz und sturmgepeitschtem Regen Zuflucht suchten, da sie immer wieder im Gegenwind, der sie auseinandertrieb, ein schmales Inselchen anzusteuern wußten für ein kurzes, tiefes Glück. Die Umstände hatten sie gezwungen, genügsam zu sein. Für privates Glück war im Kriege kein Platz. Wer zwang sie jetzt zur Genügsamkeit, ja – wer eigentlich?

«Wollten wir nicht von uns selber sprechen?» fragte er. «Es gibt so viel zu sagen.»

«Das Interview auf Gegenseitigkeit also.»

«Na ja», sagte er gedehnt, «obgleich du mehr von mir weißt als ich von dir.»

Sie protestierte. «Du kennst meine Umgebung, meine Sorge um Rainer, hast Arbeiten von mir gelesen und weißt, was mit mir und Martin war . . .»

«War? Du sagst: es *war* mit dir und Martin?»

Sie erschrak, verbesserte sich: «War – und ist, so wäre es wohl richtiger.»

Er saß vornübergeneigt, mit ineinandergelegten Händen, und sah sie unverwandt an.

Eva hielt es nicht auf ihrem Platz. Sie mußte etwas tun, irgend etwas. Ein Gefühl des Zorns, daß er diese Situation heraufbeschworen hatte, kroch in ihr hoch, sie nährte es mit allen Kräften. Er sollte nicht glauben, daß sie darauf wartete. Sie räumte das Geschirr ab, schaltete das Radio ein. Als sie aus der Küche kam, hatte er die Tulpen mitten auf den Tisch gestellt. Er stand mit dem Rücken zum Radio, die Hand verstohlen am Regelknopf. Dem Nachrichtensprecher schnitt er kurzerhand das Wort ab. Er machte die Szene frei – für sie beide. Wie mild war doch das Licht des Abends. Mit den Händen ihren Kopf umschließend, zog er sie an sich. Er wartete geduldig, bis sie ganz weich wurde. Erst dann tastete sich sein Mund über Hals und Wange bis zu ihren Lippen.

Ein weiter Morgenrock deckte sie beide wie ein schützend ausgebreiteter Flügel zu. Stille – wunderbare Versenkung im Selbst und zugleich im Anderen. Ein Streicheln jede Bewegung.

Von Sehnsucht hatte sie gesprochen, von gedachten und

nie geschriebenen Briefen. Woher kam denn Sehnsucht? Einsamkeit, Verlangen, Hoffen, Träumen, tausenderlei Ungestilltes – das waren die Quellen. – Er streifte ihr den Morgenrock von der Schulter. Haut, Haar, Hände, der Flaum der Achselhöhle, die Muschel des Ohrs, das Augenlid – hatte nicht alles teilgehabt an Qual und Sehnsucht? Nichts durfte ausgelassen werden bei seinem ungestümen Verlangen, gutzumachen, zu versöhnen.

Sein Kopf blieb ermattet dort liegen, wo ihr Herz pochte. «Damals reichten die Spitzen deines Haars bis zu diesen Spitzen.» In zarter Lockung glitt seine Hand über die Hügel ihrer Brüste.

«Solche Kleinigkeit hast du nicht vergessen?»

Sie machten ein Spiel daraus, was Kleinigkeiten waren, ein Katz-und-Maus-Spiel, neckend, forschend, mit allen Merkmalen der Liebe: Eifersucht, Argwohn, Leidenschaft. Vertraute Requisiten traten ins Licht der Erinnerung: eine Mundharmonika im Segelboot, Gedichtzeilen, eine Waschschüssel mit großen gemalten Blumen, saurer Rotwein – und die Okarina. Schließlich ein winziges Wort, streng bewahrt und geschont für einen Silvesterglückwunsch.

Sie entwand sich seinem Arm und glitt auf nackten Sohlen zum Schreibtisch. Er warf sich auf der Couch herum, um sich an ihr zu erfreuen, wie sie da mit leicht vorgebeugtem Oberkörper an einem verschlossenen Fach hantierte. Ehe er es sich versah, hatte sie etwas in seine Hand gleiten lassen. Seine Finger zusammenpressend, fragte sie bebend: «War das hier – eine Kleinigkeit?»

Sie zitterte. Er barg sie in Kissen, Mantel und Decke. Dann erst öffnete er die Faust. Ein winziges Häuflein Gold blinkte auf seinem Handteller. «Das Kettchen meiner Mutter.» Er war bewegt, sein Blick ging ganz nach innen. Nach langem Schweigen sagte er: «Du hast es bewahrt. Wirst du es nun wieder tragen?»

Sie bot ihm das rechte Handgelenk. Er verstand, warum sie es am linken nicht tragen wollte. Die Narbe, das Feuermal, hatte ihn in Bestürzung versetzt, als er es, voll Verlangen nach den Schönheiten ihres Körpers, selbst enthüllte.

Während er ihr das Armband umlegte, fragte er, behutsam auf das Mal deutend: «Wo trugst du das Kettchen, als das

Schreckliche geschah? Der Phosphor traf deine Haut und nicht das Metall?»

Sie verbarg den geschändeten Arm. «Ich weiß nicht mehr. Nur an eins erinnere ich mich. Am Tage danach, als ich nach etwas Eßbarem suchte, fand ich das Armband in meiner Manteltasche. Sicher hätte ich Brot dafür bekommen, auch ein Nachtlager. Ich gab es nicht fort. Und so ist das nun: Der Hunger ist überstanden, und *es* ist geblieben.»

Es ist geblieben, sagte sie. Wieviel bedeutete das kleine Wort bei solchem Gefühlsreichtum. Auf dem Rücken liegend, memorierte er noch einmal die kritischen Gedanken, mit denen er bis vor wenigen Wochen versucht hatte, dieses *es ist geblieben* vor sich selber zu leugnen. Er mußte sich eingestehen, daß seine alten Charakterfehler ihm einen Streich gespielt hatten: Seine Scheu vor Entschlüssen, seine Abneigung, Unfertiges nach langer Pause zu Ende zu bringen, vor allem die Besorgnis, starke Gefühle könnten von selbstgestellten Aufgaben ablenken. Er wußte: Eva – das bedeutete Spannung, vielleicht quälende Bekenntnisse und Erklärungen, auf alle Fälle keine Halbheit. Die Fülle neuer Eindrücke, die Begegnungen auf der Konferenz, die Neugier auf Obergs Projekt – all das baute sich wie eine Mauer um ihn und brachte seine Abwehr gegen jede Art etwaiger Verwicklung im persönlichen Leben hervor. An jenem merkwürdigen Abend nach dem Konzert hatte der Zweifel sich in ihm verdichtet, ob er sich nicht selber etwas einrede. Heute wußte er: Mit ihr zusammen wäre alles leichter geworden. Der Gedanke, daß es für diese Erkenntnis auch hätte zu spät sein können, trieb ihm das Blut zum Herzen.

Er wandte vorsichtig den Kopf. Mit geschlossenen Augen lag sie neben ihm. In der Meinung, sie sei eingeschlummert, berührte er mit den Lippen ihre Schläfe.

«Du warst eben weit fort», sagte sie leise. «Woran hast du gedacht?»

Er sagte dicht an ihrem Ohr: «An uns.»

Sie war in eine enge dreiviertellange Hose und einen flauschigen Pullover geschlüpft. Aus der Küche kam Kaffeeduft. Er hatte in Rainers Zimmer den goldenen Stuhl entdeckt. Sie erzählte ihm dessen Geschichte.

«Das Sitzen auf goldenen Stühlen bekommt mir nicht. Du siehst, er ist kaputt.»

Er wurde ernst. «Ob ich dir goldene Stühle bieten kann, weiß ich nicht.»

Sie warf lachend den Kopf zurück. «Vielleicht mag ich gar keine.»

Er sah sie liebevoll an. Nein, zu den berechnenden Frauen gehörte sie nicht. Er spürte wohltuend die warme Geborgenheit in ihrer Nähe. Die Morgensonne lugte durch die hellen Vorhänge.

«Wie hast du eigentlich drüben gewohnt?» fragte sie.

«Das war verschieden. Meistens hatte ich mir ein kleines Apartment gemietet.»

«Kühl und mit Komfort.»

«Woher weißt du das?»

«Ich denke es mir so. Auf der Insel wohntest du auch im Junggesellenheim, ohne deine Koffer richtig auszupacken, als wärst du nur auf der Durchreise. Nichts Persönliches außer deinen Büchern.»

Er lachte. «In Chikago war das ähnlich. Ich besaß nur zwei Tassen, aus dickem Porzellan. Sie stammten aus einer Garküche. Meine Freunde hielten mich für geizig. Dann machte ich eine Reise nach Mexiko. Ich brachte indianische Plastiken mit und einen handgewebten Teppich. Der wurde sehr bewundert, und jeder riet mir, ihn an die Wand zu hängen. Aber ich wollte ihn täglich berühren und legte ihn auf den Fußboden. Er füllte das ganze Zimmer. Es sah dadurch sehr kostbar bei mir aus. Bei den beiden Tassen blieb ich.»

Es war keine Effekthascherei in seinen Worten. So wie er sprach, kannte sie ihn.

«Einmal wäre ich beinahe seßhaft geworden», fuhr er fort. «In der Nähe von Princeton gefiel mir ein verwildertes Grundstück. Ich sah mich bereits hemdsärmelig das Buschwerk lichten, die Terrasse reparieren, Bäume pflanzen.» Er unterbrach sich. «Du weißt, daß es zu den Lebensaufgaben eines Mannes gehört, einen Baum zu pflanzen?»

Sie nickte. Ohne es auszusprechen, dachten sie beide: Ein Buch schreiben, einen Baum pflanzen, ein Kind zeugen . . .

«Das Buch war der Anfang.» Er lächelte. «Nun wollte ich es mit dem Baum versuchen. Vielleicht wäre dann alles anders gekommen. Die Frau, mit der ich leben wollte, war mir von Berkeley nach Princeton gefolgt. Für einen nicht mehr ganz jungen Mann eine Genugtuung, nicht wahr? Helen war eine meiner tüchtigsten Mitarbeiterinnen. Mir zuliebe hatte sie ihren Jungen aus erster Ehe zu den Quäkern gegeben.»

«O Gott», entfuhr es Eva, «hast du das verlangt?»

Er sah sie schweigend an. Der Verdacht verletzte ihn. Mit Nachdruck sagte er: «Im Gegenteil. In Gedanken hatte ich schon einen Spielplatz angelegt. Ihr rascher Verzicht trug dazu bei, daß sich unsere Beziehung abkühlte, und mir verging das Verlangen, einen Baum zu pflanzen.»

Eva schämte sich der unbedachten Worte. Das Schicksal des fremden Kindes hatte sie an Rainer erinnert. Seine Erklärung beruhigte sie. Sie wollte noch mehr hören, von seiner Arbeit vor allem.

Er erzählte, wie er als Neuling nach Chikago kam. Zunächst fühlte er sich bei seiner Arbeit wohl. Er war zu einer günstigen Zeit in die Staaten gekommen. Nach der Hatz mit der Bombenentwicklung stürzten sich die Fachleute auf den weitgehend unerforschten Komplex der Atomkernstruktur. Zyklotron in Berkeley und Chikago, Kosmotron in Brookhaven auf Long Island – Eva schwirrte der Kopf. Sie hatte den Reaktor bei Dresden vor Augen, was aber mußten das für gewaltige Maschinen sein, mit denen Hans es in den USA zu tun gehabt hatte. «Gibt es hier auch Kosmotrone?»

«Nein, bis jetzt wohl nicht.»

«Warum bist du dann fortgegangen?»

«Vielleicht, weil ich dort keinen Baum gepflanzt habe.» Er lachte kurz auf. «Das ist natürlich ein Scherz. Aber wenn man ans Einwurzeln in einem Land denkt, hat es schon etwas mit dem Baumsymbol zu tun. Mein Vertrag war abgelaufen, er hätte erneuert werden müssen. Just zu dem Zeitpunkt kam die Einladung zur Konferenz. Ich habe mich nicht um Verlängerung bemüht, ich wollte ungebunden sein in dem Augenblick, da ich in die alte Heimat fuhr.»

«Und du glaubst, daß du nichts entbehren wirst, wenn du hierbleibst?» forschte sie.

«Entbehren . . .» Er wiegte den Kopf. «Die großen Laboratorien haben auch ihre Schattenseiten. Wer sie finanziert mit ihren Riesenmaschinen, beherrscht sie auch. Und das

Merkwürdige ist: Die Geldgeber sind durchaus nicht immer an einer kontinuierlichen Forschung interessiert. Das war schon in Chikago mit der Marine penetrant, und in Brookhaven war es dann nicht viel anders. Der ehemalige Direktor der Atomenergiekommission verglich die Situation einmal mit einem Auto, das für jeden Fahrgast einen eigenen Bremshebel hat – streng demokratisch. An Kreuzungen fährt der Fahrer erst weiter, wenn sich alle Mitfahrer untereinander geeinigt haben. Aber die Insassen verstehen sich nur in einem Punkt: Das Auto darf nicht fahren.»

Eva lächelte matt. «Hierzulande werden die Göttinger Weisen – die achtzehn Professoren – als Bremser angesehen. Das ist auch kein gutes Zeichen.»

«Was dahintersteckt und manches andere noch möchte ich herausfinden. Ich habe eine Menge vor – im alten Europa.»

«Hast du», fragte sie beklommen, «hast du irgendwann einmal mitgeholfen an dem schrecklichen Programm der Menschenvernichtung?»

Er schaute ins Leere. «Rasiermesserfabrikanten werden nicht verantwortlich gemacht für die geöffneten Pulsadern der Selbstmörder, aber die Physiker sollen alle schuld sein am Gespenst Atomkrieg.»

Die ausweichende Antwort enttäuschte sie.

«Sei beruhigt. Ich habe keine Medaille und keinen Titel bekommen. An solchen kleidsamen Äußerlichkeiten erkennt man gewöhnlich die harten Männer der Kriegsforschung.» Er erhob sich. «Ich muß wohl nun gehen.» Als sie ihm seine schmal gewordene Aktenmappe reichte, fragte er: «Wie lange bleibt Dorothee eigentlich in Italien?»

«Oh lange. Mindestens eine Woche.»

«Sieben mal vierundzwanzig Stunden – eine sehr kleine Ewigkeit. Ich werde sie nutzen.» Als schon nach einer Viertelstunde seine Stimme sich im Telefon meldete, wußte sie, wie ernst es ihm war.

Drittes Buch

Frühlingsweisen in Moll

1 Sorgen der Oberklasse
2 Der Kranich
3 Herzen im Wandel
4 Notgemeinschaft
5 Klippen und Inseln

I

Sorgen der Oberklasse

Das Ensemble des Wespenkabaretts sang seinen Schlußsong. Es war die letzte Vorstellung des erfolgreichen, vielumstrittenen Frühjahrsprogramms.

«Tausend minus x ist zwölf.
Ja, Männer haben Gesichte!
Noch knackt kein Elektronenhirn
die Nüsse der Weltgeschichte . . .»

Der Reporter Justus Funke saß im Halbdunkel. In Fachkreisen wußte man bereits, daß das nächste Auftreten der Wespen zahmer ausfallen würde. Ein Zugeständnis an die Stadtväter, damit sie ihre milde Hand wieder öffneten. Hinter jedem Blackout steckte eine Portion Gedankenarbeit, steckte unablässiges Sammeln und Beobachten. Und für all den Aufwand an Geist, Witz und Zivilcourage als Gegenwert die ständige Existenzangst, das erschien Justus als schlechtes Geschäft. Er würde nicht mehr dabeisein.

Bei einem Glas Portwein überdachte er seine Lage. Rubyschewskis Faustregel hieß: Den Finger am Puls der Zeit haben. Wer danach handelte, war jedoch noch lange kein erfolgreicher Reporter. Es kam auf die Kunst der Auswahl an, und es wurde Zeit, sich hierin von Rubyschewskis Standardmeinung zu distanzieren, sonst würde man eines Tages in eine ähnliche Mühle geraten wie die Wespen, denen das Fingerspitzengefühl für die Auswahl neuerdings abging.

Justus war drauf und dran, sich nach einträglicheren Themen umzusehen, als die Aktuelle Umschau ihm bisher geboten hatte. Die Bekanntschaft mit Norbert Klemt-Glaesele würde sich vermutlich auszahlen. Hätte er den jungen Ausflipper ein Jahr früher kennengelernt, Justus hätte sich zugetraut, mit dem Aufmachungsartikel im Industrietelegraf über Konrad Maihuber – zum fünfundzwanzigjährigen Geschäftsjubiläum – Furore zu machen. Sein Konkurrent hatte es schlau angefangen und den Industriellen dargestellt als einen Topmanager, der seine Vorbilder in den berühmten Persönlichkeiten der Renaissance sah. Den Renaissancemenschen sei es gelungen, jede Ambition bis zum Kunstwerk zu steigern. Das vornehmste Kunstwerk sei ihnen der Staat gewesen. Die Fäden eines wohlorganisierten Staatsgefüges in der Hand zu halten, war das höchste Ziel des Renaissancemenschen. Er habe seinen direkten Nachkommen im weltweit planenden Industriellen des zwanzigsten Jahrhunderts. Der königliche Kaufmann des neunzehnten Jahrhunderts könne allenfalls als Zwischenglied angesehen werden. Hinter dem abwertenden Begriff Manager dagegen verbargen sich die wahrhaft wesensverwandten Nachkommen der Strozzi, der Orsini, der Medici. Heute sei allerdings der Familienname auf dem Firmenschild überholt, es käme vielmehr darauf an, ein ganzes Netz von Fäden in einer Hand zusammenzuführen.

Wie weit konnte ein Reporter überhaupt gehen, wenn er sich genötigt sah, die Integrität der Mächtigen in Staat und Gesellschaft anzuzweifeln? Justus brachte das Kernproblem für sich auf einen Nenner: Jeder Nimbus resultiert aus dem Format, mit dem etwas getan wird, Gutes wie Böses. Wer mit Format betrügt, bleibt ein Ehrenmann. Verachtet wird nur der kleine Schwindler. Wer den Massenmord mittels kosmischer Geschwindigkeiten und elektronischer Steuerung ermöglicht, der ist erhaben über die Sprüche internationaler Gerichtshöfe.

Das Kellerlokal war schon halb leer, als Norbert eintraf. Ermattet sank er neben Justus auf die Bank. Fünfundneunzig Kilometer kurvenreiche Strecke bei Nacht in einer Stunde – keine Kleinigkeit.

Die Bergstrecke, die Norbert zurückgelegt hatte, führte von Maihubers Jagdhaus ins Tal. Irgendwo in der Alb lüftete der Renaissancefürst seine Lungen aus und ging auf die Pirsch. Justus wußte, daß jeder, der in seine komfortable Einsiedelei eingeladen wurde, sich das zur Ehre anrechnen durfte. Norbert hingegen sah nicht so aus, als habe ihn jemand ausgezeichnet. Er hatte lediglich den Auftrag gehabt, seine Stiefschwester beim Onkel abzuliefern.

«Schenk ein, alter Junge.» Norbert stürzte den Wein hinunter wie Wasser. «Wegspülen, alles möchte man wegspülen – die ganze Sippschaft.»

Norbert vertrug nicht viel. Justus besorgte Sodawasser. Er kannte die Grenze, wenn Norberts Offenherzigkeit in verstockten Katzenjammer umschlug.

Norbert war sich seiner Vermutung nun völlig sicher. Der Renaissancefürst spekulierte für seine Nichte Martina. In der sorgsam abgeschirmten Einöde des Jagdsitzes verdiente sich der hoffnungsvolle Teenager Konnys hochdotiertes Wohlwollen.

«Das Theater war leicht zu durchschauen», sagte Norbert. «Da wird erst der Jagdaufseher hereingeholt zu ein paar Schnäpsen, aber das ist nur das Vorspiel. Dann sitzt man am Kamin im Jagdzimmer, starrt in die Flammen und krault den Hunden das Fell. Alles ist edel, der Kognak im Glas, die Rasse der Hunde, knusprig die Hähnchen vom Grill oder das Rebhuhn in Weinblättern – und wovon wird geredet? Von Geschäften, nur von Geschäften. Martina wird das Abitur knapp schaffen, aber dort redet sie wie ein ausgefuchster Börsenjobber. Und Konny amüsiert sich über ihren Eifer. Ich wette, er zahlt ihr den Eislauftrainer in den Staaten und verliert keine müde Mark dabei.»

Dann ist das Mädchen für Maihuber nur ein Gegenstand zur Erprobung seiner Theorien, dachte Justus. Einbeziehung der Liebeskunst ins Börsenexperiment. Interessanter Komplex, der sich da auftat. Justus tastete sich mit vorsichtigen Fragen näher. Aber Norbert war hellhörig geworden. Sein Blick fiel auf das gedruckte Wespen-Programm, dessen Ränder mit Justus' kleiner Handschrift bedeckt waren.

«Bist du mein Freund oder willst du mich aushorchen?»

Justus tat gekränkt. «Komm, gehen wir, du redest ungereimt.» Die Mahnung zum Aufbruch löste bei Norbert fast immer ein weitschweifiges Finale aus, das je nach dem Thema ironisch, zornig oder pathetisch ausfiel. Zu seiner Stimmung paßte diesmal wütender Spott. Er schoß ihn ab auf seinen Stiefvater und dessen neue Favoritin, die rotschopfige Dorothee.

«Ich weiß nicht, ob meine Mutter ahnt, was für eine Chance sie dem Alten gibt mit ihrer verfrühten Rückreise aus Italien. Ihr ist die Kunstausstellung im Lindenpalais Ahlfeld wichtiger. Tante Wendla könnte sonst die Ehre allein einheimsen.»

«Ich möchte die Patronin aus Leidenschaft mal wieder in Aktion sehen», sagte Justus. «Kannst du mir eine Einladung zur Eröffnung verschaffen?»

Über das wechselvolle Schicksal des Lindenpalais Ahlfeld ein Feuilleton zu schreiben, wäre keine üble Sache. Abschätzend musterte Justus die unregelmäßige, im Geschmack der Gründerjahre mit Erkern und Spitzgiebeln verzierte Fassade. In der Kristallnacht hatten hier die Fenster geklirrt, Stiefel waren über die Wendeltreppe des Turmes gestampft, und in den folgenden sieben Jahren beherrschten die Stiefelträger die Villa vom Keller bis unters Dach. In der Erinnerung der älteren Einheimischen galt sie als letzte SS-Hochburg. Jahre später stiftete sie der letzte Überlebende der Familie Ahlfeld, ein in Amerika lebender Kunsthändler, der Stadt als Ausstellungspavillon und schuf damit seinen unglücklichen Angehörigen, deren Gräber zwischen den Hügeln der namenlosen Toten von Theresienstadt und Dachau nicht aufzufinden waren, eine würdige Gedenkstätte.

Justus sah sich in der Eingangshalle nach der Bronzetafel um, die der Stifter hatte anbringen lassen. Man hätte dicke Hortensientöpfe beiseiteschieben müssen, um den Namen Ahlfeld lesen zu können. Für acht Wochen, solange die Ausstellung christlicher junger Künstler gezeigt wurde, hatte das Kreuz den sechszackigen Stern verdrängt. Denn der Geist unseres Handelns ist die Liebe – hieß es im Vorwort des Katalogs. Und auf Fahnen und Spruchbändern kehrte das Wort aus dem Hirtenbrief des Landesbischofs in vielerlei Variationen wieder.

Norbert erwartete ihn in der Halle. Er hatte sich die Erlaubnis geholt, mit Justus vor der offiziellen Eröffnung durch die Räume zu gehen. Die Abstrakten waren hier nicht so konsequent abstrakt wie anderswo, fand Justus. Viel Monumentales war zu sehen. Von zwei aufwendigen Gemälden fast erdrückt, stand eine Magdalenenbüste. Der schmale geneigte Frauenkopf strahlte so viel Naivität aus, daß Justus davor verweilte. Magdalena im Winkel – da hatte er den roten Faden für sein Feuilleton.

«Jetzt kommt die Abteilung Kreuz und Schwert», sagte Norbert trocken. «Tante Wendlas Lieblinge.» Er blieb in dem angrenzenden Saal vor einem großen Ölbild stehen.

Das Bild füllte fast die Wand. Es nannte sich Heimsuchung. Obwohl der Maler mit perspektivischen Verzerrungen und verschobenen Proportionen ans Werk gegangen war, erkannte man deutlich seine Absicht, ein modernes Jüngstes Gericht darzustellen. Der Atompilz tilgte die Leiber und besorgte scheinbar schmerzlos die Trennung der Menschheit in Gerechte und Ungerechte.

«Die Atombombe ist keine Heimsuchung, sondern eine menschliche Infamie, die durch Vernunft verhindert werden kann», sagte Norbert scharf. Er ärgerte sich, daß Justus Notizen auf einen Block kritzelte, statt offen das Bild zu analysieren.

Justus sah Menschen in den vorderen Saal strömen. Wendla Maihuber aus der Nähe zu betrachten, war ihm wichtiger, als auf Norberts Sentenzen einzugehen. Er wußte auf den ersten Blick, wen er neben der Patronin vor sich hatte. An ihrer Rechten der Landesbischof, zur Linken blond und kühl Rosemarie Glaesele. Einen halben Schritt dahinter Martina Glaesele, etwas grob die Gesichtszüge, aber graziös in den Bewegungen. Mit undurchdringlichen Mienen ließen die Damen die Ansprache des Landesbischofs über sich ergehen.

Die Stimme des geübten Predigers trug weit. Er sprach vom Gesetz, nach dem jeder Künstler angetreten sei. Auch der Glaube fand seinen Platz, denn der stehe höher als alle Vernunft, und er mache den wahren Künstler erst innerlich frei.

Norbert hatte sich unauffällig an Justus herangeschoben, nachdem er die Damen seiner Familie begrüßt hatte. Er spottete: «Hier heißt das Gesetz: Absage an die Vernunft. Die Furcht hat in der Welt zu bleiben. Amen.»

Irgendwo versteckt spielte ein Kammerorchester. Dann gab Wendla die Ausstellung frei. Zugleich lenkte sie die Aufmerksamkeit des Publikums auf eine Spendenliste, die den Ankauf von Bildern ermöglichen sollte. Rosemarie Glaesele ging in Begleitung ihrer Stieftochter als erste auf den Tisch zu. Wer etwas zu repräsentieren hatte, folgte ihr, wer wegen der Bilder gekommen war, ging in die andere Richtung. Mit einem Blick auf die Schlange der Spendefreudigen dachte Justus: Jetzt werden Visitenkarten abgegeben. Wendla Maihubers Name auf den Einladungen hatte die finanzkräftigen Kreise der Stadt angezogen, auch die Uniformen fehlten nicht. Kreuz und Schwert gingen zusammen, die Patronin konnte zufrieden sein. Er hatte genügend Stoff für einen Artikel beisammen. Lediglich zu einem raschen Rundgang fand er sich noch bereit, dann wollte er den Vorsprung vor den Kollegen nutzen, den Norbert ihm verschafft hatte.

2
Der Kranich

Es war ein milder, verhangener Aprilsonntag, als Rubyschewski und Eva sich am Bahnhof trafen, um nach Klüterlingen zu fahren. Auf eine Gelegenheit, die eigenwillige Schwester Viktor Glaeseles kennenzulernen, hatte Eva längst gehofft, und sie war Rubyschewski dankbar, daß er sie einbezog in den kleinen Kreis, vor dem die Kamprads von ihrer Japanreise erzählen wollten.

Die warme Luft und die Baumblüte lockte viele Städter ins Freie, der Zug war überfüllt. In Klüterlingen hielt der Zug nur kurz. Rubyschewski hatte einen knorrigen Spazierstock mitgebracht. Sobald die Metallzwinge auf das Pflaster traf, gab es ein helles Klicken. Bis zum Kliniksanatorium, in dessen Parkgelände die Kamprads wohnten, waren es gute fünfzehn Minuten Weg. Zeit genug für eine Einstimmung auf den Gästekreis, den Rubyschewski im Parkhaus vermutete. Professor Veerhus, Sozialhygieniker an der Universität Tübingen, war zu erwarten, ebenso ein Vorstandsmitglied des Roten Kreuzes. Der gehörte, wie die Kamprads auch, einer internationalen Ärztekommission an. Eine junge Völkerkundlerin würde sich einfinden und ganz bestimmt Pfarrer Rhinwald mit Frau, die ihre Pfarre in der Nähe hatten und Kamprads langjährige Freunde waren. Rubyschewski war gespannt, ob Kamprads Chef, der Sanatoriumsdirektor Matthes, dem Kreis die Ehre geben würde.

Die beiden erfuhren es an Kamprads Wohnungstür, daß der Direktor abgesagt hatte. Pfarrer Rhinwald putzte sich gerade die Füße an der Matte ab, es schien seine erste Frage gewesen zu sein. Mechthild Kamprad stand in der geöffneten Tür und verneinte. «Dabei hatte er fest zugesagt – bis gestern.» Die Gastgeberin spottete: «Aber es gibt eben unvorhergesehene Zwischenfälle.»

Mehr als diese Absage enttäuschte sie, daß Norbert Klemt fehlte. Seinen Andeutungen nach hatte er triftige Gründe, die Mutter nicht zu erzürnen. Schwester Roberta übernahm die Bewirtung der Gäste. Die ausgebildete Röntgenschwester war die einzige Angestellte im Parkhaus, die treu zu den Kamprads hielt. Unermüdlich half sie die Statistiken des Grauens auszuwerten, mit denen das Arztehepaar aus Nagasaki zurückgekehrt war.

Rudolf Kamprad ließ Fotografien von Hand zu Hand gehen, Aufnahmen strahlengeschädigter Japaner. Bis vor kurzem noch hatten die japanischen Behörden vermieden, mit offiziellen Berichten an die Öffentlichkeit zu treten. Erst der amerikanische Versuch mit der Wasserstoffbombe, die das Bikini-Atoll im Pazifik zum Verdampfen brachte, rüttelte die Menschen wach. Die Fische, Hauptnahrung der Japaner, waren verseucht, und die Angst vor der todbringenden Nahrung ergriff ganz Japan.

Pfarrer Rhinwald hatte in einer seiner letzten Predigten darüber philosophiert, daß kein Stäubchen im All verlorengehe. Darin stimmten Theologie und Naturwissenschaft überein. Somit hieß das in doppeltem Sinne: Bikini schwebt über den Häuptern der Menschen. Unsichtbar, aufgelöst in feinste Schwebeteilchen, umkreist das Atoll den Planeten als ungeheurer Speicher giftiger Substanzen und hat das Bestreben, wieder auf die Erde zurückzugelangen.

«Schatten über und Schatten neben uns.» Rudolf Kamprad berichtete von Abdrücken menschlicher Glieder, eingebrannt in Granitstufen, in die Steine der Brücken.

Mechthild entnahm einer Vitrine ein helles Ding aus Papier, wie Kinder es falten, ein zartrosa Vögelchen mit breiten Schwingen, einem steilen, nach oben spitz zulaufenden Stoß und flachem Schnabel. Sie setzte das zerbrechliche Gebilde Eva in die hohle Hand. «Mein kostbarstes Andenken aus Japan», sagte sie. «Es ist einer der sechshundertvierzig Kraniche, die ein japanisches Kind gefaltet hat. Tausend wollte es machen in der Hoffnung, dann gesund zu werden. Der Kranich gilt als Symbol für ein langes gesundes Leben. Die kleine Japanerin war ein halbes Jahr nach dem Bombenabwurf zur Welt gekommen, und es dauerte acht Jahre, bis bei ihr die Krankheit ausbrach. Im Spital, umgeben von ihren papiernen Kranichen, siechte sie dahin.» Mechthild brach die Stimme. Es war still im Zimmer. Nach einer Weile hatte sie sich gefangen. «Das Schicksal des Mädchens erschütterte ihre Mitschüler. Sie nahmen die Kraniche und veranstalteten eine Sammlung, die in ganz Japan Echo fand. Es wurde der Grundstock zu dem Kinderdenkmal im Friedenspark: Ein Kind, das in den erhobenen Händen einen Kranich hält.» Mit dünnem Faden befestigte Mechthild den Papierkranich an einer Wandleuchte. Vom Luftzug leicht bewegt, schien er in den Raum fliegen zu wollen.

Professor Veerhus erinnerte an die letzten Veröffentlichungen in der amerikanischen Fachpresse. Ob die in Japan auftretenden Leukämiefälle tatsächlich von Kernstrahlung herrührten, war heftig umstritten. An den Meinungsfronten kämpften Wissenschaftler von Rang: Edward Teller einerseits, Linus Pauling andererseits. Die Sympathie des Professors gehörte keineswegs dem Vater der Superbombe, dennoch zog er in Erwägung, über Tellers Berechnungen ein Seminar abzuhalten. Die Frau des Pfarrers wandte sich gegen Veerhus. Zu viel Ehre für den skrupellosesten Apologeten der Atomstrategen, fand sie. Die junge Völkerkundlerin teilte ihre Meinung.

«Es wäre schön», sagte sie, «wenn wir auf das Wort Krieg ganz verzichten könnten und wenn es nur noch in einem Institut wie dem unseren museale Bedeutung hätte.»

Rubyschewski reichte ihr einen Presseauszug über Linus Paulings Petition, die mit mehr als neuntausend Unterschriften namhafter Naturwissenschaftler den Vereinten Nationen zugegangen war. «Die Phalanx der Vernünftigen wächst.» Er sandte Eva einen vielsagenden Blick nach, die ihren Platz verlassen und sich dem schwebenden Kranich genähert hatte.

Mechthild empfand Evas Befangenheit. «Vielleicht interessiert sich Fräulein Leonhard für unser Laboratorium», sagte sie liebenswürdig und drückte Schwester Roberta ein Schlüsselbund in die Hand.

Drei Zimmer der Kampradschen Wohnung dienten als Institut für Untersuchungen, insbesondere am Knochenmark, jener Körpersubstanz, in der sich das gefährliche Strontium 90 ablagert. Eva war fasziniert von der Exaktheit, mit der die Laborarbeit auf relativ geringem Raum geleistet wurde. Auch ein Archiv gehörte dazu. Über den niedrigen Schränken waren Meßblätter an die Wand geheftet. Der Hauptteil wurde von Plakaten beherrscht, von Fotomontagen und Grafiken. Ins Auge fiel Picassos Friedenstaube – Atomes pour la paix – das Motto der ersten Atomenergiekonferenz in Genf.

Schwester Roberta blätterte einen Stoß Manuskripte an und seufzte. «Diese Reise auswerten, das kostet wieder Nachtarbeit.»

Eva, die geglaubt hatte, der Sanatoriumsdirektor unterstütze die Forschungen der beiden Ärzte, mußte sich eines anderen belehren lassen.

«Der Chef wollte sie gar nicht reisen lassen», sagte die Schwester. «Daß Frau Doktor noch immer nicht Oberärztin geworden ist, hat bestimmt damit zu tun. Sie ist natürlich oft zu Vorträgen unterwegs . . .»

Als Hans Tiefenbach eintraf, um Eva abzuholen, hatte die kleine Gesellschaft sich in Gruppen aufgelöst. Ein Tonband lief mit japanischen Kinderliedern. Rudolf Kamprad bereitete die Vorführung eines Schmalfilms vor, wobei ihm Frau Rhinwald zur Hand ging.

Tiefenbach war befangen. Es hatte nicht in seiner Absicht gelegen, sich dem Kamprad-Kreis zuzugesellen, andererseits wäre es unhöflich gewesen, die freundliche Einladung der Ärztin zu einem Imbiß abzulehnen. So saß er auf der Kante des ihm zugewiesenen Sessels und nährte das Gefühl, hier entbehrlich zu sein. Aus der Befangenheit erlöste ihn Professor Veerhus durch eine Frage nach seiner Vortragsreihe im Rundfunk. Mechthild setzte sich zu den Männern.

«Werden Sie auch auf die Wechselwirkung zwischen Natur- und Geisteswissenschaften eingehen?»

«Mein letzter Vortrag läuft unter dem Thema ‹Hoffnung und Ausblick›», antwortete Tiefenbach höflich.

«Der letzte Vortrag erst?» Sie verbarg ihre Enttäuschung nicht. «Die Querverbindungen bieten sich doch viel früher an. Strahlung und Kettenreaktion sind Begriffe, die Assoziationen nach zwei Seiten auslösen: Heilung oder Siechtum, Energie im Reaktor oder Bombe.»

Rubyschewski sprang ihr bei. «Die Doktorin meint, wenn man die große Chance hat, sechsmal zwanzig Minuten lang über einen Sender zu sprechen, sollte man die Gelegenheit wahrnehmen. Nicht nur einmal, sondern sechsmal.»

Oh Eva, wohin hast du mich verschleppt, dachte Tiefenbach. Als nun noch Professor Veerhus Dokumentarfotos aus einer Mappe zog, sagte Tiefenbach nach einem flüchtigen Blick darauf: «Sie sollten einen Reisebericht geben, Frau Kamprad. Über Funk und Fernsehen. Sicher wäre das erschütternd. Meine Aufgabe sieht anders aus.»

Die Ärztin lachte bitter. «Eben. Deshalb bekommen Sie die großzügige Einladung vors Mikrofon – und nicht wir.»

Rubyschewski ließ Tiefenbach nicht aus den Augen. Er bediente ihn mit Getränken und kam im Plauderton auf die heikelsten Fragen. Fermis Verhalten nach dem Bombenabwurf im August '45, und James Francks berühmter Report an den USA-Kriegsminister; oder Oppenheimer, Einstein. Pontecorvos Schritt auf die andere Seite, die Pugwash-Konferenzen. Was sich in diesem Akt des Welttheaters abgespielt hatte, konnte doch einen Mann wie Tiefenbach nicht unberührt lassen. Also – Applaus oder Buhrufe?

Mechthild wollte ihn vor weiteren Kaskaden Rubyschewskis schützen, doch Tiefenbach nahm die Herausforderung an. Er berichtete, wie er und die meisten deutschen Nachkriegseinwanderer allen Schattierungen von Mißtrauen begegnet waren. Für amerikanische Staatsbürger war es leichter, Sympathien zu bekunden, wenn auch da nicht ungefährlich. Als Oppenheimer kaltgestellt wurde, kam die Gewissensdiktatur unter Präsident Truman vollends ans Licht.

Rubyschewski zeigte Verständnis, bohrte aber weiter. Jetzt in Deutschland sei es doch anders. Wer sollte es ihm verübeln, wenn er seine Forschungen mit dem Motto der Genfer Konferenz Atome-pour-la-paix koppeln würde – Sympathiebezeugungen vor der Öffentlichkeit. «Wäre das Motto nicht ein guter Titel für die Vortragsreihe im Rundfunk?» Rubyschewski war in Eifer geraten und zum Werber geworden.

Professor Veerhus hatte zugehört, er sagte: «Nach dem Beschluß vom fünfundzwanzigsten März völlig anachronistisch. Man kann nicht verlangen, daß Herr Tiefenbach alles schon überschaut, was sich hier abspielt.»

«Danke», sagte Tiefenbach knapp. «Aber auch wenn ich einen besseren Überblick hätte, würde ich für meine Person keines der Erkenntnisse meines Berufes zurücknehmen wollen.»

«Auch ihre negativen Auswirkungen nicht?»

«Die bedaure ich sehr.» Tiefenbach sagte das ungewöhnlich scharf. «Für mich ist jetzt eines wichtig: Deutschland hat Verträge unterschrieben. Danach ist ihm die Entwicklung und Herstellung von Kernwaffen untersagt. Das scheint mir Garantie genug, daß ich hier arbeiten kann, ohne mir wie ein Sünder ständig an die Brust schlagen zu müssen. Ich sehe gar keinen Grund dafür, im Rundfunk mit Kassandrarufen aufzutreten.»

Rudolf Kamprad öffnete die Flügeltür zum Nebenzimmer. Die Vorbereitungen zur Filmvorführung waren beendet. Er bat nach nebenan.

Rubyschewski pirschte sich noch einmal zu Tiefenbach heran. «Glauben Sie wirklich nicht, daß die Politiker Winkelzüge ausknobeln, um die Verbotsklausel der Pariser Verträge zu umgehen?»

«Mir sind keine Anzeichen bekannt.»

«Und Obergs Ultrazentrifuge?»

Tiefenbach schluckte den fetten Brocken, den der andere ihm hingeworfen hatte. «Was wollen Sie damit sagen?»

«Billiges Spaltmaterial. Da werden auch die kleinen Staaten bald ihre Bömbchen im Bunker haben.»

Tiefenbach suchte sich einen Platz neben Eva, der Vorführapparat surrte bereits. Rubyschewski hielt sich noch immer in Hörweite. «Kennen Sie Oberg persönlich?» flüsterte Tiefenbach über die Schulter.

«Ja. Ein ausgezeichneter Mann.»

«Eben. Auch als Mensch. Es gibt kein Detail seines Projekts, das er geheimhält. Haben Sie das bei militärtechnischen Entwicklungen schon erlebt?»

«Nein», knurrte es hinter ihm.

Eva griff nach Tiefenbachs Hand. Auf der Leinwand gingen japanische Kinder einen Fluß entlang. An langen Stangen trugen sie Blumen, papierne Kraniche und weiße Tauben.

In der Abenddämmerung fuhren Tiefenbach und Eva in die Stadt zurück. Er steigerte die Geschwindigkeit, als gelte es, verlorene Zeit aufzuholen. Sein Gesicht war verschlossen. Seit der Abfahrt hatte er nicht mehr gesprochen.

Er hat sich in dem Kreis nicht wohlgefühlt, dachte Eva bekümmert. Abwesend saß er dabei, als Rubyschewski die Klischee-Andrucke für die Broschüre zeigte. Das Manuskript hatten die Kamprads in den Nächten geschrieben, denn das Heft sollte bald, auf einer Kundgebung Anfang Mai, verteilt werden.

Vor ihrem Haus parkte er den Wagen unter der Laterne und schloß sorgfältig ab. «Wir sind doch allein?» In dem engen Geviert der Fahrstuhlkabine haschte er nach ihrer Linken und drückte sie, wortlos, abwartend. Dabei merkte er, daß sie den Verlobungsring nicht trug.

Während der Lift sich leise surrend hob, fühlte Eva ihr Herz schwer werden. Ja, sie hatte Martins Ring abgestreift. Es war keine Geste, sie wollte Klarheit schaffen. Das große Glücksgefühl des Wiederfindens, anfangs nichts anderem Raum gebend als dem Du und Ich, war belastet von der Verantwortung gegenüber dem Dritten. Wir müssen es Martin sagen – mit dem Vorsatz betrat sie die Wohnung.

Aber zunächst behielt das Klüterlinger Erlebnis noch die Oberhand. Er sagte: «Dein väterlicher Freund wollte unbedingt aus mir herauskitzeln, worüber ich noch nicht einmal mit dir gesprochen habe.»

Sie wußte, worauf er anspielte. Tief Luft holend, als setze sie zu einer Tat an, die man schnell hinter sich bringen möchte, sagte sie: «Wenn du damals deine Meinung zum Abwurf der beiden Bomben hättest sagen dürfen, wie wäre sie ausgefallen?»

«Es klingt hart», sagte er nach kurzem Nachdenken, «aber ich will nichts beschönigen. Ich hätte dem Kreis um Fermi rechtgegeben. Die hielten den Abwurf für notwendig.»

In Eva stürzte eine Hoffnung ein.

Er holte weit aus, um ihr die Situation, die er vor zwölf Jahren in den USA vorgefunden hatte, begreiflich zu machen.

Die Geschichte des ersten Atombombeneinsatzes begann wie ein Abenteurerroman. Eine geheimnisvolle schwarze Kiste war unter strengsten Vorsichtsmaßnahmen mit dem Kreuzer Indianapolis nach dem USA-Stützpunkt auf der Insel Tinian im südlichen Pazifik transportiert worden. Auf der Rückfahrt sank dieses schnellste Schiff der amerikanischen Kriegsflotte, dabei kam beinahe die ganze Besatzung – über tausend Mann – ums Leben. Hätte der japanische Torpedo das Schiff schon auf der Hinfahrt versenkt, wären dem Inselreich vielleicht die Schrecken vom 6. und 8. August erspart geblieben. So aber konnte die Ladung an Ort und Stelle planmäßig gelöscht werden. Der Bombenschütze flog in Durchführung der sogenannten Mission 13 vom 6. August seinen zweiundsechzigsten Einsatz. Einundsechzigmal hatte er die deutschen Städte Schweinfurt, München und Stuttgart unter sich gehabt. Little Boy – nannten er und seine Mannschaft die einzige Bombe, die diesmal an Bord war und die so schwer wog, daß das Flugzeug, die Enola Gay, erst im letzten Moment von der Startbahn loskam.

Erregend waren alle Einzelheiten, alle Zufälle, Umstände und tragischen Begleiterscheinungen der Mission 13. Der vorteilhaften Bodensicht wegen wurde Hiroshima gewählt, und nur einem Kenner der japanischen Kultur, den es zufällig unter den Physikern gab, war es zu danken, daß Kioto, das Kleinod Japans, verschont blieb. Als die beschwörende Warnung James Francks nach zweimonatiger Laufzeit über den Instanzenweg endlich in das Büro des USA-Kriegsministers gelangte, befand dieser sich bereits auf dem Weg nach Potsdam. Die Bombe fiel, wie im Juni das Pentagon geplant hatte.

«Wir stürzten uns auf die Einzelheiten, sobald sie uns zugänglich wurden», sagte Tiefenbach. «Damals war ich noch in White Sands, zusammen mit den Leuten von der Insel. Wenn wir ehrlich vor uns selber waren, mußten wir zugeben, daß wir die Bombe auch geworfen hätten – wenn wir sie gehabt hätten. Die Amerikaner sagten uns ins Gesicht, sie hätten unsertwegen die Bombe entwickelt. Die Vermutung, daß Hitler Kernwaffen produzieren ließ, sei der Motor für das rasende Entwicklungstempo in Los Alamos gewesen. Wir hätten es also indirekt auf dem Gewissen, daß die Bombe existierte. Und als größtes Abschreckungsmittel vor weiteren Kriegsgelüsten sei sie auch geworfen worden.»

Eva hatte stumm zugehört. Jetzt sagte sie: «Mein Vater hat in seinen Briefen auch darüber geschrieben. Er hielt diese Begründung für eine Scheinmoral. Seiner Meinung nach war etwas anderes ausschlaggebend: Die Bombe hatte bereits zuviel gekostet, um im Arsenal liegenzubleiben. Wie wollte man das teure Manhattanprojekt vertreten? Man war den Steuerzahlern eine Demonstration schuldig.»

«Das sind Spekulationen», sagte Tiefenbach. «Ich kenne die Mutmaßungen alle. Auch die letzte, daß die Amerikaner auf diese Weise im Fernen Osten allein als Sieger auftreten wollten, was ihnen in Europa nicht vergönnt war. Es ist sehr schwer, diesen ganzen Komplex zu überschauen – noch heute.»

Sie schwiegen eine Weile, dann trieb es sie beide zueinander. Ehe er ihr den Mund verschließen konnte, sagte sie: «Ein düsterer Tag war das heute. Ich habe dir ein bißchen viel auf einmal zugemutet.»

«Es war ein wichtiger Tag», entgegenete er, «ich möchte ihn nicht missen.» Er tastete nach ihrem leeren Ringfinger. «Auch deshalb nicht. Ich werde mit Martin sprechen.»

«Ich kenne Martin. Ihr werdet euch zerstreiten.» Den Kopf an seine Schulter gelehnt, bat sie: «Laß mich das machen. Ich bin es ihm schuldig.» Als er sich behutsam bei ihr bedanken wollte, umfing sie ihn in einer plötzlichen Aufwallung von Leidenschaft, auf die er am Abend dieses belasteten Tages nicht mehr zu hoffen gewagt hatte.

Für Hans Tiefenbach waren die folgenden Tage ausgefüllt mit Verpflichtungen im Auftrag der Elektrongesellschaft. Einem Vortrag, den er in Kassel zu halten hatte, folgte eine Vorlesung an der Universität Münster.

Er machte schon die zweite Fahrt mit Maihubers Chauffeur Erwin Tieck. Auf dieser Reise bewies Tieck, daß er nicht nur ein zuverlässiger Fahrer war, sondern auch ein angenehmer Begleiter, der einem gern einen Sonderwunsch erfüllte. Angesichts der Hügelkette des Sauerlandes überfielen Hans Tiefenbach Erinnerungen an die Schulzeit, an Radfahrten in die Grüne, entlang der Ruhr, ins Lennetal zur Dechenhöhle.

In Iserlohn mußte Tieck vor dem Eingang des Friedhofs eine Weile warten. Tiefenbach wanderte kreuz und quer durch den blühenden Garten der Toten. Er bog vom Hauptweg ab und blickte suchend über die gehügelten Beete, die eingeschlossen waren von gestutzten Hecken. Hinter einem Grab voller Stiefmütterchen und Immergrün fand er auf grauem Granitblock seinen Namen: Johannes Tiefenbach, der Vater, darunter Cläre Tiefenbach, die Mutter. Er nahm das Bild in sich auf: schmales Geviert, säuberlich abgeteilt Beet und Weg. Die Grabstätte war sauber. Die Mutter hatte vorgesorgt und rechtzeitig eine Grabpflege bestellt.

Etwas beschämt sah er den Frauen entgegen, die mit Harke, Kanne und Blumentöpfen zu den Gräbern ihrer Angehörigen gingen. Er hatte immer alles nur mit Geld abgegolten.

Als er zu Tieck in den Wagen stieg, beschäftigte ihn der blühende Garten des Vergehens, den er soeben in sein Heimkehrerlebnis einbezogen hatte, noch immer. Sie fuhren in Richtung Dortmund weiter.

«Mein Vater war Obersteiger, Tieck. Er ist in dieser Gegend verunglückt.»

«Heute haben es die Ruhrkumpel auch wieder schwer», sagte Tieck. «Hoffentlich geraten wir nicht gerade in die Maidemonstration. Wir kommen an Dortmund nicht vorbei.»

In den Zufahrtsstraßen zur Innenstadt wimmelte es von Radfahrern. Die wanden sich geschickt zwischen den Fußgängern hindurch, denen an diesem Tage auch die Fahrbahnen gehörten. Tieck wich in eine Nebenstraße aus. Ein Straßenpassant empfahl ihm eine Umleitung. Auf dem Markt und im Stadion waren Kundgebungen angesetzt. Der Prostest richtete sich gegen die geplanten Raketenrampen.

«In den letzten Jahren ging es am ersten Mai immer recht zahm zu», sagte Tieck. «Der Arbeiterfesttag war schon ein bißchen verstaubt.» Er fuhr langsam weiter und fand schließlich eine Parklücke.

Tiefenbach hatte beobachtet, wie die lockeren Gruppen zu breiten Reihen verschmolzen. Er schlug eine Rast vor. Als Tieck den Wagen abschloß, ertönte aus einer Gasse Gesang: *Brüder zur Sonne, zur Freiheit . . .* Eine Gruppe Jugendlicher kam aus der Gegenrichtung. Unwillkürlich stoppte die

Gruppe der Singenden, als sie an der Straßenkreuzung zusammentrafen. Das *Brüder zum Lichte empor* brach fast zusammen angesichts der *Falken*, die mit ernsten Gesichtern schwarze Särge auf den Schultern trugen.

Die Hände in den Taschen, stand Tiefenbach am Straßenrand. War es wirklich gerechtfertigt, ein so düsteres Bild der Zukunft heraufzubeschwören?

Tieck hatte ein kleines Lokal ausfindig gemacht, wo man die Demonstration in Ruhe abwarten konnte. Tiefenbach nickte zerstreut. Ja, gewiß, es war höchst unbequem, hier zu stehen, man wurde gestoßen, beiseitegedrängt, der Zug nahm auch die Zaungäste in seinen Sog.

Massenansammlungen waren Tiefenbach immer barbarisch erschienen. Der einzelne wurde zum Nichts, er schrumpfte, um zugleich alles zu sein. Er sah Tieck vom Restaurant gegenüber winken. Ein Lastwagen, auf dem ein Pult montiert war, verdeckte ihn wieder. *Lieber heute aktiv, als morgen radioaktiv* – las Tiefenbach auf breitem Spruchband. Er blieb in der Höhe des Transparents. Wo war ihm zuletzt ähnliches begegnet? Vor wenigen Tagen etwa auf dem Filmstreifen bei den Kamprads. Die Kinder mit ihren papierenen Kranichen. An jenem Abend stellte Eva die schwerwiegende Frage: «Hast du jemals . . .?»

Lieber heute aktiv . . . An der Ecke des Neuen Marktplatzes trafen ihn die Worte erneut. Über die Rathausfront spannte sich ein zehn Meter hohes Transparent: *Atomwaffen? – Nein!*

Tiefenbach glaubte, es sei Tieck, der ihn am Ellenbogen faßte, aber es war ein Fremder. Der Mann stützte sich auf einen Stock und hatte Mühe, von seinem Platz nicht verdrängt zu werden. Tiefenbach zog ihn zu sich heran. Er war durch einen Reklameaufsteller einigermaßen abgedeckt gegen das Gewühl. «So viel Temperament habe ich hier nicht vermutet.»

«In unseren westfälischen Breitschädeln muß erst allerlei zusammenkommen, ehe wir ernstmachen.» Der Mann stieß seinen Stock nachdrücklich aufs Pflaster. «Endlich, ehe sie mit *uns* Ernst machen.»

«Ist die Lage wirklich so bedrohlich?»

Der Mann maß ihn von oben bis unten. «Sie kommen

wohl von weither? Jedes Kind weiß es: Raketenabschußrampen sind schon projektiert. Unmittelbar vor Dortmund. Und drüben in den Weserbergen liegen die Atomsprengköpfe in den Stollen.»

«Unter Verschluß.»

«Vorläufig noch unter Verschluß. Bis einer auf den Knopf drückt, ein Wahnsinniger. Das hatten wir doch schon mal. Sollen wir's wieder darauf ankommen lassen?» Der Mann seufzte und lüftete seine Mütze. Vorübergehende hatten ihn erkannt und grüßten. «Wenn sie das Ruhrgebiet mit Raketenrampen spicken, wird der Gegener *uns* spicken – mit dem gleichen Kaliber.» Der Dortmunder grollte. Er wies auf ein Plakat, das Lehrlinge in Schlosserkleidung vorbeitrugen: *Wir wünschen uns eine Lebensdauer wie der Kanzler Adenauer!*

Tiefenbach nestelte seinen Fotoapparat heraus. Tieck hatte sich nach einem hastigen Imbiß in dem kleinen Lokal bis zu ihm durchgedrängelt. Er schaffte Platz, damit Tiefenbach die ganze Reihe vor die Linse bekam. Sieben Arbeiter hielten sich an den Händen gefaßt, jeder trug ein Wort auf seinem Leib, schwarze Buchstaben auf gespanntem weißen Stoff: *Wir wollen keine Raketen-, sondern Verhandlungs-Basen.* Statt Musik schallte nun die Stimme eines Redners aus dem Lautsprecher:

«. . . es ist das gefährlichste Experiment mit uns und dem Leben unserer Kinder. Immer wieder hat man unser Volk gefügig gemacht mit dem irreführenden Begriff der Abschrekkung. Wen mußte das kleine, hochgerüstete Deutschland nicht alles abschrecken! Vor dem Ersten Weltkrieg sollte England abgeschreckt werden, aber der Krieg entbrannte auf dem Balkan. Hitler erklärte Frankreich zum Todfeind, um seine Rüstung zu legitimieren, aber der Stoß richtete sich gegen Polen. Heute behauptet man, die Sowjets abschrecken zu müssen, aber der Krieg würde, wenn es dazu käme, bei uns entbrennen.»

Der Dortmunder klopfte seine Zustimmung mit dem Stock aufs Straßenpflaster. Er hatte sich umgehört. «An die Fünfzigtausend sind's, die heute gekommen sind.» Tiefenbach reichte ihm impulsiv die Hand, ehe er Tieck folgte, der mahnend zur Uhr sah.

3
Herzen im Wandel

Hortense Küppers war eine ansehnliche Frau. Ihr volles welliges Haar zeigte keine graue Strähne. Als Chefin eines der größten Handwerksbetriebe Tübingens sah sie es als ihre Pflicht an, mit Energie über den Besitz zu wachen und ihn zu mehren, indem sie die Ansprüche der außerfamiliären Mitarbeiter in Grenzen hielt. Sie hatte manche Schwierigkeit gemeistert und manches Wortgefecht bestanden. Nur zweimal in ihrem Leben hatte ihr Stolz erheblich gelitten. Die Nachricht, daß ihr einziger Sohn keinen ehrlichen Soldatentod gestorben sei, traf sie tief. Der zweite Schlag folgte, als eine aus dem Preußischen Zugewanderte ihr ins Gesicht sagte, Rolf Küppers habe ein außereheliches Kind mit einer Österreicherin. Der Junge war hübsch, die Ähnlichkeit mit seinem Vater sprach für die Aufrichtigkeit der Preußischen.

Hortense Küppers saß manchen Abend im Wohnzimmer an dem großen Tisch mit den Löwenfüßen, vor sich ausgebreitet Fotografien aus der Kinderzeit des Sohnes. Ganz allmählich trat Rainer an seine Stelle. Zugleich kam Eifersucht auf gegen seine Pflegeeltern, die Briesangs. Sie hatten sich um das Kind verdient gemacht, und das Pflegerecht konnte ihnen vorerst nicht entzogen werden.

«Aber *wir* sollen bezahlen.» Frau Hortense war gewöhnt, über alles zu verfügen, wofür sie ihr gutes Geld aufwendete. Philipp Donath bat um Geduld. Erst Abwehr gegen den «Bankert» und nun so massive Ansprüche? Der Sippenstolz brach durch: «Für unseren Enkel und Erben ist das Beste gerade gut genug.» Nach dieser Forderung hatte der Vormund die Schule auszuwählen.

Nun hatte das Schicksal für Hortense und Arthur Küppers gesprochen. Der Vormund hatte sich ihrer Auffassung angeschlossen: Fräulein Leonhard hatte ihrer Aufsichtspflicht nicht genügt. Im Laufe der Zeit waren die Tübinger Lästermäuler verstummt, Rainer galt längst als legitimer Erbe des gutgehenden Geschäfts, und in dieses Haus gehörte er, wohin denn sonst.

Seit zwei Tagen lebte Rainer in Tübingen. Die Kur im

Schwarzwald hatte ihn gekräftigt. Hortense stand am Fenster, als Großvater und Enkel von der Kundentour zurückkamen. Sie tat einen Blick in die Küche, wo die Haushälterin die hausgemachten Spätzle ins siedende Wasser gab. Ein paar Stufen höher, im Anbau nach dem Garten zu, lag Rainers Zimmer. Der Junge hatte sich noch nicht über die Schlafcouch geäußert, der das alte Bettgestell von Rolf gewichen war. Sie fand Rainer in die Betrachtung einer Fotografie versunken. «Schläft sich's gut darauf?» Aber die Antwort interessierte sie weniger als das Bildchen in seiner Hand.

Rainer gab es ihr. «Ich wußte gar nicht, daß mein Vater so gut Hockey spielen konnte.»

Das Foto zeigte einen lachenden Rolf inmitten seiner Hockeymannschaft, aufgenommen nach erfolgreichem Kampf, wie auf der Rückseite vermerkt war. «Ihr wart bei Sport-Raddatz. Ja, der war ein guter Trainer», erinnerte sich Hortense.

«Das sagt Großvater auch. Stimmt es, daß mein Vater oft die Ehre des Klubs gerettet hat?»

«Er war ein Draufgänger und hat es verstanden, andere mitzureißen.»

«Das sagt Herr Raddatz auch.» Rainer pochte das Herz in der Stimme. «Er sagt, ich soll so werden wie mein Vater.»

Hortenses Mund wurde faltig. Sie wandte sich ab und legte die Fotografie auf den Tisch. Für Rainer gab es jetzt kein Zurück mehr, die quälende Frage mußte heraus.

«Mein Vater hatte eine Ehre, nicht wahr? Es stimmt doch, was Herr Raddatz gesagt hat?»

«Natürlich stimmt es.»

«Kann es denn verschiedene Arten von Ehre geben?» Rainer dachte an das Bild seines Vaters, des Leutnants mit dem Eisernen Kreuz an der Uniform, das über dem Nähtisch der Großmutter hing. Viele Leute in Tübingen, die er während der Ferienaufenthalte kennengelernt hatte, sprachen mit ihm von seinem Vater, nur die Großeltern nicht. Onkel Philipp meinte, das sei wegen der Ehre. «Was hast du für eine Ehre, Großmama?»

Hortense Küppers stand steif mitten im Zimmer, die Hände auf eine Stuhllehne gestützt, und schwieg. Endlich öffnete sich der streng gefältelte Mund. «Jeder Mensch schafft sich seine Ehre, die zu ihm paßt. Alles, was du hier siehst, das Haus, die Möbel, die Wäsche in den Schränken und das Silber im Büfett, die Geschäftsbücher und die Fahrzeuge und unser Firmenschild – das ist meine Ehre.» Sie machte eine Bewegung, als wolle sie die Arme um die Schultern des Jungen legen, aber sie strich nur über seinen Jackenärmel, als gebe es dort ein Stäubchen abzulesen. «Komm jetzt, das Essen ist fertig.»

Wie die Großmutter das gesagt hatte – von der Ehre. Ihre Tüchtigkeit und ihr Stolz imponierten ihm. Rainer fand, er sei doch ein rechter Hans im Glück. Im Eßzimmer hatte der Großvater bereits am Tisch Platz genommen.

«Warst ein guter Kompagnon heute vormittag.» Voller Spannung wartete er darauf, daß Rainer zur Serviette griff.

«Oh!» Ein kleiner Schlüssel fiel ihm entgegen. Fragend sah er auf. «Was ist das?»

«Ein Schmerzensgeld für die lange Krankheit.»

Rainer drehte den Schlüssel hin und her. Ein Fahrrad? Er wagte den Gedanken nicht auszusprechen. Seit langem war ein Rennrad sein sehnlichster Wunsch.

Der Großvater konnte seine Ungeduld kaum verbergen. «Schau doch mal auf den Tapetenspeicher.»

Rainer lief zur Tür, als hätte er Flügel. Der Großvater folgte ihm, er wollte der Freude des ersten Augenblicks teilhaftig werden. «Na, ist es die richtige Marke?»

«Genau die richtige.» Rainer fuhr mit der Hand über den gebogenen Lenker und ließ die Pedale spielen. Das alte Rad in Schwenndorf, aus zweiter Hand gekauft und von Briesang notdürftig hergerichtet, verblaßte vor dem Glanz des neuen. Rainers Dank an die Spender wahr ehrlich und herzlich. Zum erstenmal, solange er denken konnte, verlief das Mittagessen in dem steifen dunklen Eßzimmer mit dem wuchtigen Büfett angeregt, beinahe heiter.

Von Mädchen, die sich putzen, um den Liebsten zu halten, künden die Volkslieder, erzählen die Dichter. Wie aber verhält sich ein Mädchen, das dem Freund gegenübertreten und ihm die Liebe zu einem anderen gestehen will?

In der Nacht vor der unumgänglichen Aussprache mit Martin Uhlig schlief Eva unruhig. Einen Streit zu provozieren und in der Erregung des Wortwechsels den Bruch zu vollziehen, wäre am leichtesten gewesen, jedoch unredlich und ihr durchaus wesensfremd. Sie wollte nicht im Bösen von ihm scheiden, wollte wenigstens ein bescheidenes Maß an Freundschaft erhalten. Lippenstift und Puder verbot sich an diesem Abend. Mochte er ihre Blässe sehen und die feinen Fältchen, dort wo sich die Haut über die Jochbögen spannt.

Martin kam verspätet. Während er mit der Weinflasche hantierte, schwankte Eva zwischen Furcht und Hoffnung, er könnte durch einen Zufall die Wahrheit bereits erfahren haben. Er wirkte abgespannt und mürrisch, aber völlig ahnungslos, sonst hätte der appetitlich hergerichtete Tisch mit den beiden gewohnten Gedecken seine Stimmung nicht so deutlich gehoben.

Sie goß heiße goldgelbe Butter über alabasterfarbene Spargelstangen. Alljährlich veranstalteten sie mit dieser Delikatesse einige Schlemmermahlzeiten, dennoch erschien ihm diesmal der gastgeberische Aufwand größer als zu anderen Zeiten. Die Scheiben saftigen Lachsschinkens waren, wie er es liebte, aus dem Fettrand herausgelöst und glänzten rosig im krausen Grün der Petersilie. Als sie die Platten hereintrug, konnte er eine argwöhnische Bemerkung nicht unterdrücken. «Das hätte ja für drei gereicht. Hat der Dritte etwa abgesagt?»

Eva ließ den ersten Anknüpfungspunkt ungenützt. Trotz aller Vorsätze war es schwer, den hundertfach gedachten Satz über ihre Lippen zu bringen. Die Freude an dem leckeren Mahl stand Martin in den Augen. Daß sie gut kochen konnte, ohne es gelernt zu haben, rechnete er ihr hoch an. Im zusammengeronnenen Buttersee schwammen die letzten Spargelstangen wie ein Floß aus geschälten Stämmen. Martin wischte sich den fettigen Mund.

«Als ich das erstemal bei dir Spargel aß, blieben uns die Schalen zwischen den Zähnen hängen, weißt du noch? Du hast seitdem einiges dazugelernt.» Genießerisch zerdrückte er die zarten Köpfe mit der Zunge am Gaumen, ohne zu bemerken, daß Eva lustlos vor leerem Teller saß.

Ihre innere Spannung hatte einen Punkt erreicht, wo sie sich über alles ärgerte, über seine fettigen Lippen wie über seine Unfähigkeit, auch nur im geringsten die Tragweite dieses Beisammenseins zu erspüren. Konnte er denn von nichts anderem reden als vom Essen? Wie profan das alles war. Plötzlich schien es ihr, als sei es zwischen ihnen niemals anders gewesen. Immer mußte etwas Eßbares hergestellt werden, und wenn es nur ein Grießschmarren war, den er selber auf der Kochplatte zerpflückte. Sie wußte, daß sie ihm mit diesem krassen Urteil nicht gerecht wurde, aber sie überließ sich dem aufkeimenden Unwillen, weil er ihr Vorhaben erleichterte. Jede verstreichende Minute gab ihr mehr und mehr die Berechtigung, innerlich von ihm abzurücken. Sie war entschlossen, die kleinste Gedankenbrücke zu nutzen. Im Ausklang seiner Gaumenlust-Reminiszenz ergab sich schließlich die Anknüpfung.

«Rebhühner muß man mit frischen Weinblättern umwikkeln», sagte er, «das haben wir noch nicht ausprobiert. Wenn ich erst mein Jagdrevier draußen habe . . .»

«Auch dann werden wir es nicht ausprobieren», sagte sie. Er glaubte, sie wolle ihn necken, aber in ihren Augen spiegelte sich ein so tiefer Ernst, gemischt aus Traurigkeit und Abwehr, daß ihm der Nachsatz, Rebhuhn in Rahmsoße sei sein Geburtstagswunsch, in der Kehle verdorrte. Sein alter Argwohn erwachte, und er merkte, daß er seit einer halben Stunde an ihr vorbeigeredet hatte.

«Wie meinst du das?» preßte er hervor.

«Wir beide – wir essen heute zum letztenmal zusammen, Martin.»

Er saß da, als habe ihn ein Faustschlag getroffen. Zum letztenmal, hatte sie gesagt – das bedeutete endgültiger Bruch. Natürlich Tiefenbachs wegen. Es hätte der leisten Bestätigung Evas gar nicht bedurft. Ohnmächtiger Zorn packte ihn. Was hatte denn dieser Beute-Amerikaner für sie getan? Nichts. Als sie dastand ohne Beruf, ohne Heimat, da war er gut gewesen, der Freund Martin. Nun tauchte der andere nach einem Dutzend Jahren wieder auf, und man wurde beiseitegeschoben. Ihm saß ein dumpfer Druck zwischen den Rippen. «Abgehängt habt ihr mich ja neulich schon, auf der Rückfahrt von Aschingen. Und ich Trottel habe mich mit der Wirsing beinahe gezankt. Ihre Braut sitzt doch im falschen Wagen, sagte sie, und in dem Wort *falsch* lag ihr ganzes Mißtrauen gegen dich.»

«Vielleicht hat die Frau das Richtige empfunden. Ich passe nicht in das Aschinger Haus, Martin.»

Die Bemerkung brachte ihn auf. «Mach aus der Wirsing keine dreizehnte Fee. Wenn du schon von unseren Problemen ablenken willst, dann möchte ich vor allem wissen, was aus Rainer werden soll. Du hast ihn gerade zur rechten Zeit weggegeben. Eine Kur, die Großeltern – wie fein das zusammenpaßt, damit ihr ungestört seid.»

Eva fuhr auf. «Das ist nicht wahr. Ich werde ihn mir wieder holen, spätestens nach den großen Ferien.»

«Tiefenbach als Vater, das ist für mich beim besten Willen nicht vorstellbar», sagte Martin boshaft.

Ihr Gesicht verschloß sich. «Die Klärung solcher Fragen mußt du wohl uns überlassen.»

«Bitte. Ich wollte dir nur neue Enttäuschungen ersparen. Eine Magnolie vom Baum pflücken bedeutet noch lange nicht, die Sterne herabholen – aus lauter Liebe. Bist du dir seiner so sicher?»

«Daß ich ihn liebe – ja.»

«Mehr nicht?»

«Was ist – mehr?»

Er schüttelte den Kopf über so viel Sorglosigkeit. «Glaubst du wirklich, daß er diesmal ernst macht und sich bindet?»

«Es kommt darauf an, was man unter sich binden versteht.»

Es trieb Martin vom Sessel hoch, er begann im Zimmer umherzuwandern. Tiefenbach, dieser Egozentriker, der immer verstanden hatte, sich den Lasten des Lebens zu entziehen. Der seine beruflichen Erfolge nur dieser Ausschließlichkeit zu verdanken hatte, mit der er sich seiner Arbeit widmete, rücksichtslos Bindung und Verantwortung ignorierend, der taugte nicht zum Lebensgefährten. Hatte sie vergessen, daß seine Mutter einsam gestorben war, daß er Eva selber, die jahrelang gefährdet war durch die Nürnberger Rassengesetze, im Chaos zurückgelassen hatte? Martin sah zu ihr hinüber. Da hockte sie im Sessel, die Arme um die Knie geschlungen, die Lebenskluge, die Vorausschauende, und sagte: Ich liebe ihn – was ist mehr?

Wann mochte es begonnen haben, daß sie sich dieser alten Leidenschaft erneut überließ? Vor vier Wochen war sie zum letztenmal bei ihm gewesen. Was lag dazwischen? Sein Blick glitt über ihre Beine, über ihren Körper, und ihm drohte schwindlig zu werden. Er trank sein Glas in einem Zuge aus, obgleich ihm der Wein nicht mehr schmeckte. Am liebsten hätte er den dünnen Kelch zwischen den Fäusten zerdrückt.

Die Augen auf einen imaginären Punkt gerichtet, der weitab von ihm lag, sagte sie: «Am ersten Abend, als ich Hans so unerwartet gegenüberstand und du mich nach Hause brachtest, da hättest du bei mir bleiben müssen.»

Ausgerechnet auf jenen Abend spielte sie an. Wollte sie ihm einreden, daß alles in seiner Hand gelegen hatte?

«Ja, damals hätte ich dich gebraucht», fuhr sie fort. «Ich hatte große Angst, einem Mann zu verfallen, der im Atomgeschäft steckt.»

«Und heute, da du ihm verfallen bist, macht dir das nichts mehr aus?» Aufgebracht über ihren Versuch, ihm den Hauptteil der Schuld aufzubürden, wurde seine Stimme scharf.

«Ich entschuldige auch jetzt nichts, was gegen mein Gewissen geht.»

Er lachte spöttisch. «Das Gewissen ist ein veränderlich Ding. Für kluge Argumente bist du ja empfänglich. Leider hatte ich davon nie genügend zur Hand.» Woher nahm sie nur ihren verdammten Stolz? Plötzlich betrachtete er sie mit nüchternem Blick. Wie wäre sie wohl ihren Verpflichtungen als Hausherrin in Villa Waldblume nachgekommen? Ein bißchen unbehaglich war ihm der Gedanke manchmal schon gewesen, wenn er sich die Begegnung zwischen ihr und den Ehefrauen der Kollegen vorgestellt hatte. Vermutlich hätte sie sich schon nach den ersten Empfängen gegen die Modepuppen, die Glucken, die Kochtopfhirne gesperrt, ohne Rücksicht, daß ihm daraus Schaden entstünde.

Martin bereitete seinen Abgang vor. Zu einem Duell, dessen Ausgang feststand, war er nicht bereit. Der Rivale war aufgetaucht wie ein Komet. Zehnmal, zwölfmal kreiste die Erde um die Sonne, und die erste Liebe einer Frau blieb erhalten. Es war bitter, das einzugestehen, aber man mußte damit fertig werden.

«Wärst du von vornherein ehrlich gewesen, hätte ich mir manches in meinem Leben anders eingerichtet», sagte er.

«Mit beinahe Vierzig könnte ich wahrhaftig ein Stück weiter sein.»

Der Vorwurf der Unehrlichkeit traf sie. Wo ging Zuneigung in wahre Liebe über? «Ich habe dir nie etwas vorgemacht, Martin.»

«Hoffentlich gerätst du jetzt nicht in Kreise, die *dir* etwas vormachen. Ich weiß nicht, ob es für eine Frau angenehm ist, wenn der Mann sie nicht ins Vertrauen ziehen darf. Dann wird der Beruf zum Kämmerchen, dessen Schlüssel er vor dem liebsten Menschen verstecken muß.»

«Wir leben doch nicht mehr auf der Insel», entgegnete sie.

«Inseln können von heute auf morgen entstehen.» Sie wirkte beunruhigt, was ihm eine schwache Genugtuung verschaffte. Auf ihre Fragen ging er nicht mehr ein. Alles Wichtige war gesagt, nun kam der endgültige Abgang.

Sie brachte kein Wort mehr über die Lippen. Die Trennung war keine Kleinigkeit. Zwei Menschen, die sich in verworrener Zeit zusammengetan, gaben die Hoffnung auf das gemeinsame Ziel auf. Wortlos bat Eva um Verständnis. Sein Mund blieb krampfhaft verzogen, er preßte ein heiseres Lebewohl hervor, wandte sich ab und ging, ohne sich noch einmal umzusehen.

4
Notgemeinschaft

Die Tür neben Frau Kastels Regierungssitz, die eine kleine Telefonzelle abschirmte, schloß mangelhaft, weshalb Tiefenbach seine Ferngespräche meist anderswo zu führen pflegte. An diesem Mittwoch blieb ihm nichts weiter übrig, als mehrmals an Frau Kastels Pforte vorbeizustreichen, denn eine dringende Arbeit hielt ihn in der Wohnung fest, dazu kam die abendliche Verabredung mit Eva zum Friedensmeeting. Zwischen Rasieren und Umziehen lief er zum viertenmal ans Telefon. Wenn er jetzt Professor Oberg nicht in seiner Wohnung erreichte, mußte er bis zum nächsten Morgen warten.

Vor zwei Tagen war der Professor auf Einladung des

Atomministeriums nach Bonn gefahren. Sein Oberassistent triumphierte: Die Ultrazentrifuge erregte das Interesse höchster Stellen. Dem Professor selber gefiel dieses Interesse, bekundet durch eine an ihn persönlich gerichtete Einladung, die er im vertraulichen Gespräch mit Tiefenbach einen Befehl nannte, weniger.

Inzwischen hatte sich im Institut Unruhe verbreitet. Mehr als vierundzwanzig Stunden opferte der Chef selten für eine behördliche Zumutung, wie er administrative Sitzungen und Konferenzen bezeichnete, und nun war er schon doppelt so lange festgehalten worden. Als Tiefenbach gegen drei Uhr zum Essen ging, lag nur eine nichtssagende Nachricht aus Bonn vor. Die Besprechungen hätten sich länger hingezogen, der Professor werde in Kürze abfahren. Obergs Mitarbeiter, die seine Gepflogenheiten kannten, fanden es unverständlich, daß der Chef ihnen nicht selber einen Zwischenbescheid gegeben hatte. Der allgemeinen Skepsis konnte sich selbst der optimistische Oberassistent nicht verschließen. Tiefenbach erreichte bei seinem letzten Telefonat nur Frau Oberg, die sehr niedergeschlagen war. Ungeschickt versuchte er, sie zu trösten. Die Ämter, die Behörden, er kenne das auch. Was er am Telefon nicht sagte, verfolgte ihn noch, als er sich ans Steuer seines Wagens setzte. Gewiß war etwas passiert, aber nicht mit Oberg persönlich, sondern mit seinem Projekt, der Ultrazentrifuge.

Am Parkplatz neben dem Zirkus, einem großen Rundbau an der Peripherie der Stadt, traf er Eva. Sie war aufgeregt, als habe sie selbst die Kundgebung in Szene gesetzt. Am Spätnachmittag hatte eine Flut von Handzetteln, aus Privatautos auf einem Korso unter die Menge verteilt, die Stadt überschwemmt. Namen bekannter Künstler und Wissenschaftler standen unter dem Aufruf, nun zeigte sich der Erfolg: Der Zirkusbau konnte die Besucher nicht fassen. Eva und Tiefenbach gehörten zu den letzten, die eingelassen wurden.

Tiefenbach erinnerte sich kaum, je bei einer Kundgebung dabeigewesen zu sein. Eva zuliebe, und weil dem Motto «Kampf dem Atomtod» keine Entschuldigung standgehalten hätte, war er bereit mitzugehen. Seine Gedanken schweiften nach Dortmund. Knapp zwei Wochen waren seit der Maidemonstration vergangen. Offenbar wurde die Welle weitergetragen.

Wer mochten sie sein, die hier zusammengeströmt waren? Er betrachtete die Gesichter, lauschte auf Gespräche. Er vermutete viele Studenten darunter. Nicht wenige trugen das Kreuz christlicher Vereinigungen am Rockaufschlag oder als Halskettchen. Am Eingang verteilten Angehörige des Wespenkabaretts Broschüren. Unweit des Rednerpults tauchten die Kamprads auf. Für die Broschüre hatten sie das Material aus den Erfahrungen ihrer Japanreise beigesteuert.

Tiefenbach blätterte, fand Bekanntes und erschreckend Neues, was aus bestrahlter Materie in den japanischen Laboratorien erzeugt worden war. Grauenvolle Mutationen hatten sich bei den ausschlüpfenden Tieren gezeigt, Zerrbilder der ursprünglichen Gattung. Entsetzliche Perspektiven für das Menschengeschlecht, wenn das atomare Wettrüsten weiterging. Das war auch die Warnung, die nun über Mikrofone und Lautsprecher in den großen Rundbau drang. Pfarrer, Gewerkschafter, ein Anthropologieprofessor, Schriftsteller, Schauspieler traten ans Rednerpult. Ein Wirtschaftswissenschaftler nannte die Atombombe «den Luxus des modernen Staatsapparats» und sprach besonders jene an, die sich damit herausredeten, die Atombombe würde nie angewendet werden. Er stellte die Frage, wie sich gefüllte Atombombendepots einmal auswirken sollten, wenn schon die wachsenden Kohlenhalden an der Ruhr die Volkswirtschaft in eine nationale Krise stürzten.

Ein Pfarrer erinnerte an das christliche Ethos «Liebet euren Nächsten» und rief auf, darüber zu wachen, daß der Nächste gar nicht erst in Not gerate.

Mechthild Kamprad war die erste Frau am Rednerpult. Ihre Anklage zielte auf das Bagatellisieren der Gefahren. Sie konnte belegen, daß Experten, die es eigentlich wissen müßten, sich trotz der Elektronenhirne um acht Millionen Tonnen Trinitrotoluol verrechnet hatten. Sie folgerte daraus, daß die Wissenschaftler, denen der Normalbürger so gern vertraute, in Wirklichkeit noch recht wenig wüßten, und es sei an der Zeit, dem Spiel mit dem Tode Schach zu bieten. Die Schlußworte der Ärztin galten der Volksabstimmung. «Die öffentliche Meinung ist eine große Macht, wenn wir sie richtig zu gebrauchen wissen. Wir dürfen nicht eher ruhen, bis die Bundesregierung uns selber entscheiden läßt, ob wir die atomare Aufrüstung unseres Landes haben wollen oder nicht.»

Dem anhaltenden Applaus folgte nach kurzer Pause aus dem Mittelblock rhythmisches Händeklappen einer Studentengruppe als Begrüßung für Professor Oberg. Ein junger Mann schmetterte durch einen Trichter ein Epigramm in den Raum:

«Was nützt das Abendlandgeschwafel
und die Freiheitsschreierei,
wenn das Abendland zuletzt
ist von Tier und Menschen – frei?»

Mit vorgeschobenen Schultern, den Kopf zur Seite geneigt, betrat Oberg das Pult. Als Staatsbürger eines im Herzen Europas liegenden kleinen Landes warnte er dringend vor der Erweiterung des «Atomklubs». Er hatte einige Minuten gesprochen und sich auf seine Verantwortung als Staatsbürger beschränkt, als eine junge Stimme rief:

«Sie sind doch Physiker, Herr Professor?»

«Jawohl, das bin ich.»

«Achtzehn Ihrer Kollegen haben vor einem Jahr in Göttingen ähnliche Gedanken geäußert. Ihnen wurde von höchster Stelle geantwortet, sie seien Wissenschaftler und verstünden nichts von Politik. Was halten Sie von dieser Auffassung?»

Die Frage klang herausfordernd. Unruhe ging durch den Raum. Oberg hob beschwichtigend eine Hand. Er nahm die Frage an. «Meine Meinung ist folgende: Der Inhalt der Physik geht die Physiker an, die Auswirkung jedoch alle Menschen. Und was alle angeht, können nur alle gemeinsam lösen. Deshalb stehe ich hier. Als Physiker.» Als er nach dem lebhaften Applaus wieder zu Worte kam, ging er auf die Volksbefragung ein. Ein Volksentscheid verstoße durchaus nicht gegen das Grundgesetz.

Tiefenbach hatte sich am Beifall für Oberg nicht beteiligt, im Gegensatz zu Eva. Sie fragte nicht, ahnte aber den Grund. Die Hemmschwelle Wissenschaft-Politik war bei Hans noch immer hoch. Sie mußte ihm Zeit lassen. Wozu sie ihre Notizen verwenden wollte, behielt sie für sich. Rubyschewski hatte ihr bei der Vorbereitung des Meetings einen

Köder zugeworfen, an dem sie sich festgehakt hatte. Ob es Eva noch nicht aufgefallen sei, gab er zu bedenken, daß ähnlich wie in der Raketenschmiede im Zweiten Weltkrieg, die sie ja aus eigener Anschauung gekannt habe, nun wieder eine Sammlung allen Fachwissens im Gange sei, eine Ballung von Kräften, die unweigerlich zu riesigen Vernichtungspotenzen führen müsse. War das nicht einer Betrachtung wert?

Eva hätte sich gern nach der Kundgebung den Kamprads angeschlossen, aber Oberg hatte auf Tiefenbach am Ausgang gewartet. Er suchte das Gespräch mit ihm. «Auf ein Glas Wein, bitte, meine Frau rechnet fest auf Sie.» Die Einladung galt auch Eva. So fuhren sie in Obergs Wohnung.

Frau Oberg bewirtete die Gäste mit italienischem Wermut. Er passe, meinte sie ironisch, am besten zu dem Anlaß.

Eva hatte sich den ersten Abend mit den Menschen, die Hans nahestanden, anders vorgestellt. Die beiden Männer zogen sich sogleich in des Professors Arbeitszimmer zurück. «Interne Berufsfragen», sagte Frau Oberg. Sie sei es gewohnt, von Kollegengesprächen ausgesperrt zu werden. Sie sagte «ausgesperrt», und dabei trat ein bitterer Zug in ihr mageres, kränklich wirkendes Gesicht. Frau Oberg hatte niemals den Versuch gemacht, ihren Mann in seiner männlichen Welt, wie sie Beruf und Politik nannte, zu beeinflussen. Ihr Bereich war die Erziehung der Kinder. Nun, da Sohn und Tochter sich anschickten, selbständig zu werden, entdeckte sie, daß es ein Fehler gewesen war, die Interessengebiete innerhalb der Familie so strikt zu trennen.

Frau Oberg wies auf die geschlossene Tür des Arbeitszimmers. «Heute weiß ich, worum es geht.» Sie seufzte. «Hätte ich mich von Anfang an mehr für die Arbeit meines Mannes interessiert, dann könnte ich jetzt hoffen, daß es mir gelänge, ihn umzustimmen. Das ganze Projekt der Ultrazentrifuge will er in andere Hände geben. Aus Protest, weil es zur Verschlußsache gemacht werden soll. Er wird seine Erfindung preisgeben, und mir erzählt er dann, er müsse sich selber treubleiben.» Sie lehnte sich müde zurück. «Ich habe die rechte Zeit verpaßt, mich einzumischen. Immer hielt mich die Achtung vor seinem Wissen zurück. Dabei ist er wirklich in vielen Lebensfragen unbeholfen. Mußte er als einer der ersten Physiker der Bundesrepublik nach Rußland fahren? Auch sein Auftreten heute wird ihm Unannehmlichkeiten bringen. Es gibt wenige unter seinen Kollegen, die sich derart exponieren.»

«Er tut es doch aus Verantwortung», sagte Eva vorsichtig. «Ist es denn nicht trotz aller Schwierigkeiten ein großes Glück, einen Lebensgefährten mit so überdurchschnittlichen Fähigkeiten zu haben?»

«Ein vielfach überschattetes Glück», entgegnete Frau Oberg. «Machen Sie nicht den gleichen Fehler wie ich, verlangen Sie von vornherein, daß Ihr Verlobter auf Sie Rücksicht nimmt. Man muß sich der Zeit anpassen, zuviel Gewissen ist Ballast.»

Aus Höflichkeit gegenüber der älteren Frau hatte Eva sich mit vorsichtigen Einwänden begnügt, die letzte Bemerkung jedoch reizte sie zum Widerspruch. «Der Höhenflug des Wissens findet durch den Ballast des Gewissens seine Regulierung. Mir würde angst werden neben einem Mann, der aus diesem Regulativ ausbricht um persönlicher Vorteile willen.»

Frau Oberg lächelte nachsichtig. «Das Leben einer Frau ist ein einziges Sinnen und Trachten nach Vorteilen für die Ihrigen. Sie werden es mir nachempfinden, wenn Sie selber Familie haben.»

Also nur Sorge um die Sippe. Eva hatte von der Frau eines Gelehrten mehr Verständnis erwartet. «Sie sprechen ja unserem Geschlecht das humane und soziale Empfinden ab, liebe Frau Oberg. Wer sich nicht berufen fühlt, mit tätig zu sein, sollte die spezifisch weibliche Aufgabe im Caritativen sehen, in der Hilfeleistung bei der Erfüllung der männlichen Aufgabe.»

«Sie sind eine Idealistin.»

«Ich hoffe, es zu bleiben. Bei Lessing liebt ein sächsisches Edelfräulein den preußischen Offizier Tellheim, noch ehe sie ihn gesehen hat, allein wegen seines hochentwickelten ‹Gewissens›. Sollen zweihundert Jahre später, wo wir das Gewissen an weit schwerer wiegenden Fragen messen, unsere Männer ‹wie die Fleischerknechte reisen›?»

«In der klassischen Literatur kennen Sie sich gut aus.»

«Ich habe viele Vorbilder dort gefunden. Sie zu erreichen,

ist ohnehin selten, aber schon das Wollen bewahrt davor, seine Kräfte zu gering anzusetzen. Zwischen Jeanne d'Arc und Käthchen von Heilbronn gibt es für jedes Temperament das Gemäße.»

Zum Faust des zwanzigsten Jahrhunderts paßt auch nicht mehr das Gretchen, dachte Frau Oberg. Nichts anderes will mir diese junge Journalistin zu verstehen geben. Sie lächelte melancholisch und nahm es hin als ein Generationsproblem.

Der Ruf «Kampf dem Atomtod», in den Mechthild Kamprad vor aller Öffentlichkeit eingestimmt hatte, fand in der Villa am Hang ein unliebsames Echo. Viktor Glaesele lief mit einer Miene umher, die seiner Familie als Vorbote heftiger Ausbrüche nur allzu bekannt war. Er hatte seine ältere Schwester zur Aussprache gebeten, um ihre Meinung zu hören, wie mit der renitenten jüngeren zu verfahren sei.

Wendla wirkte ruhig gegen den aufgebrachten Bruder, der sich mit Mechthild nicht mehr an einen Tisch setzen wollte. Sie billigte es ebensowenig, daß die Schwester Ausschüsse gründen half, die Unruhe in die Betriebe brachten, aber was schwerer wog, sie würde mit Glaeseleschem Geld ihr erweitertes Strahlenforschungsinstitut einrichten.

«Das werde ich zu verhindern wissen», knirschte Viktor. «Unser Anwalt wird uns beraten. Es werden sich Vorwände finden, ihren Anteil zu blockieren.»

Rosemarie hatte ihre Meinung zurückgehalten, bis sie mit ihrem Mann allein war. «Ich finde euer Vorgehen undiplomatisch», sagte sie. «Kamprads stehen jenseits der Barrikade. Feinde muß man aber im Auge behalten. Den Aktionsausschuß, den der Ständige Kongreß gegen die Atomrüstung jetzt in der Fabrik gründen will, solltest du nicht bekämpfen. Schick' ein paar von deinen zuverlässigsten Leuten mit in die Leitung des Ausschusses. Dann liegt es nur an eurem Geschick, ob aus dem Flug der Friedenstaube ein müdes Flattern wird.»

Glaesele blickte mit verkniffenem Mund ins Leere. Häufig mußte er, nachdem sein Zorn verraucht war, die Vorschläge seiner Frau billigen. «Ich gebe die Sache in die Entwurfsabteilung. Thomalla ist zuverlässig. Sobald er gesund ist, rede ich mit ihm unter vier Augen.»

Sie sprach plötzlich in scharfem Ton: «Auf Thomalla kannst du in den nächsten Monaten nicht rechnen.»

Glaesele blieb gleichmütig. «So lange dauert eine Bronchitis? Da müßte man sich ja für den Leiterposten ernsthaft um Vertretung bemühen.»

Rosemaries Schärfe ging in offenen Hohn über. «Darauf hast du wohl nur gewartet. Aber ehe die Rothaarige auf Thomallas Platz kommt, erfährt von mir jeder, woher er seinen Herzinfarkt hat.»

Glaesele fuhr auf. «Woher weißt du das?»

«Seine Frau war bei mir.»

«Was hat sie dir erzählt?»

«Ihr Mann hat in ständiger Angst gelebt, daß du ihn abdrängen würdest. Er muß Gründe dafür gehabt haben. Daraus entwickelte sich die Krankheit. Und nun sieht er nur noch schwarz.»

Das Unbehagen, unversehens in ein Verhör geraten zu sein, ließ Glaeseles Zorn erneut hervorbrechen. «Mit Recht, wie du siehst. An einem kränkelnden Mann kann nicht die ganze Entwurfsabteilung hängen.»

Rosemarie erwiderte kühl: «Du unterschätzt deine Mitarbeiter – und du überschätzt die Wickram. Stimmt es, daß der Junior von Engler am Eck, dieser junge Schnösel, ihre Kachelentwürfe für sein eigenes Bad abgelehnt hat?» Da ihr Mann verbissen schwieg, fuhr sie sachlicher fort: «Ich rate dir, laß sie draußen. Unsere moralische Integrität ist ein wichtiger Bilanzposten.» Da er es vorzog, auch dazu zu schweigen, ging sie zur Tür und ließ ihn stehen.

5
Klippen und Inseln

Oberg lehnte in der Wagenecke und hielt schon geraume Weile die Augen geschlossen. Wiederum war er nach Bonn beordert worden, und diesmal hatte man auch auf Tiefenbachs Anwesenheit Wert gelegt. Zwei schwere Tage lagen hinter ihnen. Oberg hatte alle Register gezogen: Die rechtliche Seite, seine Patentansprüche, dann die moralische Seite.

Die vornehmste Pflicht des Wissenschaftlers sei es, für die Wohlfahrt der Menschheit seine Kraft einzusetzen. Für die ökonomische Seite hatte Tiefenbach gesprochen. Er hatte ein verlockendes Bild entworfen, welche Potenz die Zentrifuge auf dem Weltmarkt darstellen könnte. Während er sich noch abmühte, sah er Obergs Miene bereits an, daß es umsonst war.

Am Abend im Hotel sprachen sie lange darüber. Dieser ganze Apparat von Ministerialdirektoren und Staatssekretären bis hinauf zum Minister waren nach Obergs Meinung Teile einer immensen Maschinerie. Alle diese gepflegten Herren mit dem sicheren Auftreten, der gemessenen Höflichkeit waren lediglich Diener, gezügelt oder angefeuert von einer kleinen Gruppe weitaus gewichtigerer Hintermänner. Der Federstrich, der aus dem Projekt Ultrazentrifuge ein militärisches Geheimnis machte, war für sie gesetzmäßig. Bei dem letzten Versuch, das Blatt zu wenden – denn dazu waren sie beide nach Bonn gefahren –, hatte Oberg das erkannt. «Wir werden Ihre reichen Erfahrungen vermissen», hieß es zum Schluß, korrekt und kühl. «Der CA-Süd, dem Ihr Projekt angegliedert wird, hat ja gute Kontakte über die Elektrongesellschaft zu Ihrem Institut. Das wird Sie beruhigen.» Damit war Obergs Rücktritt akzeptiert. Lepp, der als Vertreter des CA-Süd zugegen war, drückte dem Professor die Hand wie bei einem Kondolenzbesuch. Oberg wandte sich zur Seite und lehnte die Einladung zum gemeinsamen Abendessen ab.

Die Nacht im Hotel war auch für Tiefenbach unruhig. Bis in den Schlaf verfolgte ihn die unausgesprochene Frage: Und wie halten Sie es, Herr Kollege? Lepp hatte ihm unter vier Augen zu verstehen gegeben, daß Maihuber ihm die Leitung der neu zu gründenden Wissenschaftsabteilung anvertrauen wolle – eine Chance, die ihm so bald kein anderer Unternehmer bieten werde. Das von Oberg Begonnene zu Ende zu führen, war verlockend. Wissenschaftliche Leitung, das klang großartig, aber man wußte auch, daß über diesem Leitungsposten eine andere Leitung stand – und wachte.

Und warum bist du dann von Amerika fortgegangen, wenn ich fragen darf? Tiefenbach, der sich schlaflos im Hotelbett wälzte, meinte Evas Stimme zu hören. Ja, sie durfte so fragen, sie hatte ein Recht dazu. Es war weit nach Mitternacht, als er sich durchgerungen hatte.

Beim Frühstück traf er Oberg. Der Professor hatte dunkle Augenränder. Nach dem Guten-Morgen-Gruß sagte Tiefenbach ohne jede Überleitung: «Ich mache auch nicht mit.»

Ein heiseres «Danke» verriet die Freude des Professors. Was man nicht tun würde, war nun geklärt. Was man in Zukunft tun würde, war nur für Oberg klar. Sein Lehrauftrag an der Hochschule lief weiter. Tiefenbachs Lage dagegen war unsicher. Er nahm sich vor, die Kontakte, die sich seit der Physikerkonferenz zu verschiedenen Hochschulen und Universitätsinstituten ergeben hatten, systematisch auszubauen. Wo er seßhaft werden wollte, darüber hatte er sich ernsthaft kaum Gedanken gemacht. Erst einmal kam er mit leeren Händen zu Eva, aber besser so, als mit schwerem Herzen.

Ein Brief des Justizoberinspektors i.R. Philipp Donath gab den Anlaß zu einem unerquicklichen Wortwechsel zwischen Eva und Dorothee. Die beiden Frauen hatten sich seit einiger Zeit entfremdet. Das Bindeglied war Rainer gewesen, und nun zeigte es sich, wie grundverschieden ihre Lebensauffassungen waren. Von Dorothees anfänglicher Offenherzigkeit war nicht viel übriggeblieben, und nach ihrer Italienreise kapselte sie sich deutlich von ihrer Wohnpartnerin ab. Sie mußte unter der südlichen Sonne, auf die sie sich gefreut hatte, wenig Angenehmes erlebt haben. Dennoch rechnete Eva nicht mit frostiger Abwehr, als sie, in Sorge um Rainer, bei Dorothee ihr Herz erleichtern wollte.

So? Rainers Großeltern erhoben Anspruch auf den Jungen – sie hatten ja auch ein Recht dazu. Eva war sprachlos.

Dorothee vermied es, Eva anzusehen, als sie fast im gleichen Atemzug ihre Absicht kundtat, die Wohnung aufzugeben und ihren Anteil so schnell wie möglich zu verkaufen. Was sie vorhatte, sagte sie nicht.

Eva wäre nach Erhalt des Briefes am liebsten sofort nach Tübingen gefahren, um Rainer zurückzuholen, aber nach dem Gespräch mit Dorothee sah alles anders aus. Über kurz oder lang würde sie ihre Sachen packen und wieder in Untermiete ziehen müssen. Die Küppers' würden sich hüten, den Baukostenzuschuß zu zahlen, der nun zu ihren Lasten ging. Im Gegenteil, für kluge Geschäftsleute war das ein Grund mehr, ihr den Jungen vorzuenthalten. Die Lage schien um so trostloser, als Tiefenbach wegen einer Dienstreise unerreichbar war. Das Ziel der Fahrt kannte sie, nicht den Zweck und den Termin seiner Rückkehr. Was Frau Oberg über die künftige Entwicklung des Forschungsinstituts mitgeteilt hatte, war die einzige Information geblieben, und es beunruhigte sie sehr, daß Tiefenbach seine Sorgen vor ihr verschloß. Verletzter Stolz und Trotz führten Eva die Feder bei dem Artikel «Zwischen Peenemünde und Los Alamos liegt kein Ozean». Was ihr bei der Friedenskonferenz durch den Sinn gegangen war, nahm nun Gestalt an. Rubyschewski hatte zuletzt gedrängt, denn er wollte ihn in der Wochenendausgabe der Aktuellen Umschau bringen. Wir würde Hans sich dazu stellen? Bislang war seine Anteilnahme an ihren Arbeiten über wohlwollende Zustimmung nicht hinausgegangen. Jetzt mußte er, da es ihn persönlich anging, Stellung nehmen. Sie hoffte darauf und fürchtete es zugleich.

Als er am Spätnachmittag vor ihr stand, schwanden alle unguten Gefühle. Sein abgespanntes Gesicht, die Ironie, mit der er seine unsichere Lage skizzierte, weckten in ihr das Verlangen, ihm nur – und zwar auf der Stelle – Gutes zu tun. Ein Kaffee? Eine Erfrischung? Zigaretten?

Ja, ja, aber vor allem: «Komm, ich habe dir viel zu erzählen.» Und Eva erfuhr, was sich in der vergangenen Woche, vor allem in den letzten Tagen, abgespielt hatte. Da war sie wieder auferstanden, wie ein Geist, unheimlich und offenbar unsterblich, die «Geheime Kommandosache». Für welche Ziele heute, darüber nachzudenken, war höchst unbehaglich. Eine Erklärung hatte er nicht, aber das erschien ihr unwichtig. Wichtig war das Ergebnis: Er hatte abgesagt. «Wie bin ich froh.»

«Wirklich?» Er sah sie unsicher an. «Ich kam mir richtig abgetakelt vor. Komische Situation, wenn man tagelang zu hören bekommt, wie wichtig man sei, und am Schluß steht man da mit seinem Können und seinem Wissen, diesen scheinbar allgewaltigen Schätzen. Die Elektronleute lassen mich zwar nicht fallen, aber ich habe es herausgehört, ich bin nach meiner Absage für sie ein unsicherer Kandidat geworden.»

Um ihn abzulenken, erzählte Eva von Dorothees Plänen. Ob sie nun auf Glaesele setze oder wieder mal auf Hotop, wußte Eva nicht, jedenfalls wollte sie ausbezahlt werden oder Räumung der Wohnung. Tiefenbach horchte auf. Die Wohnung aufgeben – kam nicht in Frage. Daß er seinen Anteil einbringen konnte, falls sie ihn haben wolle ... Er fand es fast beleidigend, daß sie ihm nicht selber diese Lösung des Problems vorgeschlagen hatte. In gespielter Empörung griff er in ihr Haar und beutelte sie wie ein ungezogenes Kind.

Sie wehrte ihn ab, glücklich über seine suchenden Hände. «Dann kann ich dich ja abends nicht mehr fortschicken.»

«Das ist es also: Die Freiheit der Persönlichkeit ist gefährdet. Wir werden eine neue Hausordnung ausarbeiten.»

Arm in Arm gingen sie zu Dorothee.

In der Pension Kastel fand Tiefenbach am nächsten Tag einen Brief Carla Winters vor mit einer Einladung zum Sonnabend. Er hatte ihr gegenüber ein schlechtes Gewissen. Sooft sie sich bei offiziellen Anlässen begegnet waren, hatte Carla ihn zu einem zwanglosen Besuch aufgefordert. Mit Eva hatte er sich erst zum Sonntagmorgen verabredet, so stand dem Treffen mit der Fliegerin nichts im Wege. Daß außer ihm auch Martin Uhlig eingeladen war, mußte er in Kauf nehmen.

Martin Uhlig saß bereits im Sessel und blätterte in Carlas jüngst erschienenem Jugendbuch. Seine Augen blickten kühl und spöttisch, als er sagte: «Du siehst aus, als überlegtest du, wie du hier am schnellsten wieder weg könntest.»

Tiefenbach überhörte den Spott. Er war Uhlig eine Erklärung schuldig. «Können wir uns ungehindert verständigen, ohne daß Carlas Party drunter leidet?»

«Das wäre ein Kabinettstück an Diplomatie», erwiderte Uhlig bissig.

«Kommen noch mehr Gäste?»

«Nein. Sie will Erinnerungen auffrischen, wie es scheint.» Uhlig wies auf den Titel ihres Buches: Wolken über deutschen Landen. «Das Gegenstück dazu steht heute in der Aktuellen Umschau.»

Tiefenbach verstand die Anspielung nicht.

«Nanu, weiter seid ihr noch nicht miteinander?» Uhlig rückte ihm die neueste Nummer ins Blickfeld.

Zwischen Peenemünde und Los Alamos liegt kein Ozean – las Tiefenbach. Hastig überflog er Partien des umfangreichen Textes. Das Bild einer V2-Rakete im Moment des Aufstiegs war eingefügt, darunter eine Aufnahme des Atompilzes über der Wüste Nevada. Warum hatte ihm Eva nichts davon gesagt? Statt auf die Rednertribüne zu gehen, gab sie auf diese Weise ihren Beitrag. Erst jetzt fiel ihm auf, daß sie beide kaum über das Meeting im Zirkusbau gesprochen hatten. Obergs Konflikt hatte an jenem Abend die Oberhand gewonnen. Durch Evas Erinnerungen zog sich als roter Faden die Frage: Wohin ging Deutschland damals – wohin geht es heute? Was tat der einzelne damals – was tut er heute? Seitdem die Männer von Peenemünde zum gleichen Befehlsbereich gehören wie die Erbauer der Hiroshima-Bombe, seien diese Fragen entscheidend geworden.

Mit zwiespältigen Gefühlen legte Tiefenbach die Zeitung beiseite. Carla war mit dem Tee hereingekommen. Verächtlich kräuselte sie die Lippen und wies auf den Artikel. «So etwas nenne ich das eigene Nest beschmutzen.»

Uhlig spielte den Großherzigen. Die Überlegenheit nutzend, die ihm die genaue Kenntnis des Artikels gab, sagte er: «Wer sich so weit vom Nestrand entfernt hat wie Eva, dem kann man mit solchen Sprüchen nicht beikommen, beste Carla.» Seine Worte galten weniger der Angeredeten als Tiefenbach. Er sollte sich nicht einbilden, daß ihm, dem langjährig mit Eva Vertrauen, das Verständnis für ihre Eigenwilligkeit abging. «Letztlich hat jeder das Recht, das Feld, auf dem er sich tummeln möchte, selber zu wählen. Entscheidend ist, mit welcher Konsequenz man es tut. Eva ist nie eine Peenemünderin in unserem Sinne gewesen, sie hat nie zur Loge gehört, hat dir nie gehuldigt, wie wir es tun, Carla.» Er ließ sich von Carlas bescheidener Abwehr nicht irritieren. Tiefenbach sollte erst erfahren, was ihm bevorstand, wenn er an Eva festhielt, welche Abgründe zwischen seinem und ihrem Denken lagen. «Während wir uns um unsere hochempfindlichen technischen Sorgenkinder abquälten, hat Eva sich von einem gewissen Jürgen Baer in Hegelscher Dialektik unterrichten lassen.»

Carla war sprachlos.

Uhlig genoß es. Er blieb weiter am Zuge. Herausfordernd fragte er Tiefenbach: «Was hält sie denn von deiner neuen Aufgabe?»

«Die Frage hat sich erledigt», sagte Tiefenbach gepreßt. «Es läuft auf ein neues Peenemünde hinaus, und das will ich nicht noch einmal mitmachen.»

Uhlig wandte sich ab. Sein Pulver war verschossen. Wenn Tiefenbach wirklich auf den guten Job verzichtete, gab es keine Argumente mehr. Mochte der nun selber Carlas Neugier befriedigen. Uhlig wollte dabei nicht Zeuge sein. Er ging über die Terrasse in den Garten.

Die lockeren weißen Wolken vor dem tiefblauen Himmel wetteiferten mit den geblähten Segeln auf dem Bodensee. Eva verfolgte ihren hurtigen Lauf vor dem Wind mit trägem Blinzeln. Lange hatte sie das nicht erlebt: Bootsplanken unter sich, über sich den Himmel, in den der Mast wie ein erhobener Arm hineingriff, den Wolken das Segel gleichsam als Sprungtuch lockend entgegenhaltend. Wasser schlug glucksend gegen die Planken, gischtete am Bug hoch, wenn ein Dampfer in der Nähe vorüberfuhr. Den Kopf an Hans Tiefenbachs Beine gelehnt, versank sie in der Unbegrenztheit von Raum und Zeit: Greifswalder Bodden und Schwäbisches Meer, fünfzehn Jahre an Zeit zwischen der Fahrt nach Rügen und dem Umhertreiben westlich der alten Meersburg.

In diesen Tagen waren die Erinnerungen an gemeinsame Erlebnisse aus der Vergangenheit in ihm ebenso mächtig geworden. Eva hatte sich davor gescheut, wollte nicht ans Wasser mit ihm, denn Segel, Wind und Wellen – das bedeutete für sie: erste Gedichte, Liebe, Sehnsucht und Schmerz. Aber schließlich hatte sie seinem Drängen nachgegeben. So fuhren sie zum Bodensee.

Das Bauernhaus, das sie am späten Abend aufnahm, war wie ein südliches Gegenstück zu dem Rügengasthof, jenem ersten Dach ihrer damals so jungen, gefährdeten Liebe.

Der Duft der Wiesen wehte herein. Sie löschten das

Nachtlämpchen, das Insekten anlockte. An diesem Vorsommerabend, in dem kleinen Zimmer bei Kamillenduft und Grillengezirp, fragte sich Tiefenbach, was ihn eigentlich umgetrieben hatte in der Zwischenzeit. Rügen – Güstrow – Stettin, und dann die lange Fermate. Allein um des Ruhmes und der Ehre willen wäre er nie um die halbe Erde gefahren. Vielleicht war es die Hoffnung, unter anderen Sternbildern die Kunst zu leben, auf die sich das eigene Volk so ganz und gar nicht verstand, leichter erlernen zu können. Demnach war er aufgebrochen, um die Welt nach Schönheit zu durchforschen – denn war nicht Freude am Schönen eine der wichtigsten Komponenten des Glücks, also der Lebenskunst? Angesichts der Schönheit, die er dabei preisgegeben hatte, überkam ihn ein Schwindelgefühl. Wenn nun dieser ebenmäßige Frauenkörper mit der weichen und straffen Haut, über die streichelnd seine Hände glitten, ihm verloren gewesen wäre ...? Als Zwanzigjährige sah er sie zum erstenmal so. Schwarzhaarige Maja, dachte er und verwob die beiden Bilder Goyas, die bekleidete und die nackte Maja, mit der Erinnerung an ihre erste gemeinsame Bootsfahrt. Wie sie den Knoten ihres Tuches gelöst hatte, diese Geste war ihm unvergessen geblieben.

Erst der heraufdämmernde Morgen in seiner taufeuchten Frische gab ihnen das Besitzgefühl über den eigenen Körper wieder. «Suchen wir uns eine schwimmende Insel», hatte er gesagt, und sie zogen aus, ein Segelboot zu mieten.

Es war ihm recht, daß Eva zuvor dem Denkmal der Annette im Hof der alten Meersburg ihren Morgengruß bringen wollte. Der schmale mädchenhafte Kopf der Droste war leicht zur Seite geneigt. Von ihrer kraftvollen Klugheit verriet das Bildnis wenig, der Künstler hatte vor allem die empfindsame Naturlyrikerin in ihr gesehen. Ein Ort der Sammlung bot sich hier, während nur wenige Wegminuten entfernt, vor dem Wirtshaus zum Becher, der Lärm weinseliger Touristenscharen auf und ab wogte.

Die Segeljolle trug sie fort vom Treiben der erlebnishungrigen Reisenden. Die Sonne schickte sich zu ihrer täglichen Kletterpartie über die Schweizer Berge an. Der Tag versprach, heiß zu werden. Eva hatte den leichten Pullover ausgezogen und ließ ihre Haut in der Sonne atmen. Sie kam sich vor wie ein Kind, das die Schule schwänzt. Die Strafpredigt konnte gar nicht ausbleiben. Daß ein Himmel so blau, eine Landschaft so lieblich sein konnte ... Auf der Fahrt hatte Hans angedeutet, daß es bei Carla Winter eine kurze Auseinandersetzung mit Martin gegeben und daß jener versucht habe, ihn mit dem Umschau-Artikel herauszufordern. Sie wartete, daß er wieder darauf zurückkäme, aber es fiel keine Andeutung mehr. Das beunruhigte sie. Fürchtete er die Harmonie ihres Drei-Tage-Urlaubs zu zerstören mit Gesprächen über ihre Arbeit? Er hatte seine Sorgen in der Stadt gelassen, und dieses Herumdrücken vor klärenden Aussprachen wurde ihr auf die Dauer unbehaglich. Vor der Insel Mainau, angesichts des üppig blühenden Inselgartens, forderte sie ihn heraus.

«Erinnerst du dich noch an meine Umfrage, als wir auf der Greifswalder Oie waren? Die kleine Insel – wir fanden sie so romantisch – die sei viel zu schade fürs Probeschießen.»

Den Blick zur Gaffel erhoben, entgegnete er nüchtern: «Man wird auch heute kein Sanatorium darauf errichtet haben, wie ihr Mädchen es euch ausgemalt hattet. Den Gesprächen mit Leupold habe ich entnommen, die östliche Seite quetscht aus den Wissenschaftlern heraus, was sie brauchen kann, um Stärke zu zeigen. Es bleibt ihr auch gar nichts anderes übrig – bei der Kräfteverteilung in der Welt.»

Eva seufzte. Ihr fiel der Nachmittag bei Kamprads ein. Ein japanischer Priester, hieß es, habe das Wort Krieg nicht mehr schreiben wollen. Sie hatte sich impulsiv auf seine Seite geschlagen, aber die Völkerkundlerin begriff die Frage tiefer: Man muß es so lange schreiben und hinausschreien, bis die Wurzeln des Krieges ausgerissen sind. So stand es um alle Hoffnungen, auch um solche, die man an romantische Inseln knüpfte.

«Wir hätten doch nicht hierherfahren sollen.» Tiefenbachs Blick kehrte von der Masthöhe zurück. «Wasser und Inseln lösen bei dir problematische Assoziationen aus. Also gut, da wir beim Thema sind: Dein Artikel hat mir weh getan. Ich hatte mir eingebildet, die Inselzeit sei unser großes Gemeinsames, unser Anfang, unantastbar, Insel noch im Geistigen. Nun machst du ein Politikum daraus.»

«Ist Peenemünde etwa keines?»

«Durchaus, kriegsgeschichtlich gesehen. Aber mußt ausgerechnet du das Urteil darüber fällen?»

Ihr lag eine bittere Antwort auf der Zunge. Nicht viele von denen, die auf der Insel tätig gewesen waren, hatten es sich nach dem Kriege zur Aufgabe gemacht, den Fragen der Zeit auf den Grund zu gehen. Wollte er ihr nicht zugestehen, was er für sich als selbstverständlich in Anspruch nahm? Seine Absage an das Geheimprojekt Ultrazentrifuge – da hatte er doch seinem Gewissen gehorcht. Und nichts anderes war der Auslöser ihres Aufsatzes gewesen. Auf schwankendem Boot ist nicht gut streiten, deshalb unterdrückte sie ihre Antwort und gab ihm nach, als er seinen Arm ausstreckte und sie mit sanftem Druck auf die Schulter näher zu sich heran zog.

«Komm», sagte er, «es ist so schön heute. Laß uns die Illusion, daß es hier und da noch Inseln für uns gibt.»

Abschiednehmend von der lieblichen Landschaft, streiften sie gegen Abend über die Hügel des Hinterlandes und kletterten an den Hängen der Weinberge entlang. Beide waren sich bewußt, daß sie in den wenigen Tagen aneinander manches Unbekannte entdeckt hatten. Neben der beglückenden Erkenntnis, daß keiner es verlernt hatte, sich in tiefem Gefühl ganz auszuströmen, hatte jeder insgeheim auch die Eigentümlichkeit des anderen begriffen, die dem Gleichklang im künftigen Zusammenleben Grenzen setzte.

Sie lebt intensiv, sagte er sich, ich werde sie nicht abhalten können, sich mit Geist und Gefühl in den Stromkreis des öffentlichen Lebens einzuschalten. Das erzeugt Runen der Eigenwilligkeit. Am Mund, in den Gruben neben den Nasenflügeln, in den Augenwinkeln, auf der Stirn graben sie sich ein. Liebe macht schön, sagt man gemeinhin. Alles andere – Verachtung, Bitterkeit, ja auch scharfes Denken machen die Züge streng und bei den Frauen zeitig welk oder spitz.

Hand in Hand liefen sie zwischen zwei Rebgärten den grünbewachsenen Hang hinunter, und er erzählte ihr, etwas atemlos, von seinen Gedanken. Wie immer, hörte sie aus seinem Scherz den ernsten Kern heraus. An einem Bach, der unter moosbewachsenem Stein aus zeitweiliger unterirdischer Verborgenheit hervorgesprudelt kam, als habe er hier erst seine Quelle, hielt sie im Abwärtsspringen inne. Sie tauchte ihre Hände in die Kühle und ließ Tropfen über Stirn und Schläfen rinnen. «Wenn das ein Jungbrunnen wäre, ich würde nicht aus ihm schöpfen.»

Er stand neben ihr, schleckte, als wäre es eine süße Köstlichkeit, die Feuchte von ihren Fingern. «Doch», flüsterte er, «tu's für mich, bade deinen Leib.» Es überkam ihn ein so brennendes Verlangen, daß er ihr die Jacke abstreifte. Ein kühler Luftzug, der ihn erfaßte, ließ ihn zur Besinnung kommen. Sie war ihm entschlüpft, er stand da, mit ihrer Jacke in der Hand. Er wollte sich selber auslachen, als er ihrem Blick begegnete. Und er sah, daß sie fortführte, was er – fast mechanisch – begonnen hatte. Mit geöffneter Bluse stand sie vor ihm, riß ihm förmlich die Jacke weg, ließ in unglaublicher Geschwindigkeit ihre Hüllen fallen und streifte auch ihm ab, was verhinderte, daß Haut mit Haut sich berührte.

Seine zaghafte Abwehr kam aus der Besorgnis, sie könnten beide in die kalte Quelle taumeln. Wie ein Taumel war es auch, der sie ergriffen hatte. Eng an ihn gepreßt und mit tastender Hand fest zupackend, flüsterte sie: «Nein, nein, nicht die kalte Quelle, du – deine Wärme will ich – du sollst mich benetzen, ja, oh ja, benetze mich, sei du meine Quelle, ich bin das Gefäß, das dich aufnimmt . . .» Stammelnd zuletzt, war sie mit ihm niedergesunken auf das grüne Bett, über dem die ersten Sterne sichtbar wurden. Aber die sahen sie nicht, sie keuchten unter dem Glück dieser Nähe, diesem Verschmelzen, dieser so plötzlich entfachten Lust, die, fast am Höhepunkt, immer noch eine Steigerung bereithielt.

Sie hatten eine breite Lagerstatt ins Gras gedrückt. Als er ermattet war, spannten sich ihre Schenkel noch immer um seine Lenden. Sie saß rittlings auf ihm, und in der Dämmerung konnte er ihr Lächeln, mit dem sie auf ihn herabsah, nur ahnen.

«Was war das eben mit uns, Ev?»

«Ein Wunder. Wir sind im Weinberg des Herrn. Wären wir gläubig, würden wir eine Offenbarung darin sehen. Vielleicht . . .» Sie unterbrach sich, als fürchte sie sich, sentimental zu werden. Er fühlte ein Kitzeln in seinen Brusthaaren, und als er danach griff, hatte er ein Weinblatt in der Hand.

Während sie ihre Kleidung richteten, sagte er: «Wir werden uns erkundigen, wie die Sorte heißt, die in dieser Lage wächst. Davon lassen wir uns eine ganze Kiste voll kommen. Das wird unser Hochzeitswein.»

«Wir sind jetzt schon trunken davon», sagte sie, und es wurde ein Spiel mit Worten daraus beim langsamen Abwärtsschreiten: Symbolträchtige Begriffe – Weinstock, Rebe, Ranke, Frucht. Blick auf den See, in dem sich Lichter spiegelten. «Wie möchtest du, daß der Wein schmeckt?»

Er blieb stehen und küßte sie lange. «So.»

Sie lachte kurz auf. «Also nicht zu trocken.»

«Aber keine Spätlese», er steckte ihr eins der noch jungen Weinblätter hinters Ohr. «Soweit sind wir noch nicht.»

«Ein Kabinett müßte es sein.»

«Ja. Aber nicht zu schwer.»

«Und ganz leicht moussierend.»

Als er zum Abendbrot einen Wein bestellte, sagte er beim Probeschluck: «Ein Kabinett ist es nicht, aber er moussiert ein wenig.» Ihre Gläser gaben einen hellen Klang.

Viertes Buch

Die dritte Schwinge

1 Licht und Schatten
2 . . . alles ist hin
3 Wind aus Südwest
4 Sackgassen
5 Epilog

I
Licht und Schatten

Hans Tiefenbach bedauerte, daß Eva die Fahrt durch die Alb nicht mit ihm genießen konnte. Die Hänge waren mit Kirsch- und Apfelbäumen dicht besetzt. Vor einigen Wochen mußte es ein zauberhafter Anblick gewesen sein, hügelauf, hügelab die Baumkronen im Blütenschnee. Er machte in einem Wirtshaus kurze Rast und kaufte am Schanktisch eine bemalte tönerne Kruke mit Kirschwasser, an der ein winziger strohumflochtener Becher hing. An einem der nächsten Abende würde der Zwergenbecher von Mund zu Mund gehen.

An diesem Sonnabendnachmittag war Maihubers Jagdhaus sein Ziel. Eva hatte abgelehnt, ihn zu begleiten. Es war bekannt, daß der CA-Süd-Chef nur selten einem seiner Mitarbeiter Zutritt zu seinem weitab gelegenen Landsitz gewährte. Sie wollte nicht aufdringlich erscheinen.

Die letzten drei Kilometer mußte Tiefenbach auf einem schmalen Landweg im zweiten Gang fahren. Das Jagdhaus, aus dunklen Stämmen solide verfugt, lag von Wald umgeben auf dem höchsten Punkt einer buckligen Wiese. Der Hausherr, im grünen Lodenanzug, empfing den Gast an der Haustür. Hunde umsprangen ihn, ein junges Mädchen tauchte aus dem Hintergrund in der Diele auf. «Meine Nichte Martina», stellte Maihuber sie vor. «Wie wär's mit einem Gang ins Revier?»

Nach einem Begrüßungsschluck im Kaminzimmer pfiff Maihuber dem gefleckten Hühnerhund und ließ den Schäferhund Cäsar bei Martina als Schutz zurück.

Jenseits der Wiese führte eine Schneise in den Forst hinein. Einen derben Knotenstock in der Hand, den Hut mit der Spielhahnfeder auf dem Kopf, lächelnd, straff, wirkte Maihuber wie ein solider Landmann. Das Revier, einige tausend Hektar umfassend, gehörte zu den schönsten der Alb. Durch den Wechsel von Wald und Flurstücken war der Wildbestand reich. In einem Hohlweg trafen die Wanderer auf eine Fuhre Langholz. Maihuber gab den Jägergruß des Fuhrmanns jovial zurück, knurrte jedoch dem Fuhrwerk nach: «Schon wieder Buchenstämme. Die Gemeinde holzt mir zuviel ab. Da wird das Schwarzwild untreu, es braucht Buchen und Eichen.» Im Weitergehen erklärte er: «Die Wildschweine sind nämlich Zigeuner. Der Keiler, der uns heute über den Weg läuft, kann morgen schon zwanzig Kilometer weiter sein.»

Neben einem Anstand betraten sie eine Lichtung. «Das ist einer der Hauptwechsel für Rot- und Rehwild.» Maihuber deutete zum Hochsitz. «Von hier aus spreche ich sie am liebsten an. Mein Jagdaufseher hatte mir im vorigen Sommer ein neues Stück ausgemacht. Typischer Einzelgänger offenbar. Ungerader Zwölfender. Was soll ich Ihnen sagen, zwei volle Monate hat der Bursche mich an der Nase herumgeführt. Aber wenn man ihn dann endlich im Visier hat ... Kennen Sie das Gefühl?»

Tiefenbach kannte es nicht aus eigener Erfahrung. Er war einige Male Gast gewesen ohne sonderliche waidmännische Begeisterung. Die Jägergespräche belustigten ihn ein bißchen. Darin machte auch Maihuber keine Ausnahme, als er nach Stückzahl seinen vierbeinigen Besitz aufzählte, der Rangordnung nach vom Hochwild bis zu den Rebhuhnvölkern. «Man muß aus der Jagd eine Kunst machen, dann erst beginnt ihr Reiz.» Sein stereotypes Lächeln vertiefte sich. «Das gleiche Gesetz wie bei allen Lustbarkeiten, die das Leben bietet. Es gibt aristokratische und plebejische Reize, jeder sucht sich die ihm gemäßen.»

Gleich wird er wissen wollen, welche Reize ich zur Kunst entwickelt habe, dachte Tiefenbach amüsiert, hatte jedoch Maihubers waidmännische Kunstauffassung unterschätzt. Für die Sensationsnummer seiner Schau in freier Wildbahn brauchte er einen Assistenten. An einer Weggabelung stießen sie wie zufällig auf den Jagdaufseher, einen kleinen knorrigen Mann, dem man zutraute, daß er durch jedes Dickicht schlüpfen konnte.

«Na, wo stehen sie heute?»

«Zwei Schafe mit den Lämmern habe ich im Jagen zwölf beobachtet, etwa dreihundert Meter hinter der Lärchenschonung. Aber die Widder ließen sich nicht sehen.»

Maihubers große Stunde begann. Mufflons in freier Wildbahn. Von Korsika stammende Wildschafe, der Stolz seines Reviers. «Also – vielleicht haben wir Glück.»

Der Aufseher kannte seinen Auftrag. Er bog in einen Seitenweg ein und benutzte nach etwa hundert Metern einen ausgetretenen Wechsel, wo man nur gebückt gehen konnte. Maihuber hielt den Hund an kurzer Leine. An einem umgebrochenen Baum, den ein Unwetter entwurzelt haben mußte, blieb der Aufseher stehen und gab seinem Chef ein Zeichen. Maihuber setzte die Füße noch vorsichtiger und faßte den Hund, der unruhig wurde, fester. Hinter der Barriere des schräg hängenden Baumes, dessen Krone sich im Geäst der Nachbarbäume verfangen hatte, waren sie gedeckt und hatten den Blick frei auf eine besonnte kleine Lichtung. Steinblöcke wurden von Farn und hohem Gras überwuchert, und davor, auf grünem Teppich, ästen ein paar Tiere. Tiefenbach tat es Maihuber nach und hob den Feldstecher an die Augen.

«Da sind sie, die Muttertiere mit den Lämmern», flüsterte Maihuber ihm zu.

Der Aufseher war der erste, der die Schnecke des Widders hinter einem Steinbrocken entdeckte. Maihuber stöhnte befriedigt. Besser konnte es gar nicht klappen. Da stand er bei seiner Familie, der Widder mit dem kräftigen, gleichmäßig geformten Gehörn und dem dichten, an den Flanken herabhängenden Vlies. Die drei Männer wagten sich kaum zu rühren. Selbst der Hund verharrte unbeweglich.

Tiefenbach verfolgte langsam mit dem Glas den Gang des Mufflons quer über die Lichtung. Welch ein Bild. Die Trinkhörner der Alten, Requisiten bacchantischer Feste, das Füllhorn der Fortuna – dort trug ein Tier sie als natürlichen Kopfschmuck.

Der Kopf des Widders senkte sich langsam. Er wollte gerade anfangen zu äsen, als er Witterung bekam. Von ihm geführt, flohen Schafe und Lämmer ins schützende Dickicht. Der eilige Aufbruch erschien durch den Feldstecher wie eine stumme dramatische Szene.

Die Männer setzten die Gläser ab und sahen einander an. In Maihubers Gesicht spiegelte sich ein Stolz, wie er nach geglückter Transaktion kaum größer sein konnte. «Das war echte Waidmannslust, lieber Tiefenbach. Sie sind ein guter Jagdgefährte, Sie bringen Glück.»

Als sie die Waldblöße wieder erreicht hatten, stand vor dem Jagdhaus Maihubers schwarzer Mercedes. Bindeglied zwischen weltabgewandtem Hochsitz und geschäftigem Draußen. Martina verhandelte mit Tieck, der vom Einkaufen kam. «Noch ein paar Körbe Kaminholz und dann au revoir bis morgen mittag», hörte Tiefenbach im Vorbeigehen.

Hinter Maihuber betrat er das Haus. Vor den Jagdtrophäen in der Diele blieb der Hausherr stehen. «Da hängt er, der ungerade Zwölfender.»

Hier wird also auch der stolze Widder einmal enden, dachte Tiefenbach mit Bedauern.

Martina spielte unaufdringlich die Hausfrau. Nach einem Aperitif zog sie sich zurück, und gleich darauf hörte man unter dem Fenster Hundegebell, das sich rasch entfernte.

Die beiden Männer machten es sich im Jagdzimmer bei weit geöffneten Flügeltüren bequem. Im Kamin knisterte ein mäßiges Feuer. «Behagliche Atmosphäre», sagte Tiefenbach und knüpfte an einen Gedanken Maihubers an. «Auch das ist ein Teil der Lebenskunst, auf die man sich verstehen muß.»

«Eben.» Maihuber drehte genußvoll sein Glas. «Ich könnte mir vorstellen, daß auch Sie etwas übrig haben für diese Art, das Dasein zu kultivieren.»

«Ich kann es nicht leugnen, es hat etwas Bestechendes.»

«Warum machen Sie sich dann alles so schwer?»

«Wie meinen Sie das? Ich finde eher, daß ich zu wenig Talent dazu habe.»

Maihuber wehrte ab. «Davon kann keine Rede sein. Mir scheint, Ihre Entschlüsse haben etwas – sagen wir – Arabeskes. Aber Schnörkel verdecken nur die große Linie.»

Tiefenbach fiel es nicht schwer, die Bildersprache zu entschlüsseln. «Wollen Sie mich überreden, meinen Entschluß in Sachen Ultrazentrifuge zurückzunehmen?»

«Wie könnte ich.» Maihuber spielte den Gekränkten. Er respektierte selbstverständlich eine so schwerwiegende Entscheidung. Immerhin müsse er gestehen, daß er mit etlichen Persönlichkeiten, die Tiefenbach aus früheren Jahren gut kannten, ein gewisses Befremden teile. Gab es da Einflüsse, durch Kontakte besonderer Art in jüngster Zeit . .? Maihuber ließ die Sätze in angedeuteten Fragen ausklingen.

Tiefenbach wußte Bescheid. Das Treffen mit Leupold in München hatte die Runde gemacht. Und da war noch etwas: In der Aktuellen Umschau hatte Rubyschewski vom Leder gezogen. Ultrazentrifuge gleich billiges Spaltmaterial, und das in kleine Länder veräußert – der große Coup für den CA-Süd. Tiefenbach hatte die Zeitung im Wagen liegen. Seit Eva ihm ältere Nummern der Aktuellen Umschau besorgt hatte, worin Rubyschewski unter anderem eine Analyse des Baruchplans vorgenommen hatte, interessierte ihn der Querkopf. Der legte den Finger auf die Wunde, und das nötigte den Lesern Respekt ab. Da kam auch schon die erwartete Frage:

«Haben Sie persönliche Verbindungen zur Aktuellen Umschau, Doktor?»

Schroffer als gewollt verneinte Tiefenbach. «Ich bin über den Aufsatz in der letzten Nummer genauso überrascht wie Sie.»

«So sehr überrascht sind wir gar nicht», entgegnete Maihuber ruhig. «Wir kennen diesen Herrn Rubyschewski schon länger. Eines Tages wird er sich mit seinen Bocksprüngen das Genick brechen.»

«Aber die Fakten, die er anführt?»

Maihuber beschäftigte sich mit seiner Zigarre. «Der Mann ist Kommunist. Das besagt alles.» Tiefenbach knetete seine Hände. Die ausweichende Antwort ärgerte ihn. Maihuber bemerkte es und reagierte mit betonter Aufgeschlossenheit. «Sehen wir doch den Tatsachen ins Gesicht, lieber Doktor. In unserer heutigen Welt kommt es weniger auf die Wahrheit an als vielmehr auf die Kunst, etwas so darzustellen, daß die Masse es als wahr anerkennt.»

«Wenn ich Sie recht verstehe», sagte Tiefenbach langsam, «denken Sie nicht daran, die Behauptungen Rubyschewskis zu dementieren oder öffentlich dazu Stellung zu nehmen?»

«Genau. Die Masse kümmert es nicht im geringsten, welche Firma den Auftrag für die Ultrazentrifuge einsteckt. Sie muß gebaut werden. Ich sage Ihnen, dieser Rubyschewski kämpft gegen Windmühlenflügel. Lieber tot als rot – das ist eine Formel, die schnell populär geworden ist.»

Tiefenbach hörte mit zwiespältigen Gefühlen zu. «Ich fürchte, Sie halten mich auch für einen Don Quijote.»

Maihuber gab zu, daß Tiefenbachs Haltung für einen Rückkehrer aus den Staaten ungewöhnlich sei. Dort liege doch der Pragmatismus in der Luft. Freie Bahn dem Tüchtigen. Wahrheit sei, was überlebe und sich bezahlt mache. «Jeder, der imstande ist, ein Vermögen zu erringen, hat es verdient. Wie ich schon sagte: Alles kann man zur Kunst entwickeln, Politik, Gesellschaft, was immer Sie wollen.»

In dieser Art Lebensmodell hatten die Wissenschaften, die sich ummünzen ließen in materielle Güter, auch ihren Stellenwert. Tiefenbach sagte sich, daß wohl auch für ihn noch die Schleuse geöffnet war, sonst hätte Maihuber seine knappen Erholungsstunden gewiß anders zu nutzen gewußt. Warum sollte man sich einem so erfolgreichen Manager nicht anvertrauen?

Maihuber spürte, daß der Boden aufgelockert war. Er machte sich bereit, seinen Trumpf auszuspielen. Die großen Aufgaben der Wissenschaft, sagte er, würden in Zukunft nur zu bewältigen sein durch Zusammenschluß im internationalen Maßstab. Kleindeutsch, großdeutsch, westeuropäisch — so verlaufe die Entwicklungskurve. Mit der Überwindung des Nationalismus würden Spannungen entschärft, die Kriegsgefahr werde zwangsläufig vermindert. Dreieck Südwest heiße das Unternehmen, dessen Stützpfeiler Frankreich, Italien und die Bundesrepublik Deutschland werden sollten, eine Société Internationale, gegründet zur Erforschung neuer Spaltmaterialien.

Maihuber beobachtete seinen Gast aus den Augenwinkeln. Hatte die Vorrede gezündet? Ja, es war an der Zeit, die Fördergesellschaft Elektron ins Spiel zu bringen. «Wir sitzen federführend im vorbereitenden Komitee. Frankreich stellt das Büro zur Verfügung, und wir schlagen den wissenschaftlichen Leiter vor. Meine engsten Mitarbeiter sind mit mir einer Meinung: Sie, Doktor Tiefenbach, wären der geeignete Mann auf diesem Posten.»

«Nachdem ich Sie eben erst so enttäuscht habe?» Tiefenbachs Stimme klang gepreßt vor verhaltener Erregung.

«Ihr Verzicht bei der Ultrazentrifuge hat uns bewiesen, daß Sie kein Karrierist sind. Dreieck Südwest braucht nicht nur einen erstklassigen Fachmann, es braucht einen Repräsentanten mit hohem Verantwortungsbewußtsein.»

«Und Sie meinen, das bin ich?» Tiefenbach ging zur offenen Terrassentür und sog die kühle Luft ein.

In Maihubers Lächeln mischte sich ein Zug von Überheblichkeit. «Auf der Genfer Atomenergiekonferenz vor drei Jahren fiel der Satz: Köpfe sind wichtiger als Reaktoren. – Ich schmeichle mir, einen Blick dafür zu haben, *die* Köpfe herauszufinden.» Er reichte Tiefenbach ein frisch gefülltes Glas. «Und dann sorge ich auch dafür, daß der geistigen Expansion in keiner Richtung Grenzen gesetzt werden.»

Mit gedrosseltem Motor fuhr Tiefenbach heim. Maihuber hatte ihm unbefristete Bedenkzeit zugebilligt. Aber dahinter verbarg sich klug überlegte Strategie.

Tiefenbachs Gedanken legten weite Strecken zurück, bis ein einziger ihn völlig ausfüllte: Ich muß wieder dabeisein, ich muß mitten hinein ins Spannungsfeld. Aus der Erinnerung tauchte ein Symbol aus seiner Segelfliegerzeit auf, in dem sich Erreichtes und Nichterfülltes widerspiegelten. Die weißen Schwingen des Leistungsabzeichens. Er hatte zwei erreicht. Die dritte Schwinge, Beweis der sportlichen Meisterschaftsprüfung, fehlte auf seiner Segelfliegernadel. Mit vierzig Jahren mußte man sich regen, wenn man – auf welchem Gebiet immer – sie noch erringen wollte.

Nach einer Abzweigung merkte er zu spät, daß er von der Hauptstrecke abgekommen war. Plötzlich hatte er vor sich die Teck, den Berg etwas abseits der Rauhen Alb, der den Segelfliegern so ideale Aufwinde bot. Tiefenbach lachte in sich hinein. Mit seinen Gedanken über die dritte Schwinge war er, von seiner Route abweichend, im Gleitflug zum Flugfeld eingeschwenkt. Da lag es, das Camp. Ein Segler schwebte lautlos ein, setzte dann aber unsanft auf. Das hatte für die dritte Schwinge noch nicht gereicht. Tiefenbach fiel ein, daß es Zeit wurde, mit Eva einmal hierherzufahren.

Hans Tiefenbachs Abwesenheit nutzend, war Eva in aller Frühe nach Tübingen gefahren. Sie nahm vom Bahnhof aus den direkten Weg zur Firma Küppers, ohne Philipp Donath vorher aufzusuchen. Sie traf nur Frau Küppers an, die im Kontor mit einem Kunden verhandelte und ihr mitteilte, daß

Rainer am Morgen mit ihrem Mann weggefahren sei, um Material zu holen. Frau Hortenses Ähnlichkeit mit dem Sohn war auffallend, dennoch fehlte dem Frauenantlitz das Entscheidende: der Ausdruck von Güte und Wärme – Eigenschaften, die Rolf so anziehend gemacht hatten.

Eva fügte sich in die Lage. Um nicht unhöflich zu erscheinen, wartete sie, bis Frau Hortense ein Telefongespräch beendet hatte. Offenbar beschwerte sich ein Kunde, daß die Firma eine Zusage nicht eingehalten und einen anderen Auftraggeber früher bedient hatte. Frau Küppers versprach umgehende Erledigung. «Bitte bedenken Sie doch, daß der Schandfleck an der Bahnhofsecke rasch beseitigt werden mußte. Mein Mann kümmert sich selber schon darum.»

Das Warten hatte sich für Eva gelohnt. Die Bahnhofsecke war ihr bekannt, dort gab es ein kleines Café, wo sie mit Rainer schon Eis gegessen hatte. Beim Verlassen des Hofs traf sie einen Lehrling. Als sie ihn nach der Bahnhofsecke fragte, schob er sein Malerkäppi in die Stirn und grinste: «Jetzt geht's wohl doch noch los.» Eva sah in verständnislos an. Der junge Bursche musterte sie. Kollegmappe, Fotoapparat über der Schulter. «Ich dachte, Sie kämen von der Presse. Und es soll doch nicht an die große Glocke.»

Eva horchte auf. Leichthin sagte sie: «Ich suche nur den Enkel vom Chef. Hat er mit der Sache was zu tun?»

«Keine Spur. Nur neugierig war er, wie's drin aussieht. Er wird enttäuscht sein. Ein paar Hakenkreuze am Ölsockel, weiter nichts. Die kaputten Stühle und die Scherben sind längst weggeräumt.»

Vorsichtig tastete Eva sich an den Sachverhalt heran. Der Besitzer des Cafés, ein älterer Mann, war Jude. Sein Geschäft ging in letzter Zeit nicht gut. Eines Abends soll es ungewöhnlich voll im Gastraum gewesen sein. «Judenknecht», zischten einige Gäste dem Kellner zu. Damit fing es an. Der Wirt erkannte die Provokation, und nach einem Blick auf das Publikum, das sich überwiegend aus Halbwüchsigen zusammensetzte, telefonierte er nach der Polizei. Die jungen Leute wurden immer dreister, täuschten Trunkenheit vor und begannen zu randalieren. Als der Wirt Einhalt gebieten wollte, verhöhnten sie ihn. Aus ihrem Abgang machten sie eine Demonstration der Verachtung gegen die Stammgäste.

In das fast leere Lokal kamen schließlich zwei Polizisten. Sie hörten den Bericht des verstörten Wirtes kaum richtig an. Dann war das Café tagelang geschlossen, und nun wurde renoviert, für einen neuen Pächter. Bei dem Wirt sei nach diesem Vorfall «etwas ausgehakt», hieß es. Noch Tage danach wurden Hakenkreuze an den Haussockel geschmiert.

Eva dachte an ihren Vater, der eine Rückkehr nach Deutschland abgelehnt hatte. Sie ging am Neckar entlang, wo an der anderen Flußseite alte Häuser mit unregelmäßigen Fassaden, Fachwerkgiebeln und vorgeschobenen Erkern hoch über dem Wasser standen, auf Ansichtskarten und in Reiseprospekten tausendfach benutzt, die deutsche Gemütlichkeit populär zu machen. Vielleicht hatte der Vater in der Ferne eine geheime Sehnsucht nach diesen romantischen deutschen Städten genährt, sich jedoch ihre Erfüllung aus bitterer Notwendigkeit versagt. Der Bahnhofswirt dagegen hatte Vertrauen bewiesen, und die Menschen lohnten es ihm schlecht. Wenige Minuten blieb Eva am Geländer einer Brücke stehen und sah ins träge fließende Wasser, dann ertrug sie die Spannung nicht mehr. Sie mußte Rainer finden.

Schon aus der Ferne erkannte sie an den kalkbespritzten Fensterscheiben das verödete Café. Ein Kopf kleiner neben einem langbeinigen Malergesellen – Rainer. Er schien sich wohlzufühlen und machte sich als Handlanger nützlich. Als dürfe er das ihm anvertraute Werkzeug nicht aus der Hand legen, stand er mit hängenden Armen da, ein letzter Lacher kleckste hinterdrein, wie die Tropfen, die aus seiner Malerbürste auf den Boden fielen.

Eva wartete auf der Schwelle, seine Verlegenheit spürend. Der Altgeselle nahm ihm schließlich die Bürste aus der Hand. «In unserer Zunft ist man aber höflicher.»

Eva sagte gewollt fröhlich: «Er ist wohl ein ganz eifriger Lehrling geworden? Hoffentlich können Sie ihn entbehren.» Und an Rainer gewandt: «Gehen wir ein Stück spazieren?»

Er rieb umständlich seine Hände trocken. «Ich müßte vielleicht erst Großvater Bescheid sagen.»

«Das besorge ich schon», sagte der Altgeselle. «So ein Besuch kommt schließlich nicht alle Tage.»

Eva atmete auf, als sie das Haus verließen. Außer Sichtweite der spottlustigen Handwerksleute würde Rainer schon seine Befangenheit verlieren. Sie ließ ihn zunächst erzählen, was er übereifrig tat, gleichsam ihren Fragen nach seinem Ergehen zuvorkommend. Die erwarteten kleinen Zeichen der Vertrautheit blieben aus. Eva versuchte vorsichtig, ihn von seinem unverbindlichen Geplauder abzulenken. Das kleine Café – was wußte er davon? Sprach man am Tisch der Großeltern darüber?

«Großmama sagt, solche Leute fallen immer wieder auf die Beine, sonst hätte ja der Mann die Nazizeit gar nicht überlebt.»

Sie bereute das Thema. Er war plötzlich wieder befangen, wohl wissend, daß Bemerkungen der Großeltern über ein jüdisches Schicksal nicht für Evas Ohren bestimmt waren. Schmerzhaft deutlich fühlte sie, was in ihm vorging. Sie setzte sich auf eine Bank und begann, von Schwenndorf zu erzählen. Er saß neben ihr, die Hände zwischen die kantigen braunen Knie gepreßt, und lächelte, wie man über Vergangenes lächelt. Seine Fragen kamen spärlich, und er schaute dabei in die Wipfel der Bäume.

«Wenn die Heidelbeeren reif sind, will dir Tante Burgl ein Eimerchen voll schicken. Abends mit Milch und Zucker – dafür läßt du doch alles andere stehen, nicht wahr?»

«Großmama meint, ich soll Tante Burgl keine Mühe machen, und vor allem keine Kosten.»

«Nun, eine kleine Liebesgabe kannst du schon annehmen. Denkst du auch an ihren Geburtstag im Juli? Da machst du es wieder wett, falls du ein bißchen Taschengeld hast. Soll ich auskundschaften, was sie sich wünscht?»

«Großmama will ihr selber etwas kaufen, etwas Praktisches. Sie hat den Geburtstag in ihrem Terminkalender.»

Evas Erzählfreude schwand. Mühsam spulte sie ein neues Thema auf. «Ich hab' deinen Freund Harald neulich getroffen. Der lange Engler ist auf eine andere Schule gekommen. Ein Nachspiel hat's also noch gegeben.»

«Hm», machte Rainer gedehnt. «Ich soll die dumme Sache lieber vergessen . . .»

«Meint Großmama.» Eva konnte sich nicht länger beherrschen. Dieser Kanon in Rainers Worten brachte das Maß ihrer Geduld zum Überlaufen.

Rainer stutzte und wurde rot. Wenn er jetzt gezeigt hätte,

daß er sich der Einflüsse im großelterlichen Hause gar nicht bewußt geworden war und das Ergebnis nun selbst als unwürdig empfand – Eva hätte sich trotz aller Bitterkeit zum befreienden Lachen durchgerungen. Die Verlegenheit des Jungen erstickte den letzten Hoffnungsfunken. Wie folgerichtig das alles aufgebaut war. Das Fluidum eines saturierten Hauswesens hatte Rainers Autoritätsempfinden über sämtliche anderen Gefühlswerte herausgehoben. Eva sah sich außerstande, ihn nach Hause zu begleiten, sie fürchtete, unter den kühl abwägenden Augen Hortense Küppers' die Beherrschung zu verlieren. «Bring mich zu Onkel Philipp», bat sie deshalb.

Traditionsgemäß saß Rainers Vormund um diese Zeit in seinem Stammlokal beim Mittagessen. Er nahm Evas Besuch als etwas Selbstverständliches, ja sogar Erwartetes hin, lud sie liebenswürdig ein, mit ihm zu speisen und schickte Rainer mit dem Bemerken nach Hause, die Großeltern haßten nichts so sehr wie Unpünktlichkeit.

Eva sah dem Jungen nach. Er hatte sich nur flüchtig verabschiedet mit dem Versprechen, sich zum Nachmittagsspaziergang wieder einzufinden. Sie überhörte Donaths höfliche Allgemeinplätze und dachte dumpf, daß Rainer gewiß nur kommen würde, wenn Großmama nichts dagegen hat.

«Was haben Küppers' mit Rainer vor?» fragte sie.

In mildem Tonfall enthüllte ihr der Justizoberinspektor das Unabänderliche. Herr und Frau Küppers hatten den Enkel in den Familienverband aufgenommen und gedachten fernerhin nicht, ihn Einflüssen auszusetzen, die ihrer eigenen Lebensauffassung entgegenstünden.

Eva fühlte sich angegriffen. Sie wollte Einspruch erheben, wollte von Hortense Küppers selbst erfahren, welche schädlichen Einflüsse man ihr vorwarf.

Donath beschwichtigte väterlich und riet dringend von einer Auseinandersetzung ab. Das Ehepaar sei gut beraten und poche auf die Blutsverwandtschaft. Sie galten als unbescholtene Leute, und es sei müßig, ihnen wieder mit alten Argumenten zu kommen wie vor zehn Jahren. Mittlerweile hätten die Großeltern auch einiges für die Ausbildung des Jungen getan, und die Wertungen hätten sich zu ihren Gunsten verschoben.

Eva bäumte sich dagegen auf. Erwarb man durch Liebe, Leid und Treue kein Recht auf ein Kind? Ihr Aufbegehren brach zusammen bei dem Gedanken an die entscheidende Stunde dieses Vormittags: Großmama meint ... Großmama sagt ... Wie sollte sie um ihn kämpfen, da er selber nicht mehr zu ihr stand. In einem neuerlichen Kampf würden die anderen nichts weiter sehen als den Egoismus eines alternden Mädchens und würden ihr Bild in Rainers Erinnerungswelt noch mehr trüben. Er war aufgerückt zum Erben. Hatte sie das nicht selbst angestrebt, als sie für ihn mit behördlichem Nachdruck den Namen Küppers einforderte? Sie mußte es hinnehmen, daß der Wagen, in den sie ihn gesetzt hatte, zuletzt über ihr eigenes Herz hinwegrollte.

Sie ging zum Bahnhof, ohne Rainer noch einmal gesehen zu haben. Vor Kummer wie zerschlagen kam sie nach Hause. In der Zimmertür stand Hans Tiefenbach. «Ich habe gedacht, du würdest mich heute noch brauchen.»

Eva lehnte den Kopf an seine Schulter, dankbar dafür, daß er mit ihr gebangt hatte. Die mühsam zurückgehaltenen Tränen brachen hervor. «Was haben sie aus ihm gemacht ...»

Er hielt sie fest umschlungen. Gern hätte er ihr jetzt gesagt, daß auch er sich ein Kind wünschte, aber ihr leidenschaftlicher Schmerz verschloß ihm den Mund. Erst Stunden später, als er das Tübinger Erlebnis in allen Einzelheiten kannte, sprach er darüber. «Daß wir dafür nicht zu alt sind – das wissen wir doch, nicht wahr?»

2

... Alles ist hin

Das Wetterleuchten, das über dem Pfänder stand und sich von der Bregenzer Bucht nach Lindau hinüberzog, riß den Zwiebelturm der Kirche in Wasserburg aus der Verschattung des bewölkten Abendhimmels. Justus Funke war froh, als das Wahrzeichen des Bodenseestädtchens in Sicht kam. Der Gewittersturm würde nicht mehr lange auf sich warten lassen.

Ob Norbert die Verabredung einhielt? Es hatte alles etwas vage geklungen: Es wär' schön, wenn du mit von der Partie wärst ... Wollte Norbert ihm seine Freundin ans Herz legen, solange er selber in den Staaten war? Seine Mutter hatte wohl genug von dem renitenten Sohn, ein Bildungsaufenthalt beim Vater in Detroit – das war der Ausweg.

Ein weicher Bursche war Norbert, bei allem zur Schau getragenen Zynismus. Wenn er glaubte, geliebt zu werden, setzte er alles aufs Spiel. Daß Glaeseles nicht begeistert waren von Bianca, mit der er herumzog, und die ihn benutzte, um bei der Werbeagentur Hermes in einem Filmchen engagiert zu werden, wo sie in einer Badewanne planschend, für Glaesele-&-Sohn-Badeeinrichtungen werben sollte – das war kein Wunder.

Justus fuhr den Wagen auf den Parkplatz und schloß ab. Im gedämpften Licht, das durch bleigefaßte bunte Scheiben drang, stand Norbert. Als sie an einem kleinen Tisch nahe dem Büfett Platz genommen hatten und einen Imbiß bestellten, winkte Bianca vom Augustinswinkel herüber.

An vielen Orten des Bodensees wurde die Erinnerung an den legendären Mechanicus Augustin aus Lindau wachgehalten, der vor hundertfünfzig Jahren mit seinen kunstreichen Spieluhren Aufsehen erregt hatte. Ein sentimentaler Alter in Kniehosen und hellblauem Frack ging von Tisch zu Tisch und bot Karten mit holprig gereimten Versen an. Der philosophierende Lindauer Mechanicus mit seinem traurigen: ... alles ist hin – verfehlte selten seine Wirkung auf die angeheiterten Touristen.

Bianca saß inmitten sportlich-eleganter Ausländer, kauderwelschte Englisch und Französisch und würfelte mit einem Holländer. Ihr glucksendes Auflachen durchbrach immer häufiger das Stimmengewirr. Norbert hatte es zunächst nicht beachtet, bis es ihm doch zuviel wurde. «Komm raus, Justus, ich brauch' frische Luft.»

Auf dem Rand eines steinernen Brunnens hockten sie nebeneinander. Das Gewitter schien hinter den Bergen abzuziehen. Norbert holte unter der Jacke eine Flasche Himbeergeist hervor.

«Auf was wollen wir denn trinken?» erkundigte sich Justus. «Auf dein erfolgreiches Studium in Gottes eigenem Land?»

Norbert schenkte für Justus einen winzigen Becher voll

und setzte selber die Flasche an. Ha – Studium, dachte er, als ob du nicht wüßtest, was dahintersteckt. Meine Frau Mama braucht ihre Nerven für andere Zwecke und Tante Wendla bemuttert lieber ein Semester ärmlicher Studenten als mich undankbares Individuum. Abgeschoben nach Detroit – das bedeutete Musterung vor dem Herrn Professor, der Daddy genannt sein wollte. Gewogen und zu leicht befunden fürs alte Europa – der liebe Norbert. Vielleicht paßte die Nüchternheit der Neuen Welt besser für ihn, den Außenseiter. Mit abwesendem Blick schwang Norbert die Flasche wie eine Keule. «Es lebe der liebe Augustin.»

Justus konnte gerade noch verhindern, daß die Flasche auf dem Brunnenrand zerschellte. «Nimm dich zusammen. Bianca kann jeden Augenblick kommen.»

Mißmutig wandte sich Norbert ab, doch mit dem Erinnern an die Geliebte kam die Ernüchterung über ihn. Er fragte: «Was meinst du, wird Bianca auf mich warten?» Da Justus schwieg, machte er eine wegwerfende Geste. «Vergiß es.» Nach kurzem Vorsichhingrübeln sagte er lauernd: «Und wie steht's mit der Skandalchronik über den Glaesele-Maihuber-Clan? Denkst du, ich habe nicht gemerkt, wozu dich mein Gequassel anregt? In vier Wochen, wenn ich auf dem Großen Teich schwimme, kannst du meinetwegen vom Leder ziehen.»

Justus fühlte sich ertappt. «Fehlt nur noch, daß du mir eine zündende Schlagzeile vorschlägst.» Irgendwie tat Norbert ihm leid. Der ging auf Bianca zu, die aus dem Hotel kam, müde und ein bißchen schmollend, weil Norbert sie ihren Verehrern nicht einmal zum Schein streitig gemacht hatte. Nun witzelte er etwas vom Segeln, worauf Bianca nur spöttisch blinzelte. Der holländische Ingenieur wäre jede Wette eingegangen, daß sich niemand an diesem Abend hinauswagte.

«Um deinem Fliegenden Holländer zu gefallen, würde ich gerade Segel setzen», sagte Norbert verächtlich. Sie waren zum See geschlendert. Am Steg schaukelte die Jolle Windsbraut III, für deren Sicherungskette Norbert den Schlüssel besaß. Er sah Justus herausfordernd an. «Na, einen kleinen Schlag, wie wär's?» Mit fahrigen Händen suchte er nach dem Schloß.

«Du bist verrückt.» Justus sprang auf ihn zu und wollte ihm den Schlüssel entwinden. Sie rangen ein paar Sekunden miteinander, dann bekam Norbert einen Arm frei und versenkte gelassen den Schlüssel in der Jackentasche.

«Norbert hat wieder mal typische Augustinstimmung.» Bianca seufzte, als sie sich im ersten Stock des kleinen Hotels von Justus verabschiedete.

«Du solltest aufpassen, daß er nicht so viel trinkt.» Justus sah, wie Norbert sich schwerfällig am Treppengeländer hinaufzog. Dann verhallten seine Schritte.

«Na, geh brav in deine Koje», flüsterte Bianca an ihrer Zimmertür und meinte das Gegenteil.

Norbert fuhr sich mit der Hand gedankenverloren über die Stirn. «Ja», sagte er, «schlaf gut.»

Sie war betroffen. Zum erstenmal war er nicht bereit zu dem Spiel, das sie in Szene setzte, um sein Verlangen zu steigern. Allabendlich hatte es in dieser Woche dazugehört, an der Schwelle von Tag und Nacht: Sein brutaler Griff nach ihren Brüsten, die er aus ihrem Sommerkleid heraushob wie zwei Früchte. Sein herrischer Kuß, mit dem er ihr die Lippen blutig biß. Der Schenkeldruck gegen ihren Schoß – so waren sie schließlich ins Zimmer getaumelt und nach dem Einschnappen des Riegels ineinandergeklammert auf das Bett gefallen. Nichts davon heute, schlaff die Hände, abwesend der Blick, trocken die Lippen. Sie wußte nicht, ob sie traurig oder beleidigt sein sollte. Trotzig warf sie den Kopf zurück. «Du kommst heute nicht?»

«Nein, ich gehe segeln.»

Sie sah ihm nach, ungläubig, als er die Tür ins Schloß fallen ließ. «Dummkopf», dachte sie laut.

Windsbraut III schoß davon, als Norbert sie aus der Bucht hinausmanövriert hatte. Ein Luftgeist schien die Jolle achtern gepackt zu haben und mutwillig vor sich herzutreiben. Er wand sich die Großschot um die Hand. Der Wind stand nach dem Überlinger See zu. Vielleicht würde er am Morgen aus Hagnau oder Immenstaad telefonieren: Kreuze langsam zurück.

Über ihm blitzte wie eine tröstliche, aber zu schwache Lampe in mächtiger Kuppel ein Stern, der einzige, den die

Wolken nicht geschluckt hatten. Das Gewitter, ein ohnmächtig zwischen den Bergwänden gefangener Riese, grollte in der Ferne.

Am ersten Abend in Wasserburg hatten sie ein leichtes Gewitter erlebt. Bianca lag in seinen Armen und renommierte ein bißchen mit ihrer Furchtlosigkeit, was sie nicht hinderte, bei jedem Donnergrollen zusammenzuzucken. Acht Tage konnten in einem Leben viel bedeuten. Heute hatte er nicht einmal daran gedacht, im Vorbeifahren nach ihrem Fenster auszuschauen, sie hatte natürlich Seeblick gewünscht.

Diese Nacht gehörte nicht dem Auge, sondern dem Ohr. Der Wind sang das Lied vom lieben Augustin: . . . alles ist hin. Für einen musikalischen Luftgeist waren die Wanten ein passendes Saitenspiel. In vier Wochen würde er auf dem Ozean eine noch rauhere Weise singen, aber der Text blieb für einen Passagier der ersten Klasse derselbe.

Er ließ niemanden zurück, keinen Freund, keine Frau, die er liebte. Das Gefühl für Bianca war erkaltet. Dennoch zählte er die Minuten des Liebesrausches zu den einzigen, die es wert waren, gelebt zu werden. Merkwürdig, im Außersichgeraten hatte er stets das größte Glück gefunden. Die Sehnsucht, die ihn umtrieb, die ihn unruhig machte, heiß und wild auf eine Frau – vielleicht war es nur das Aufbegehren gegen seine Unvollkommenheit.

Aus, vorbei. Trotz klangvoller Namen, die wie maßgenommen klangen für gutgebaute Frauenzimmer, gab es kein Hohes Lied, nur koketten Singsang, ironische Stakkati, amüsante Triolen. Lieber Junge, du hast wirklich alles ernstgenommen? Lern' erst das Leben kennen, vor allem die Frauen. . . . Du willst Unabhängigkeit von deinen Verwandten? Daß ich nicht lache. Schönheit ist teuer. Ich bin nicht jung und nicht gläubig genug, um Attribute der Schönheit einzutauschen gegen die schillernde Seifenblase eines bescheidenen Glücks zu zweit.

Tandaradei – Traum und Hoffnung – alles Illusionen. Liebe in kahler Mansarde – oh nein. Das prahlerische Draußen läßt sich nicht aussperren. Pelze, Gazellenleder, Schlangenhaut, Schildkrötenfett gegen Runzeln – alles gehört dazu. Schönheit ist teuer. Das hatte Bianca schnell begriffen. Was mag der Sommerpelz kosten, den die Amerikanerin trägt, hatte sie in Bad Schachen auf der Uferpromenade gefragt. Ach, du lieber Augustin ...

Norbert wußte nicht, ob er das Lied sang oder nur dachte. Die Nacht auf dem bewegten See war so geräuschvoll, daß er die einzelnen Stimmen des Naturorchesters kaum noch unterscheiden konnte. Wie seiner Mutter wohl zumute sein würde, wenn sie ihn an Bord des Überseedampfers wußte? Abgeschüttelt die Last, die Verantwortung, Kopf und Hände frei fürs diplomatische Spiel. Zur First Lady fühlte sie sich berufen. Solange er denken konnte, war das ihr Ziel.

Eine Bö jagte heran und warf sich gegen die weiße Wand des Segels. Norbert fühlte gewaltige Kräfte gegen das Ruder drücken. Die nasse Großschot schien in seine Hand eingewachsen. Wie eine aufgequollene Ader trat sie hervor. Der Wind kam jetzt von Romanshorn her, die Wellen waren kürzer geworden. Man müßte das Großsegel reffen.

Justus müßte jetzt vor ihm sitzen, dann ginge es. Anschreien würden sie sich: He, Steuermann, he, Bootsmann ... und nur Fetzen davon würden von Ohr zu Ohr fliegen. Auch in Justus' Leben würde er keine Lücke hinterlassen, wenn er fortging. Was sie miteinander verband, war von Freundschaft weit entfernt. Dichtholen, Bootsmann. Beim Segeln zeigt sich der Charakter. – Ah, man kann sich bei dieser Orchesterbegleitung alles ins Gesicht schreien: Eine Windfahne bist du. Erst peilst du großmäulig nach dem Kompaß der Gerechtigkeit, und wenn es darauf ankommt, fängst du verstohlen an zu feilschen. Wie siehst du mich? Als Zuträger, als Spitzel? Hübsche Titel, wie? Hörst du, Bootsmann, ich brülle es hinaus in die Nacht: Denk' von mir, was du willst, alter Junge. Nie habe ich dir mein Wissen verkauft, nie für Geld dein Notizbuch gefüllt. Ich verhökere meine Sippschaft nicht, ich verschenke sie.

Justus ... Augustin ... Jawohl, alles ist hin. Immer wollte ich mich verschenken. Zu Hause war kein Bedarf dafür, da bin ich auf den Markt gegangen, habe mich angeboten: Da, nehmt. Helft mir, mich zu finden. – Jetzt fahre ich um die halbe Erde. Zu einem neuen Jahrmarkt.

Norbert wischte sich mit dem Pulloverärmel das Gesicht trocken. Die Wolken hatten den letzten Stern geschluckt. Auch die Lichter an Land waren erloschen. Er trieb wie ein

Blinder über den See. Kälte kroch ihm die Beine hinauf, drang durch die Leinenhose und die groben Maschen des Pullovers.

Norbert begann seinen Hang zur Romantik zu verfluchen. Fliegender Holländer, sagenhafter unerlöster Abenteurer – irgend so eine Idee hatte ihm an diesem Abend zugesetzt. Um beim Frühstück sagen zu können: Bin heute nacht einen Schlag gesegelt, ihr Schlafmützen. – Um Schreck und Bewunderung zu erregen, war er in die Nußschale geklettert.

Langanhaltender Donner zog grollend über die Berge. Fauchend trieb der Sturm den Regen heran. Norberts Willenskräfte sammelten sich noch einmal und entluden sich in einem kräftigen Fluch. Nun mochte auch der Blitz noch herabzucken, grell genug, um die Szenerie zu beleuchten, in der er die Holländerrolle spielte.

Für Sekunden hob sich ein Kirchturm fahl aus der Finsternis, fern noch, aber nah genug, um Hoffnung zu wecken. Norbert versuchte, Kurs nach Steuerbord zu halten, über Stag zu gehen, war gefährlich.

Blitz auf Blitz zuckte. Weißgelbes Licht verwandelte den See in Platin. Norbert brüllte gegen die Donnerschläge an, um den Druck aufs Trommelfell loszuwerden. Was er verhindern wollte, geschah: das Boot ging über Stag. Eine Halse, und der Mast kippte zur Seite. Verzweifelt kämpfte er gegen eine Klammer, die seinen linken Fuß festhielt. Er riß und zerrte, ohne den rettenden Halt für die Hände zu finden. Dann drückten Gewalten gegen seinen Kopf, die furchtbarer waren als das Krachen des Donners.

Justus hatte ihn liegen sehen, stumm, aufgedunsen unter der grauen Persenning. Trotzdem konnte er den Tod nicht fassen. Er schlich sich davon, als jemand seinen Kugelschreiber zückte.

Windsbraut III kenterte vor Langenargen. Am Morgen hatten Fischer das Boot kieloben treiben sehen. Der Verunglückte hing mit einem Fuß in einer Tauschlinge. Die Frage quälte Justus, ob alles anders gekommen wäre, wenn er kurz nach Mitternacht, als der Wind sein Zimmerfenster zuschlug, nach dem Freund gesehen hätte. Er erinnerte sich der plötzlichen Unruhe, die ihn überfiel. Die Scheu vor Norberts Spott hatte ihn zurückgehalten.

Bianca gab an, sie habe Norberts Bemerkung, er gehe noch segeln, für Angeberei gehalten. Nach der peinlichen Befragung, der sie sich unterziehen mußte, reiste sie sofort ab. Bei der Trauerfeier sah Justus sie nicht.

Norberts ungebärdiger Abgang vom Leben forderte seiner Familie ein Übermaß an Nervenkraft ab. Gegen seine Zügellosigkeit gab es nur die strenge Wahrung der Form. Seine Mutter kannte ihre Pflichten. Niemand sah ihr an, wie tief sie die Nachricht von seinem Tod getroffen hatte.

Der Telefonanruf hatte zuerst Viktor erreicht. – Fahr' du allein nach Wasserburg. Ich kann nicht. Wasserleichen sollen grauenvoll entstellt sein.

Als Viktor gefahren war, stieg sie hinauf in Norberts Giebelstube, die sie nur selten betreten hatte. Auf dem Plattenspieler lag eine Schallplatte, eine tschechische Aufnahme: Songs from the Ghetto. Seltsamer Sohn. Sie hatte Jazz erwartet, einen Blues, Negerspirituals vielleicht. Auf dem Nachttisch fand sie die Geschichte beider Amerika. Das Lesezeichen steckte im ersten Drittel.

Fremd und voller Geheimnisse erschien ihr das Zimmer. Fremd, oft unverständlich war Norbert selbst gewesen. Wem mochten seine letzten Gedanken, die letzten Worte gegolten haben? Niemand wußte es, und vielleicht war es gut so. Plötzlich empfand sie etwas wie Eifersucht gegen alle, die ihn besser gekannt hatten. Sie sah ihn kämpfen, zwischen zerfetzten Segeln, unterm brechenden Mastbaum, sah seinen Mund im Schrei weit offen, verstand das Wort nicht. – Sie hatte sein Zimmer verlassen, eilig wie auf der Flucht.

So lasset uns hören das Wort ... Der Orberkirchenrat hatte in seiner Trauerrede das schreckliche Bild für sie noch einmal heraufbeschworen. Die Fingerkuppen gegen die Schläfen gedrückt, stand Rosemarie an der Balkontür ihres Zimmers. Unten wurden noch immer Kondolenzschreiben abgegeben. Sie riß sich zusammen und ging langsam die Treppe hinunter. Aus dem Kaminzimmer drangen Stimmen. Mechthild und Rudolf Kamprad waren gekommen. Zum Tee im kleinen Kreise hatte Viktor sie offenbar nicht gebeten.

Mechthilds Gesicht war ernst und blaß. «Entschuldigt, daß wir nicht mit Gemeinplätzen, die ihr ständig hören mußtet, unser Beileid ausdrücken. Ehrlich gesagt, ich kann mir keinen Schmerz vorstellen, der meinen eigenen übersteigt.»

«Aber Mechthild!» Viktor Glaesele versuchte abzuwenden, was kommen mußte: Der seit Jahren bohrende Vorwurf gegen Rosemaries problematische Sohnbeziehung.

Rudolf Kamprad ergriff die Hand seiner Frau. «Mechthild hat Norbert wie ein eigenes Kind geliebt. Sie hat immer darüber geschwiegen, aus Respekt vor dir, liebe Schwägerin. Jetzt frage ich mich, ob es nicht besser gewesen wäre, ihr hättet euch einmal ausgesprochen.»

Rosemarie saß starr im Sessel. «Das klingt ja wie eine Anklage.»

«Nimm's, wie du magst», erwiderte Mechthild. «Gott hatte dich mit einem schönen, begabten Sohn beschenkt. Er war ein ernstes Kind, wohl geprägt durch frühe schlimme Erfahrungen. Der Verlust seiner Schwester, seines Vaters, eure Flucht, sein Bangen, irgendwo zurückgelassen zu werden – er hat es mal angedeutet, es war fast ein Trauma. – Als ihr von Magdeburg fortgingt, muß es gewesen sein. Um so mehr wartete er nach all dem auf menschliche Wärme, auf Verständnis.»

«Norbert besaß alles, was ein Kind nur besitzen kann», warf Glaesele ein.

«Ja, alles. Nur keine Liebe.»

«Sein Eigensinn verlangte zuweilen Strenge.» Rosemarie beherrschte sich mühsam. Ihre Hände krampften sich um die Sessellehnen.

Mechthild hatte während der Trauerfeier von der Galerie aus das Zeremoniell beobachtet. Glaeseles hielten hof. Dieser Jahrmarkt in Schwarz war eher eine Beleidigung als eine Ehrung für Norbert. Der Oberkirchenrat rückte in seiner Ansprache die Mutter in den Mittelpunkt, eine Mater Dolorosa, der das letzte Kind vom Herzen gerissen wurde. Sorgfältig vermied er es, Gottes unerforschlichen Ratschluß mit dem nächtlichen Abenteuer in Zusammenhang zu bringen. Das verzweifelte Ringen auf dem tobenden See blieb ausgespart. Aus dem ungestümen Jungen wurde ein frommer Knabe, von der Mutter in harter Zeit geboren und durch wirre Jahre sicher geleitet. Mit der Wendung «Schoß der Familie» war für Mechthild das Maß an Heuchelei voll.

«Wahrhaftig, er war kein Lamm», sagte sie, «er war impulsiv, labil, manchmal zynisch. Aber woran lag es? Moral predigen und dann abschieben, das war eure Erziehungskunst. Vier Wochen weiter, und ihr hättet ihn seinem Vater im unbekannten Detroit überantwortet. Eine Bankrotterklärung. Was wußte er denn noch von seinem Vater . . .»

Rudolf Kamprad hatte seiner Frau ein Zeichen gegeben. Es war genug gesagt. Die Schwägerin schien einer Ohnmacht nahe. Er riß einen Flakon Kölnischwasser aus Mechthilds Handtasche.

Jetzt erkannte auch Glaesele, daß seiner Frau kalter Schweiß auf der Stirn stand und ihre Lippen zitterten. Unbeherrscht fuhr er die Schwester an: «Das kommt dich teuer zu stehen.»

3
Wind aus Südwest

Es war weit nach Mitternacht, als Hans Tiefenbach die Wohnung betrat. Die Darmstädter Kollegen hatten ihn nach seinem Vortrag nicht so schnell losgelassen. Bedauerlich war, daß Eva ihn diesmal nicht begleitete. Die Einladung der Professoren zum Herbstsymposium der Technischen Hochschule, die der Dekan beim abendlichen Beisammensein recht liebenswürdig in einen Trinkspruch kleidete, hätte sie bestimmt gefreut.

Nach Kassel und Münster war Darmstadt für ihn der Beweis, daß ihn die deutschen Kollegen akzeptierten. Ein angenehmes Gefühl zweifellos. Wenn ihm auch noch immer das Niederschreiben seiner Ideen mehr lag als die mündliche Weitergabe. Beschäftigt mit solcherart Gedanken, fand er auf seinem Schreibtisch einen Brief von Professor Leupold vor. Eilig riß er den Umschlag auf. Leupold teilte ihm mit, daß die Akademie der Wissenschaften ihn zu ihrem Vizepräsidenten gewählt habe. Das höchste Gremium des östlichen Teildeutschlands nahm ihn auf und betraute ihn mit Forschungsaufträgen. Berlin, Dresden, Jena hieß das Dreieck, in dem er sich künftig vorwiegend bewegen würde. Es hörte sich alles großzügig an. Er hatte also nicht übertrieben bei der Begegnung in München.

Besonders freue ich mich auf die Arbeit mit den Studenten, hieß es zum Schluß des Briefes. Die Berufung als Ordinarius an die Friedrich-Schiller-Universität gab zuletzt den Ausschlag für meine Entscheidung. Etwas entsprechendes konnte mir Herr Penkuhn in München nicht in Aussicht stellen. Ich bin also durchaus egoistisch, lieber Freund und Kollege . . .

Ein Glückwunschtelegramm aufgeben – gleich am nächsten Morgen, nahm Tiefenbach sich vor. Sobald er übersah, was Dreieck Südwest ihm brachte, wollte er ausführlich antworten. Ende der Woche würde er in Straßburg bei Monsieur Panier, dem Sekretär der Société Internationale, die Listen der künftigen Mitarbeiter einsehen und die Pläne begutachten. Deutlicher denn je empfand er seine augenblickliche Situation als Schwebezustand, den er bald zu überwinden trachtete.

In der Heimat hatte er als einzigen festen Punkt Eva gefunden. Sie lag nebenan, vermutlich in tiefem Schlaf, und er widerstand der Versuchung, hineinzugehen und ihr übers Haar zu streichen. Ihr Gutenachtgruß, den sie ihm zusammen mit einem kleinen Abendimbiß auf den Tisch gestellt hatte, verriet einen arbeitsreichen Tag.

Leupold freute sich auf die Arbeit mit den Jenenser Studenten. Vom Bett aus hangelte sich Tiefenbach an den Brief heran und las ihn noch einmal.

Ich bin also durchaus egoistisch . . . Was wollte Leupold damit ausdrücken? Etwa – daß er sich für den sozialistischen Teil Deutschlands entschieden hatte, läge außerhalb politischer Erwägungen? Der kleine Schlußsatz wäre sonst so überflüssig, er klang fast wie eine Entschuldigung.

Vielleicht hatte Leupold in Gedanken ihren Disput weitergeführt. Tiefenbach fielen ihre unterschiedlichen Meinungen zum Baruchplan ein. Damals fand die Polarisierung statt. Das reiche Amerika hatte gut reden . . . Keine Fensterscheibe im eigenen Land war zerschlagen . . . Rußland brauchte die Atomenergie zum Überleben.

Leupold hatte einmal den Begriff Modell benutzt. Das Neue, das Experiment im Dienste der Menschen, so sah er den sozialistischen Staat. Ob er sich bewähren würde, ob mit ihm das größtmögliche Glück für die größtmögliche Masse zu erreichen wäre, mußte erst die Zukunft lehren. Das stritt auch Leupold nicht ab. Er hatte aber für sein Lehramt eine Art Faustregel gefunden. Die steckte in der Empfehlung Max Borns: Etwas weniger Physik und etwas mehr Ethik an die junge Generation weiterzugeben. Mußte sich denn das, was einem Ordinarius in Jena am Herzen lag, so wesentlich von dem unterscheiden, was ein Dozent in Stuttgart oder Darmstadt den Studenten vermittelte?

War das nicht die Kernfrage? Tiefenbach hatte längst den Gedanken an ein Glückwunschtelegramm verworfen. Einen Brief würde er schreiben, gleich am nächsten Morgen, wenn er mit Eva darüber gesprochen hatte. Gratulation und Aufforderung in einem: Miteinander im Gespräch zu bleiben.

Länger als eine Stunde hatte er gegrübelt. Nur gut, daß Eva nebenan nicht ahnte, wie sich ihr Untermieter schlaflos im Bett herumwarf.

Er galt tatsächlich als ihr Untermieter. Eine Wohnungspartnerschaft zwischen Unverheirateten ließen die Statuten der Baugemeinschaft Sonnenblick nicht zu. Bei der Überschreibung von Dorothees Anteil stellte sich das heraus. Er hatte sich über die Moral der Biedermänner amüsiert und ihr vorgeschlagen, das Aufgebot zu bestellen, doch sie lehnte eine Zwangsheirat, wie sie es nannte, ab. «Ob und wann wir heiraten, bestimmen wir, und nicht die Spießer vom Sonnenblick.»

Der Untermieter Tiefenbach konnte vom Hausverwalter nicht beanstandet werden. Trotzdem fand Tiefenbach es an der Zeit, ihrer Bindung Siegel und Unterschrift zu geben. Spätestens seit ihrer leidenschaftlichen Umarmung im Weinberg ging der Gedanke in ihm um.

Bei einem Stadtbummel war Hans Tiefenbach eines Nachmittags in eine Kunstauktion geraten und hatte Wendla Maihuber getroffen. Da er wußte, was Eva von der kunstumtriebigen Glaesele-Schwester hielt, wollte er Eva zu Hause davon erzählen. Aber aus der erhofften Zweisamkeit wurde nichts.

Eva brachte einen Gast mit. «Nur auf eine Zigarettenlänge», versicherte Rubyschewski, der Tiefenbach die Enttäuschung anmerkte.

«Ich habe inzwischen Frau Generaldirektor in Sachen Kunst beraten.» Etwas von dem amüsanten Treffen wollte Tiefenbach doch loswerden. «Den Schmidt-Rottluff hätte ich auch gern gehabt.»

«Hat ein Vermögen gekostet, was?»

«Nach unseren Begriffen, ja.»

Sie spottete: «Wissenschaftler und Literaten bleiben immer die Kamele, auf denen die Industriebosse durch die Wüste reiten.»

Trocken ergänzte Tiefenbach: «Und nun reiten die Manager auch schon mit.»

Rubyschewski achtete auf jedes Wort. Wieweit war sich dieser gescheite Mann, an den Eva ihr Herz gehängt hatte, im klaren, daß es gerade die Manager waren, die ihn in Gold packen würden? Er beschloß, den Stier bei den Hörnern zu packen. Über das Stichwort Leupold kam er am besten herein: Die Aktuelle Umschau bringe eine Notiz, daß die Akademie in Ostberlin den bekannten Physiker zum Vizepräsidenten ernannt habe.

Eva wollte ablenken. «Wir wissen es schon», sagte sie kurz. Vor Rubyschewski wollte Hans ganz gewiß nicht über seinen Brief sprechen.

Doch der dachte: Warum eigentlich nicht. Was der Presse keine Erwähnung wert war, lag Leupold besonders am Herzen. «Das Universitätskatheder hat einen Vorteil», sagte er. «Leupold hat früher gern vom ordnenden Prinzip gesprochen, das ein Wissenschaftler braucht. Vielleicht probiert er im Rahmen seines Lehramtes aus, ob der Sozialismus dafür tauglich ist.»

Rubyschewski stutzte, nickte dann aber beifällig, «Sie werden doch sicher mit Ihrem alten Lehrer in Verbindung bleiben. Wie wäre es, wenn Sie ihn mit einem Freundschaftsgeschenk überraschten? Mit einer Geste – von hüben nach drüben, und zwar in aller Öffentlichkeit?»

Tiefenbachs Miene verschloß sich. Wollte der alte Fuchs

in überlisten? «Worauf wollen Sie hinaus? Sie haben doch etwas Bestimmtes im Auge.»

«Im Auge und in der Mappe.» Rubyschewski zog das New York Magazine hervor. «Sie kennen sicher die Maulwurfstheorie von Doktor Klemt in den USA. Meinen Sie nicht, daß die einer scharfen Entgegnung bedarf?»

«Hm-m. Das wäre ein Stoff für Ihre Zeitung. Ihre Mitarbeiter werden sich drum reißen.»

«Mir scheint, es wäre ein Stoff für Sie, Herr Tiefenbach.»

Auf ein solches Angebot war Tiefenbach nicht gefaßt. Seine Achtung vor dem mutigen alten Zeitungsmann leugnete er längst nicht mehr, aber sich mit ihm ins gleiche Boot zu setzen, dazu war er nicht bereit. Er beschloß, das Ansinnen auf humorvolle Weise abzubiegen. «Weil Ihnen die zornigen Reporter abspringen, wollen Sie die zornigen Physiker um sich sammeln, wie?»

Die Anspielung auf den wankelmütig gewordenen Justus verdroß Rubyschewski. «Die Göttinger haben nicht auf die Presse gewartet, sondern sich aus eigenem Antrieb gesammelt. Erfreulich, daß sie nicht umgekippt sind, als der Alte in Bonn sie zurechtwies.» Resignierend klappte er das New York Magazine zu. Diesem Mann war nicht zu helfen.

Eva empfand Rubyschewskis Enttäuschung. «Lassen Sie es mir hier, ich möchte Klemts Abhandlung lesen.»

«Ich habe das Magazin selber», sagte Tiefenbach und ging in sein Zimmer hinüber. Es dauerte eine Weile, ehe er die Zeitschrift gefunden hatte. Als er sie Eva bringen wollte, war Rubyschewski gegangen. Aber er hatte etwas zurückgelassen, das auf die Gemüter drückte. Eva kauerte im Sessel, die Beine angezogen und die Füße vom Rock verdeckt, als friere sie.

Der alte Journalist hatte nicht unrecht: Tiefenbach, ehemaliger Mitarbeiter Reinhard Klemts, wäre der richtige Mann, um auf die Maulwurfstheorie zu antworten.

Eva sagte zögernd: «Wie wäre es mit dem Rundfunk? Du feilst doch noch an deiner letzten Folge.»

Sie hatte recht. Hoffnung und Ausblick war erst im Entwurf fertig. Es eignete sich für eine kritische Anspielung auf die bekannte Publikation. Allerdings bekäme dadurch das Schlußthema einen Akzent, der nach dem Vorangegangenen kaum zu erwarten war. Was nach Polemik schmecken konnte, hatte er sorgsam vermieden. Er hatte es sich mit der Sendefolge leicht gemacht, es war für ihn nur ein Nebenbei geblieben. Er beugte sich über die Kauernde. Mit leichter Ironie versuchte er, die drückende Stimmung zu zerstreuen. «Rubyschewski ist ein geschickter Agitator. Bei ihm erliegt man der Verführung zum Schweren. Wenn du bei ihm in der Redaktion warst, muß ich mich immer auf eine Überraschung gefaßt machen. Du solltest seine Anregungen nicht ungeprüft übernehmen, Liebes. Die Elektronleute achten jetzt auch auf dich. Einige sind befremdet über deine Veröffentlichungen der letzten Zeit.»

Sie wurde hellhörig. Das klang nach schlecht verbrämter Warnung. «So. Befremdet – und du bist es auch.» Als er stumm blieb, fuhr sie fort: «Wie soll ich es dir erklären, Hans. Vor Jahren fing ich an zu schreiben und wurde gedruckt. Aber bei allem Erfolg erkannte ich bald meine Grenzen. Wenn es trotzdem Sinn haben soll, mich weiter zu mühen, dann muß eines dabei herauskommen: Mein kleiner, ganz bescheidener Beitrag, um etwas mehr Klarheit in die Köpfe der Menschen zu tragen. Ohne dieses Konzept halte ich die ganze Zeitungsschreiberei für abgeschmackt.»

Ohne daß sie es aussprach, wußte er, was sie weiterdachte: Mit deiner Physik ist es doch genauso. Wo sie nicht mehr den Menschen dient, entleert sich ihr Sinn. Im Grunde wollten sie beide dasselbe, nur der Weg, den der eine für gangbar hielt, erschien dem anderen zu gefahrvoll. «Was meinst du», sagte er, «ob wir es schaffen, uns so gut aufeinander abzustimmen wie zwei Schlittenkufen?» Er unterstrich den bildhaften Vergleich mit den Händen. «Miteinander verschränkt, gleicher Takt, gleiche Richtung.»

Sie nickte. «Wir müssen uns nur einig sein, was wir uns vorspannen lassen.»

An Justus Funke war in letzter Zeit schwer heranzukommen. Als Eva ihn in die Espressostube gehen sah, folgte sie ihm und gab der Begegnung den Anschein des Zufälligen. Er schien erfreut, sie zu sehen. In die Umschau-Redaktion gehe er nur noch selten, sagte er lässig. Mit Rubyschewski werde es immer schwieriger auszukommen. Man könne nicht hemmungslos einen Wald roden, in dem man selber leben müsse. Eines Tages habe man kein schattiges Plätzchen mehr. Ob er Eva schon gewarnt habe, erkundigte sich Justus vorsichtig.

Eva schüttelte befremdet den Kopf.

«Seine Beweiskette ist lückenlos. Möchte wetten, daß der Alte das Manuskript schon in die Setzerei gegeben hat.»

«Wovon reden Sie eigentlich?»

«Von Dreieck Südwest und seinem künftigen Leiter.»

Evas Augen weiteten sich. Das hat gesessen, dachte Justus.

«Ist die Drei-Länder-Gesellschaft nicht legal? Was für Bedenken meldet denn die Umschau an?»

«Wenn Rubyschewski nicht mit Ihnen gesprochen hat . . .»

Eva tat gleichmütig. «Wenn Tiefenbach heute abend von Straßburg zurückkommt, werde ich ohnehin alles erfahren.»

Justus lachte boshaft. «Einen Schmarren werden Sie erfahren. Die Chose ist nicht auf Anhieb zu durchschauen. Das ist ja das Raffinierte daran. Die Steuerungskräfte verstecken sich hinter drei Grenzen. Den Griff nach der Atombombe wagt niemand bei offener Szene. Es ist wie bei unehelichen Kindern: Keiner will zugeben, wer das Würmchen wann und wo gezeugt hat. Es wird verleugnet, neun Monde lang. Schließlich ist es da, und dann ist es der süße Fratz, das Wunschkind.» Justus war bei allem Hohn ernst geblieben. «Hier sind Vorkehrungen getroffen, daß die Geburt im Exil erfolgt. Frankreich braucht sich ja nicht in acht zu nehmen vor Verbotsklauseln.» Als vielbeschäftigter Mann hatte Justus es plötzlich eilig. «Alles weitere in der Wochenendausgabe.»

Was soll ich tun – hämmerte es in Evas Hirn. Sie wußte – und Hans wußte nicht. Folglich mußte sie ihn warnen. Daheim vom Sofa aus läßt sich Physik nicht betreiben, hatte er einmal gesagt. Er brauchte ein Arbeits-Team, und niemand wünschte sehnlicher als sie, daß sein Umherwandern ein Ende nähme. Sie glaubte sein Nein zu hören, mit dem er ihre Bitte abweisen würde. Wie ein Messer konnte so ein kurzes Wort zustoßen und verletzen. Der Rhythmus der beiden Schlittenkufen wäre gestört. Vielleicht für immer. Undenkbar für sie. Da er den Artikel Los Alamos-Peenemünde, den sie eigentlich für ihn geschrieben hatte, in seiner tiefsten Bedeutung nicht anerkennen wollte, wie sollte er dann verstehen, warum sie ihn von dem Projekt Dreieck Südwest abriet?

Am frühen Abend kehrte Hans Tiefenbach aus Straßburg zurück, vergnügt, vom Wein angeregt. Er pries die Landschaft der Vogesen, das imposante Münster, die Gastfreundschaft der Elsässer.

«Vorläufig wird mächtig administriert», sagte er, als sie zaghaft fragte. «Das Forschungszentrum in Karlsruhe soll uns zu den gleichen Bedingungen zur Verfügung stehen wie die französischen. Damit befaßt sich das Straßburger Büro vorrangig. Wedelstedt von unserer Seite und Panier von der französischen bereiten alles vor, damit sich in acht Tagen das Leitungsgremium in Château Blanc konstituieren kann.»

«Château Blanc – ist das ein Tarnname?»

Er stutzte. Der hintergründige Ton entging ihm nicht. «Ich weiß nicht genau, wo es liegt, aber wie kommst du auf eine solche Vermutung?»

Sie sah an ihm vorbei. Er war so fröhlich, seine Unbefangenheit hatte etwas Entwaffnendes. Er rückte zu ihr auf die Couch, hob ihr Gesicht zu dem seinen.

«Ärger gehabt heute? Denk nicht mehr dran. Und wenn du nicht darüber reden magst, laß es sein. Ja, laß es lieber sein. Schade, daß wir keinen Haut-Sauternes im Hause haben. Zwei Gläser davon, und man hat allen Ärger vergessen. Das nächstemal bringe ich dir ein paar Flaschen Original mit. Es ist doch zu dumm, wenn ich heimkomme, des süßen Weines voll – und von Sehnsucht ebenso – und du bist stocknüchtern. Nein, Liebes, das passiert nicht wieder.»

Sie fühlte sich hochgehoben. Wenn sie sich jetzt sträubte, konnte sie noch eine Wendung erzwingen. Er würde sie freigeben, sich ernüchtert über die Augen streichen und dann mit steiler Falte über der Nasenwurzel ihren Vorwurf anhören. Sie sträubte sich nicht. Willenlos ließ sie sich ins kleine Schlafzimmer tragen.

«Du magst mich doch?»

«Ja. Ich mag dich.»

Er beugte sich über sie, half ihr aus der Bluse. «Das klingt ein bißchen kläglich. Bist du müde? Soll ich lieber nach drüben gehen?»

«Nein, nein.» Hastig entkleidete sie sich. Nichts wäre entsetzlicher, als wenn er jetzt ginge, ohne Aussprache, ohne den Trost des körperlichen Versinkens.

Als er sich zu ihr legte, schien ihr Körper bereit, seine Zärtlichkeiten anzunehmen: Neckendes Herausfordern, stummes Gewähren. Ein Seufzer aus zerwühlten Kissen. Liegst du auch bequem? Ihr Kehlkopf arbeitet, als schlucke er aufsteigende Tränen. – Was ist? – Kein Widerhall mehr unter seinen streichelnden Händen.

Eva schrak aus ihrer Vewirrung auf. Was tu ich ihm an? «Komm, bleib.» Sie führte seine Hand.

«Nein, du gehst nicht mit.»

«Es war nur ein Augenblick.»

«Du sollst dich nicht zwingen, hörst du?»

Sie versuchte einen Scherz. «Der Schuß Haut-Sauternes fehlt mir eben, den hast du mir voraus – heute.»

Er lechzte nach ihrer Wärme, nahm die Neckerei bereitwillig auf. «Wenn du erst ‹la douce France› ins Blut bekommst, wirst du die herrlichste Geliebte sein. Ich weiß doch, *wie* du sein kannst.» Er wollte nicht ernüchtert werden, wollte keinen Wermut schmecken nach dem süßen Tropfen aus Frankreichs Süden. Seine Leidenschaft steigerte sich aufs neue, als sie ihre Finger über seine Brust spielen ließ. Er fuhr ihr mit der Hand über das Gesicht. Stirn voller Gedanken, Augen voller Ratlosigkeit – er wollte das nicht herauslesen, jetzt nicht. «Komm – du brauchst nur an den Weinberg zu denken – unseren Rebhang am Bodensee.»

Ach, warum mußte er das Wort sagen: La douce France. Sie drängte sich an ihn, wollte erzwingen, was sich nicht von selbst fügte. Beglückt ging er mit, glaubte die gläserne Wand durchbrochen. Es war vergeblich. Schweißperlen auf der Stirn, Tränen in den Augen, schluchzte sie in sich hinein: Ich liebe ihn. Gerade weil ich ihn liebe, habe ich Angst. Schlaff, erschöpft vom vergeblichem Sich-erschöpfen-Wollen, fühlte sie das Gewicht seines Körpers – peinvoll.

Er grub sein Gesicht ins Kissen, dann schleuderte er die Decke von sich, griff nach seinem Morgenrock und vermied es, sie anzusehen. Eine frivole Selbstverspottung lag ihm auf der Zunge, aber er beherrschte sich. Als er in die Schuhe fuhr, erreichte ihn ihre geflüsterte Bitte: «Geh nicht so. Ich habe es unterschätzt, wie eng das zusammenhängt, Kopf, Herz – und das andere.»

Sie gibt also zu, daß etwas stärker war. Er stand vor dem Bett, die Hände in den Taschen des Morgenrocks. Sie hatte die Steppdecke bis zu den Schultern heraufgezogen. «Bei wem waren deine Gedanken heute?»

«Bei dir.»

«Davon habe ich nicht viel gemerkt.»

«Doch. Mit großen Sorgen. Ich quäle mich schon den ganzen Tag damit.»

«Und dann sagst du mir nichts?»

«Du warst so heiter, wolltest ja auch nichts hören, hast dich gefreut auf einen schönen Abend.»

Es war ihm unbehaglich, daran erinnert zu werden. Ein Mann, der kein Entgegenkommen wecken kann, wird zur lächerlichen Figur. «Also – was ist?»

Zögernd kam es aus den Kissen: «Hans, du gerätst da in eine schiefe Sache.»

«Wer hat dir das eingeredet?»

«Niemand. Es ergab sich durch Zufall. Nichts bleibt so geheim, daß nicht ein paar findige Presseleute dahinterkämen.»

Also die Aktuelle Umschau. Er lachte ärgerlich. «Rubyschewski hat wohl alles hieb- und stichfest beisammen?»

«Es ist damit zu rechnen. – Wenn euer Château Blanc ein europäisches Los Alamos wird, würdest du trotzdem mitmachen?» Sie wagte kaum zu atmen.

«Was sind das für Vergleiche.» Langsam ging er zur Tür. «Sie sind völlig irreal. Du darfst dich nicht so schnell verblüffen lassen, Eva. Für die Ziele der Société bürgen die wissenschaftlichen Mitarbeiter. Keiner von ihnen wird seinen Namen mißbrauchen lassen.» Er legte die Hand auf die Klinke. «Und nun schlaf.»

Sie schluckte. Die gefürchtete Ablehnung ihrer Warnung war noch nicht ausgesprochen. Für eine solche Entscheidung genügte ein Abend nicht. Daß er nach Château Blanc fuhr, konnte sie nicht verhindern. Vielleicht sahen Rubyschewski und seine Informanten wirklich zu schwarz.

Mit zwiespältigen Gefühlen warf Tiefenbach sich auf die Couch seines Zimmers, die er benutzte, wenn er abends lange arbeitete oder spät heimkam. Evas Fragen hatte er abwehren können, aber nun, da er allein war, quälten sie ihn.

Was für Informationen hatte sich der findige Zeitungsmann über Château Blanc verschafft? Auffallend war schon, daß die Gründung der Gesellschaft zur Erforschung von Spaltmaterialien, mit deutschen Geldern finanziert, unter deutscher Leitung auf französischem Boden erfolgte. Die Motive dafür mochten merkantiler Art sein: ein Flugzeugwerk vor dem Konkurs. Hallen, Gebäude – das gab einen passablen Grundstock für die kostspieligen Laboratorien.

Eine banale Erklärung? Er meinte, Evas bangen Blick zu sehen ... Ja, mein Liebes, was du mir unterstellst, das unterstellst du zugleich bedeutenden französischen Wissenschaftlern: den Schülern Joliot-Curies, den Mitarbeitern von der Sorbonne. Ihnen wie mir ist bekannt, daß Uran und Plutonium ebenso für die Bombe verwendbar sind wie für friedliche Zwecke. Das liegt in der Natur der Sache. Die Post- und Nachrichtenrakete zum Beispiel hat den gleichen Stammbaum wie die Rakete mit Sprengkopf. – Schließlich überwältigte ihn die Müdigkeit.

Er erwachte, als der Morgen bläßlich ins Zimmer schaute. Die Ereignisse des Vortages drängten sich ins Bewußtsein. Er stand auf und zog den Vorhang zurück. Eine merkwürdige Ratlosigkeit hockte in ihm. Was war los? Er zwang sich zur Konzentration auf den Gedanken, mit dem er erwacht war: Rubyschewski – Leupold.

Er nahm eine Mappe aus dem Schubfach. Rubyschewskis neuem Angriff, der zu erwarten war, würde er vermutlich besser begegnen können, wenn er dessen frühere Arbeiten kannte. Nach Meinung des Journalisten war der Baruchplan der Schlüssel zur Nachkriegsentwicklung der Atomforschung.

Tiefenbach erinnerte sich: Er hatte 1946, als der Baruchplan vorlag, in den USA die Pressestimmen verfolgt. England, Kanada und Mexiko nannten den Plan eine Quelle der Hoffnung und Ermutigung. Empörung ergriff weite Kreise der Öffentlichkeit, als das Njet der Russen den diplomatischen Schachzug vereitelte.

Eva hatte ihm die Leitartikelserie verschafft. Tiefenbach las sich ein, er hätte es längst tun sollen. Das Pathos der

Schlußsätze des Bernard Baruch mußte Rubyschewski mächtig gekitzelt haben. Er benutzte sie als Aufhänger ... Wir werden die letzte Hoffnung, die der Welt bleibt, ehrenvoll retten oder schändlich verspielen ... ein Weg, den die Welt, wenn wir ihn beschreiten, auf alle Zeiten preisen wird ...

Die Ausgangsforderung war: Die USA sollten die Atombombenproduktion einstellen und vorhandene Vorräte vernichten. Für dieses Opfer hatten alle anderen Staaten ihre gesamte Industrie den Kontrollorganen, mithin auch der amerikanischen Spionage, zu öffnen. Von gerechter Verteilung der Atomenergiezentren war die Rede, wobei offen blieb, wie sie in den einzelnen Ländern, deren naturgegebene Energiekapazitäten nicht ausreichten, gewährleistet werden sollte. Rubyschewski wurde in diesem Abschnitt besonders sarkastisch: Die USA benahmen sich wie der Kraftfahrer, der Angst vor einem Zusammenstoß hat und seine absolute Sicherheit dadurch erreichen will, indem er allen anderen das Autofahren verbietet. Die Bereitschaft der USA, den Vorsprung in der Kernwaffenproduktion aufzugeben, sollte das allerletzte Stadium des Planes sein. Nachdem alle übrigen Bedingungen restlos erfüllt wären, wollte man noch fünf Jahre verstreichen lassen, ehe der Verzicht, der so edel aussah, in Kraft trat. Mit dieser Alles-oder-nichts-Forderung leitete Rubyschewski den Schluß ein: Bis ein befriedigendes Kontrollsystem angenommen sei, könne es bis zum Sanktnimmerleinstag dauern.

Nach dieser Lektüre wußte Tiefenbach: Die zu erwartenden Enthüllungen waren ernstzunehmen.

4
Sackgassen

Tieck hielt den Wagenschlag auf und ließ Tiefenbach einsteigen. Vor Eva nahm er lächelnd Haltung an.

«Au revoir, Madame.» Er wußte, daß er sich die kleine Vertraulichkeit erlauben durfte. «Herr Wedelstedt ist mit Herrn Lepp schon gestern gefahren. Aber bis Mittag sind wir auch in Château Blanc.»

«Bon voyage». Eva rang sich ein Lächeln ab. Bei Kehl würden sie die Grenze passieren. Es konnte wirklich eine schöne Reise werden. Falls Hans überhaupt Augen haben würde für die Landschaft. Vor wenigen Minuten hatte sie die Aktuelle Umschau aus dem Hausbriefkasten gezogen, er riß sie ihr förmlich aus der Hand. Lektüre für unterwegs. Bis morgen abend. Ein Kuß und ein kurzer Blick, etwas unruhig, wie es ihr schien. Als der Wagen außer Sichtweite war, lief sie zum Kiosk und kaufte sich eine neue Nummer der Umschau. Noch im Gehen begann sie zu lesen: Anfrage an eine Fördergesellschaft antihumanen Geistes.

Das war er also, der gefürchtete Artikel, der ihr vor dem Erscheinen schon unruhige Stunden eingebracht hatte. Tiefenbachs sanfte Verschlossenheit nach jenem quälenden Abend hatte sie geschluckt wie eine Arznei, von der man nicht weiß, wozu sie gut sein soll. Tagsüber hatte er beim Rundfunk zu tun gehabt und in der Stadt zu Mittag gegessen. Dann, endlich zu Hause, mußte er Material für Château Blanc durcharbeiten. Wedelstedt hatte es ihm durch einen Boten geschickt.

Am Nachmittag des nächsten Tages kam sein Vortrag *Hoffnung und Ausblick* über den Sender. Sie hatte sich in der Bibliothek beeilt, um rechtzeitig zurück zu sein, dennoch verpaßte sie die Ansage. Wortlos setzte sie sich neben ihn. Etwa in der Mitte der Sendung begann die Anspielung auf Klemts Behauptung, es werde sich auch nach dem Atomschlag noch leben lassen, wenn man sich vorher entsprechend darauf eingerichtet habe. Das Leben in unterirdischen Städten verlange allerdings Disziplin und Geduld für mehrere Jahre, bis Verwüstung und Reste der Strahlung abgeklungen oder beseitigt seien.

Die Redaktion habe an dieser Stelle Einwände vorgebracht, sagte Tiefenbach, als die Sendung vorüber war. Noch kurz vor der Aufnahme habe er seinen Standpunkt verteidigen müssen.

Das Leben in Erdhöhlen gehöre einer lange überwundenen Entwicklungsstufe an und stelle einen unerhörten Affront dar gegen die Menschen in dichtbesiedelten Gebieten. Tiefenbachs Stimme hatte bei diesen Sätzen eine andere Klangfärbung angenommen, fand Eva. Vielleicht unbewußt, nicht pathetisch, aber ein bißchen elegisch. Nein, Empörung lag drin. Die hatte sich noch gesteigert, als er nachwies, daß der Theoretiker in Amerika bereits von einer stark dezimierten Bevölkerungszahl ausging. Wodurch der Schwund eintreten werde, sei unschwer zu erraten. Strahlenschutzmaßnahmen seien teuer, somit schäle sich die Elite, die des Überlebens wert sei, nach den Gesetzen der Geldwirtschaft heraus. Die Zeit, die Hans diesem Thema eingeräumt hatte, schien ihr viel zu kurz, doch er hatte die Bagatellisierung der Gefahr deutlich gemacht, so gut und so offen, wie es seine Überzeugung zuließ. Sie drückte seinen Arm an ihrer Seite, aber gesprochen hatten sie danach mehr über Klemt und seinen Sohn Norbert, der sich immer gegen den Einfluß des Vaters gewehrt hatte. Über sich selbst sprachen sie nicht, und wieder verging eine Nacht, ohne daß sie zueinanderfanden.

Vom Surren seines Rasierapparates war sie erwacht. Dankbar vermerkte er, daß sie aufstand und ihm das Frühstück bereitete. Tieck klingelte pünktlich, und sie verließen die Wohnung. Dann unten die Umschau, sein rascher Griff danach, und nun fuhr der Wagen bereits auf den Rhein zu.

Sie las Rubyschewskis Enthüllung. Er mußte handfeste Fakten haben, daß er so deutlich werden konnte. Deutsche Konzerne protegierten kraft ihrer Finanzen und mit einem Stamm erbötiger Wissenschaftler die Atombombenentwicklung in Frankreich. Das war die Behauptung, in einem Satz zusammengefaßt . . . Sollen wir abwarten, bis die erste Testbombe über der Sahara verglüht, wenn wir die Initiatoren heute schon kennen? Rubyschewski legte den Finger auf die Wunde: Dreieck Südwest – der Pan-Europa-Gedanke werde enthumanisiert. Kühl rechnete er auf: Die Hiroshima-Bombe zog die atomare Aufrüstung der Sowjetunion nach sich. Daraufhin bauten die USA die Wasserstoffbombe. Die Sowjetunion zog nach. Die USA bauten Stützpunkte aus, der Fall Rot wurde vorbereitet. Die Kriegsgefahr wuchs. Man bequemte sich zu Verhandlungen. Der Rapackiplan wollte die Rüstungsspirale stoppen. Entspannung wenigstens für das dichtbesiedelte Europa. – Eine Skala des Irrsinns.

Eva hielt es nicht allein zu Hause aus. Sie wollte Rubyschewski sprechen, wollte Antworten finden für Hans, wenn er zurückkam aus Frankreich. Auch er – ein erbötiger Wissenschaftler? Das eben war die Frage, die ihr zu schaffen machte.

Eine seltsame Unruhe herrschte im Sekretariat der Redaktion. Das Telefon klingelte, kaum daß Frau Berger den Hörer aufgelegt hatte. «Nein, wir wissen noch nichts. Ja, die Umschau erscheint weiter.»

Eva blickte in lauter aufgeregte Gesichter. Der Sportreporter, der auf einer Tischecke hockte und sich halblaut mit dem Korrektor unterhielt, klärte sie auf. «Rubyschewski sitzt bei den Verfassungsschützern.» Der Reporter schob ihr einen Stuhl hin. «Sie sind ja ganz blaß geworden. Na, einmal mußte es passieren. Der Alte war in letzter Zeit aufsässig wie 'ne Abortfliege.»

Der Korrektor sagte ablehnend: «Laß man, er war im Recht. Ich möchte bloß wissen, wer den Tip rausgegeben hat. Die Druckerschwärze war kaum trocken, als sie kamen.»

«Ist die Nummer beschlagnahmt?» fragte Eva.

«Das ist immer das erste. Jetzt kriegen Sie an keinem Kiosk mehr ein Exemplar.»

«Dann kommt eine einstweilige Verfügung, und wir können hier unsere Plünnen packen. Der Alte hat uns was Schönes eingebrockt.» Der Reporter schlug sich auf die Schenkel. «Gibt's was Neues, Frau Berger?»

Die Sekretärin hatte den Hörer neben sich gelegt und saß abgespannt vor einer Tasse Kaffee, die jemand gebrüht hatte. «Justus kommt nicht her, er hat anderes zu tun, angeblich.»

Der Reporter lachte spöttisch. «Der kluge Junge hält sich raus. Das war doch zu erwarten – oder?»

Eva sah und hörte alles. Redakteure hasteten grußlos vorbei, Telefone schrillten nebenan. «Man wird doch etwas für ihn tun», sagte sie gepreßt zu dem Korrektor.

Der hob die Schultern. «Alles geht seinen Gang. Der Alte hatte seit April schon einen schweren Stand im Leitungstrio. Manchmal mußte ich drei Fassungen seines Leitartikels lesen. Wenn er an der Reihe war, gab's fast immer Reibereien. Man wird sich seinetwegen kein Bein ausreißen.»

«Aber er ist doch für den bewußten Artikel nicht allein verantwortlich. Justus ist daran beteiligt, soviel ich weiß.»

«Sie haben es ja gehört, der läßt sich gar nicht erst sehen.»

Frau Berger war wieder voll mit Telefonieren beschäftigt. «Aufgelegt», rief sie schrill und fuchtelte mit dem Hörer. «Das war unser Herr Syndikus.»

«Na und?» Die Augen aller waren fragend auf sie gerichtet. «Was meint er?»

«Sein letzter Satz war: Wir werden tun, was juristisch und menschlich möglich ist. Allerdings wird das kein Protestmarsch zum Polizei- oder sonst-was-für-einem Präsidium sein.»

«Ende der Durchsage», knurrte der Reporter und begab sich auf Wochenendurlaub.

«Ist Monsieur Legros nicht anwesend?»

«Monsieur le professeur est parti à Lyon.»

«Und Monsieur Ferré?»

«Ces jours il visite les instituts anglais.»

«Aber Monsieur Meunier?»

«Professor Meunier liebt mehr nationales als internationales Laboratorium.» Mit bedauerndem Achselzucken nahm der französische Sekretär zurück, was er vor acht Tagen noch zugesichert hatte: Die Mitarbeit der fähigsten Physiker Frankreichs in der Société Internationale. Tiefenbach hätte noch mehr Namen nennen können, die er vermißte, aber er begriff, daß jede weitere Frage überflüssig war und lediglich Unwillen hervorrufen mußte.

Im letzten Augenblick hatten sie alle abgesagt, die großen Kollegen. Er kannte sie aus ihren Veröffentlichungen, aus den Teilnehmerlisten weltweiter Kongresse, manche aus gelegentlichen Korrespondenzen. Den Weg zu der Société, die in ihrem eigenen Land lag, fanden sie nicht.

Tiefenbach sah sich in der geräumigen Empfangshalle um. Unter den rund sechzig anwesenden Personen gab es kaum ein Dutzend Wissenschaftler. Die beiden italienischen Physiker, deren Namen ihm völlig unbekannt waren, hatten ihn ein wenig naiv nach Enrico Fermi, ihrem berühmten Landsmann ausgefragt.

Die Personalbogen seiner künftigen Mitarbeiter in der

Leitung sagten ihm nichts. Entweder waren es unbeschriebene Blätter – junge Leute, die sich ihre Sporen erst verdienen wollten – oder die ungenauen Angaben wiesen einzelne bereits als Geheimnisträger aus. Tiefenbach bedauerte sein mangelhaftes Französisch, das ihm den direkten Umgang mit den Franzosen erschwerte.

Den Ton in diesem Kreis gaben, wie er feststellen mußte, ganz andere Leute an. Sie sprachen fließend englisch und deutsch. Der Himmel mochte wissen, in wessen Auftrag sie sich zu Geburtshelfern der Société machen ließen. Ein kleiner Kurzsichtiger wurde als Staatssekretär vorgestellt. Etliche besaßen Offiziersränge, vertraten aber große Industriefirmen. Ein draufgängerisch wirkender Offizier mit sehr dunklem Teint fiel besonders auf. Er sprach so schnell, daß die Dolmetscher kaum folgen konnten. Er trug Kolonialuniform.

Herr Alexander, Maihubers schweizerischer Sekretär, erledigte für die Gruppe der Elektron aufmerksam und unaufdringlich alles Organisatorische. Auch ohne seine Hilfe fand Tiefenbach schnell heraus, daß Château Blanc zu einer *zone militaire* gehörte. Der Mund wurde ihm trocken, als er sich an Evas Frage erinnerte, ob Château Blanc ein Tarnname sei. Nun, der alte Herrensitz hieß wohl von jeher so, und das benachbarte Flugzeugwerk, das nicht mehr produzierte, mochte in der Tat ausschlaggebend gewesen sein für die Wahl des Ortes.

Vor dem kalten Büfett trat der Kolonialoffizier auf Tiefenbach zu und hob ihm pathetisch sein Glas entgegen. «Man sagt, im Atomkern schlummere eine Kraft, mächtiger als die Sonne über der Sahara. Ich kenne und fürchte als Soldat die Glut der Wüstensonne. Es muß ein unaussprechliches Gefühl sein, wenn man die größere Macht beherrschen gelernt hat.» Er verbeugte sich elegant. «Mein Respekt, Herr Doktor.»

Die Umstehenden schlossen sich der Ovation des Colonel an. Keiner von ihnen schien sich Gedanken darüber zu machen, was es bedeutete, wenn etwa der Afrikakämpfer jene größere Macht in die Hände bekäme, um die Algerier einzuschüchtern.

Geistesabwesend trank Tiefenbach fremden Männern zu,

die ihn nicht interessierten. Wenn wenigstens ernstzunehmende Forscher dagewesen wären, aber die liebten es mehr, in nationalen Laboratorien zu arbeiten. Vielleicht hielten sie ihn für einen Wanderer zwischen den Welten, einen wissenschaftlichen Landsknecht, der sich in das Dreiländereck kommandieren ließ, wo man ungehindert betreiben konnte, was die Verträge auf deutschem Boden verboten. Groß ist die Sahara, Territorium Frankreichs. Groß ist der Ehrgeiz der Grande Nation, in den Atomklub einzutreten. Bei dem mehrsprachigen Stimmengewirr konnte Tiefenbach seinen Gedanken freien Lauf lassen. Daß sie sich in den Bahnen Rubyschewskis bewegten, machte ihn fast wütend. Die Herren der Fördergesellschaft – Lepp, Wedelstedt und Schloth – kannten solche Skrupel offenbar nicht, sie waren in angeregte Gespräche verwickelt. Wedelstedt hatte eine längere Unterredung mit dem dickbebrillten Staatssekretär hinter sich, als er auf Tiefenbach zukam.

«Nun, wie ist Ihr Eindruck, Doktor?»

«Ich vermisse ein Programm. Nirgendwo bekomme ich eine klare Antwort. Der reichlich lange offizielle Name scheint auch das ganze Programm zu sein. Außerdem – wir bewegen uns hier in einer ‹zone militaire›. Sie kennen ja meine Einstellung.»

«Hat der Einlaßdienst am Parktor Sie so irritiert? Ein Werkschutz – mehr ist das nicht.»

Tiefenbach ging langsam zur Terrasse. Wedelstedts aalglattes Gehabe hatte ihn noch nie so geärgert wie jetzt.

«Seit gestern kenne ich die Arbeitsräume, seit heute die Namen meiner Mitarbeiter, die Vorzimmerdamen – und die Höhe meines Gehalts. Aber wie ich den Forschungsbetrieb aufbauen soll, ob meine Arbeitskonzeption in allen Punkten akzeptiert wurde, darüber erfahre ich nichts. Nur unverbindliche Floskeln.»

Wedelstedt nickte einsichtsvoll. «Sie haben recht, es schleppt sich zu lange hin. Der Staatssekretär sagte mir eben, daß Ihre Konzeption bereits dem Ministerium vorliegt. Nun geht es voran.»

«Welchem Ministerium?» fragte Tiefenbach befremdet. «Ich denke, der Aufsichtsrat entscheidet das.»

Wedelstedt erkannte zu spät, daß ihm ein unbedachtes

Wort entschlüpft war. Er sah sich nach Verstärkung um. An Lepp gewandt, sagte er: «Sie wissen über die Kompetenzfragen besser Bescheid. Ist endlich geklärt, welche Instanz den Generaldirektor stellt?»

«Heute nacht fiel die Entscheidung. Ich kenne den Herrn nicht näher. Er steht im Range eines Ministerialdirigenten.»

«Ein Staatsbeamter?»

«Ihre Vorurteile sind recht sonderbar.» Lepp quittierte kühl Tiefenbachs schroffe Frage. «Wir sollten das später erörtern und jetzt den Empfang nutzen, um unsere Gesellschafter kennenzulernen. Dabei werden gewisse Fehlmeinungen von selber über Bord gehen.» Sanft, aber mit Nachdruck bugsierte er Tiefenbach in den Saal.

Monsieur Panier schaute bereits nach den Herren aus. Er präsentierte Monsieur da Valois als den soeben nominierten Generaldirektor und Signor Magnioli als dessen Stellvertreter. Forsch legte er Tiefenbach die Hand auf den Rücken. «Endlich ist das Triumvirat komplett. Ich bin sehr zufrieden. Energisch, klug, sparsam.» Kokett verteilte er die Attribute auf die drei Direktoren, wobei Tiefenbach als wissenschaftliches Haupt die Klugheit abbekam.

Tiefenbach kam sich vor wie ein Detektiv. In seinem Zimmer lag die Aktuelle Umschau. Rubyschewskis vertrackter Artikel war schuld an seiner permanenten Mißstimmung. Als der Wein seine Wirkung tat und die anfängliche Schwere von ihm abfiel, dachte er: Wollen mal sehen, wer recht behält. Zwei Italiener, die englisch sprachen, erwiesen sich als patente Gesprächspartner. Es wäre doch seltsam, wenn der Alte von seinem Redaktionsstuhl aus den Sinn der Drei-Länder-Gesellschaft früher durchschaut hätte als er selber. Tiefenbachs Selbstsicherheit wuchs während der Unterhaltung. Nein, nein, ohne Rechenfehler ging solches Hinterfragen selten ab. Presseleute blufften gern, das war überall in der Welt so. Er ließ seinen Champagnerkelch neu füllen. Ev, auf dein Wohl! Der Gedanke an sie ließ ihn um sich blicken. Es gab keine Frau hier. Sogar die Bedienung war männlich.

Später, als er nicht mehr die geringste Lust zu einem Disput verspürte, fing Wedelstedt ihn ab. «Persönliche Kontakte sind doch ganz nützlich, nicht wahr? Zugegeben, die Situation in Frankreich ist etwas kompliziert. Das internationale

Atomforschungszentrum in Genf ist ein großer Aderlaß für den französischen Staat gewesen. Ein hoher Prozentsatz der Kosten geht zu seinen Lasten. Für die Kernforschung im nationalen Maßstab kommt Frankreich ohne unsere Finanzhilfe nicht aus. Das muß man wissen, will man hier die Strukturen verstehen.»

Tiefenbach nickte nur und dachte: Immer strampeln Sie sich ab. Morgen werden Sie in Ihrem Büro die Aktuelle Umschau vorfinden. Ich bin neugierig auf Ihr Dementi.

Tieck fuhr ihn am nächsten Vormittag nach Hause. Tiefenbach fühlte sich müde. Das diesige Wetter drückte aufs Gemüt. Je näher sie dem Rhein kamen, um so feuchter wurde die Luft. Schließlich mußte Tieck die Scheibenwischer einschalten. Gleichmäßiger Schwung der mechanisch arbeitenden Zwillingsarme, gleichmäßiges Dahingleiten des gut gefederten Wagens über das unabsehbare Band der Landstraße, gleichmäßig windloser Nieselregen – Wiegenlied des Reisenden, der sich in bewährten Händen weiß.

Hinter Freudenstadt war ihm die Gegend vertraut. Vor wenigen Wochen hatte er eine Vorlesung an der Universität Freiburg gehalten, und Eva hatte ihn begleitet. Schuldgefühl erfaßte ihn, wenn er an sie dachte. Nichts als Unruhe brachte er in ihr Leben. Zwischen den Nebelfetzen wurde ein tannenbestandenes Tal sichtbar. Eine Waldwiese am Abhang, Hütten mit tief herabgezogenen Dächern. Aussteigen, wandern, dort einkehren – und abwarten, bis die Sonne durchbricht. – Gedanken, die rasch von anderen verdrängt wurden.

Auf dem letzten Teil der Fahrt vergegenwärtigte er sich noch einmal alle Einzelheiten der letzten zwei Tage. Die Bilanz sah nicht gut aus. Seine Beobachtungen deckten sich im wesentlichen mit den Anschuldigungen der Umschau. Nun hieß es abwarten, wie die Fördergesellschaft antihumanen Geistes, womit die Elektron gemeint war, reagieren würde. Ein derart massiver Angriff mußte trotz der Abwesenheit wichtiger Vorstandsmitglieder im Sekretariat bereits behandelt worden sein.

Stille umfing ihn, als er die Wohnung betrat. Evas Schreibtisch war aufgeräumt, die Maschine geschlossen. In ihrer kleinen zügigen Schrift, mit weit über den Briefbogen verstreuten Worten, teilte sie ihm mit, daß sie zu den Kamprads nach Klüterlingen gefahren sei. Rubyschewski sei verhaftet, es müsse etwas geschehen.

Er lehnte am Schreibtisch, das Blatt Papier in der Hand und las die lapidaren Sätze wieder und wieder. Es muß etwas geschehen, Ausrufezeichen. Sie suchte Hilfe bei den Kamprads. Demzufolge war von der Redaktion wenig Aktivität zu erwarten. Dieses rasche Zuschlagen gegen den Urheber der «Anfrage» bedeutete, daß es nichts zu dementieren gab, denn wegen einer Verleumdung sperrte man keinen ein. Der Alte hatte also doch ein Geheimnis ans Licht gezerrt, das sorgsam gehütet werden sollte. Und er, Hans Tiefenbach, der sich für alles begeisterte, was schöne Physik versprach, hing bereits drin in dem feingesponnenen Netz.

Ultrazentrifuge, Dreieck Südwest – überall der gleiche Pferdefuß. Sobald man sich als Faust zu fühlen meinte, spuckte Mephisto in die Suppe. Er lief in der Wohnung umher, ein dumpfes Gefühl in der Magengegend, das er schließlich als ganz normalen Hunger erkannte.

Zerstreut bereitete er sich eine Mahlzeit. Während er in der Küche werkelte, stellte er sich die Frage: Kapituliere ich, wenn ich mitspiele und versuche, aus der Société eine Gesellschaft *humanen* Geistes zu machen, oder kapituliere ich, wenn ich aussteige? Er probierte geeignete Formulierungen für seine Rechtfertigung, ohne sich darüber klar zu werden, vor wem er sie gebrauchen wollte. Mochte er zu den Einzelgängern zählen, vom Urteil einiger weniger war er doch abhängig. Leupold, Oberg erschienen ihm, jeder auf seine Weise, wie ein Teil seines Gewissens. Er dachte über die beiden grundverschiedenen Persönlichkeiten nach, schweifte ab zu den Kamprads und fand, daß Eva sehr lange ausblieb.

Um dem ergebnislosen inneren Monolog ein Ende zu machen, rief er in Klüterlingen an. Er erreichte nur Schwester Roberta. Eva sei mit der Ärztin weggefahren, in welcher Angelegenheit, wußte sie nicht.

Es muß etwas geschehen – aha! Ohne recht zu wissen, wohin er sich wenden sollte, ging er aus der Wohnung.

Zu später Stunde verließ Tiefenbach das Neckarstübchen.

Kurz vor zehn Uhr hatte er in der Wohnung angerufen, und da Eva immer noch nicht zu Hause war, hatte er sich noch eine Karaffe Wein bestellt. Es war eigentlich gar nicht so übel, ins Vage zu tauchen, davonzuschwimmen mit einem leichten Druck auf dem Trommelfell und dabei immer soviel zu wissen, daß man törichte Schlüsse zog und absurde Einfälle hatte. Abgeschrieben hat mich Eva. Gut, dann schreibe ich sie auch ab. Sie wird für Rubyschewski demonstrieren, das ist wie eine Demonstration gegen mich . . .

Als sie ihn auf der Türschwelle empfing, schämte er sich seines Schwebezustandes. Er wollte sich an ihr vorbeizwängen, fand jedoch nicht den leisesten Vorwurf in ihrem Blick. Sie mußte doch den Weindunst spüren, den er ausströmte. «Ich wollte dir das ersparen», knurrte er in schlecht gespieltem Zorn. «Hättest mich allein lassen sollen.»

«Allein lassen, nicht allein lassen – was ist nun das richtige? Nie weiß man das bei dir.» Sie nahm ihm Jacke und Halstuch ab. «Schwester Roberta sagte, du wärst so enttäuscht gewesen am Telefon.»

Er packte sie und sein Kuß glich einem wilden Ausbruch. Sie empfand seine Ratlosigkeit und war froh, daß sie die späte Fahrt trotz Mechthilds Protest unternommen hatte. Sie drängte ihn ins Bad, ließ aber die Tür angelehnt, und mit deutlich hörbarem Triumph verkündete sie durch den Türspalt: «Rubyschewski ist wieder frei.»

«Ah-ah!» Er stöhnte auf und stellte die Dusche auf volle Stärke. Sie nahm es als Seufzer der Erleichterung. Rasch schlüpfte sie aus ihren Kleidern und umfing ihn rücklings in der engen Duschkabine. Er taumelte vor Überraschung und drehte sich zu ihr um. Unter dem kräftig rinnenden Strahl standen sie eng aneinandergepreßt, lachten sich an und wärmten einander. Und sie führten es fort unter Evas großem altmodischen Badetuch.

In den nächsten Tagen entdeckte Eva eine kleine Notiz in der Presse. Dem Journalisten Justus Funke war ein Förderstipendium zuerkannt worden. Der Industrieklub zeichnete einen Mann der Opposition aus? Nein, andersherum wurde ein Schuh draus: Justus war umgefallen.

Tiefenbach wollte sie überreden, ihn zu Obergs zu begleiten. Sie wehrte ab. Dort sei es üblich, daß die Frauen im Vorzimmer warteten, bis die wichtigen Besprechungen vorüber seien, und das liege ihr nun einmal nicht.

Oberg litt an einer Kniegelenkentzündung. Tiefenbach fand ihn mit verwickeltem, hochgelagertem Bein im Ruhesessel. «Sie sind quasi ein weißer Rabe in unserer Berufskategorie», sagte er, als Tiefenbach ihm seine Situation geschildert hatte. «Jeder andere, dem hier etwas nicht paßt, läßt sich in die Staaten abwerben. Sie kommen von drüben und wissen, was gespielt wird. Rückkehr ist also kein Ausweg.»

«Was halten Sie davon, wenn ich mich an den Wissenschaftsrat wende?» fragte Tiefenbach zögernd.

Oberg ließ ihn kaum zu Ende sprechen. «Wenn Sie Dreieck Südwest abgeschüttelt haben? Ja, du liebe Zeit, glauben Sie denn im Ernst, daß unsere Kollegen dort das Sagen haben? Die sind nur Aushängeschilder. Ihr Steckbrief, lieber Tiefenbach, wird längst dort sein. Einen Job wird man Ihnen vermutlich anbieten, aber in der Rangordnung und mit der Bewegungsfreiheit eines mittleren Regierungsbeamten.» Er verlagerte das Bein mit schmerzverzogenem Gesicht und sah den Jüngeren kopfschüttelnd an. «Sie tun gerade, als sei diese Stadt oder dieses Bundesland die einzig mögliche Umgebung für einen Wissenschaftler.»

«Nicht die einzige, aber für mich die denkbar schönste.»

«Lassen Sie die Gefühlswerte weg, und übrig bleibt eine ziemlich miserable. Die Hochschulen und Universitäten bekommen zu spüren, daß sie keinen unmittelbaren Nutzen bringen. Kürzlich hat einer meiner Assistenten den Vertrag nach Cambrigde in Massachusetts unterschrieben, aus purem Ärger über die ständigen Kämpfe mit der Bürokratie.»

Tiefenbach fragte befremdet: «Das klingt ja fast, als rieten Sie mir, im Fahrwasser der Drei-Länder-Gesellschaft mitzuschwimmen.»

In Obergs Blick lag eine große Müdigkeit. «Ich habe die Waffen gestreckt, lieber Freund. Wenn der Körper brüchig wird, erlahmen auch die Schwingen des Geistes.»

Tiefenbach war erschüttert. War das noch derselbe Mann, der vor tausend Zuhörern im Zirkusbau seine Meinung vertreten hatte und dem die Studenten zugejubelt hatten? War mit dem Verzicht auf sein Forschungsprojekt etwas in ihm zerbrochen? Obergs Leben erschien ihm plötzlich voller Widersprüche. Die Konsequenz der Göttinger Achtzehn hatte Oberg nicht aufgebracht, nun rieb er sich wund an kleinlichen Konflikten mit der engsten Umgebung. Er wies auch jeden Trostversuch zurück. «Ich bin zu alt dafür. Sie haben noch alles vor sich. Ich will Sie auch nicht entmutigen, lieber Tiefenbach. Bleiben Sie sich selber treu. Einen besseren Rat kann ich Ihnen nicht mit auf den Weg geben.»

Es klang wie ein Abschied. Tiefenbach ging zu Fuß nach Hause. Der Gedanke des Treubleibens verfolgte ihn. In einem Blumengeschäft standen herrliche langstielige Rosen, lachsfarbene und rote. Er ging hinein und sah sich eine Weile um. Die Verkäuferin rückte ihm die Rosen ins Blickfeld, um ihm die Wahl zu erleichtern.

«Sind die Blumen für einen bestimmten Zweck gedacht?»

«Ja, für einen ganz bestimmten.»

«Für einen besonderen Anlaß?»

Tiefenbach lächelte die freundliche Verkäuferin an und nickte kaum merklich. Sein Herz ging plötzlich schneller. «Geben Sie mir zwölf.»

«Von den roten?»

«Natürlich – von den roten.»

Die Rosen im Arm, stand er auf der Schwelle zu Evas Zimmer und sagte: «Willst du mich heiraten?»

5
Epilog

Eigentümlich, wie dieser Tiefenbach einen faszinieren konnte. Maihuber dachte noch immer mit Vergnügen an den gemeinsamen Tag in seinem Jagdhaus. Nun war aus dem Projekt, Tiefenbach in das Dreieck Südwest fest einzubinden, ein Fall Tiefenbach geworden. Nach den Berichten Lepps und Wedelstedts schien wirklich keine Aussicht mehr auf eine Zusammenarbeit zu bestehen. Die dringlichen Fragen, mit denen Tiefenbach die Elektron-Vertreter in die Enge getrieben hatte, sprachen eine deutliche Sprache. Lepp hatte in aller Schärfe zusammengefaßt:

«Er mag ein noch so guter Wissenschaftler sein, aber er ist nicht *unser* Mann. Wir wissen heute, daß seine Absage an die Ultrazentrifuge nicht nur eine kollegiale Geste gegenüber Professor Oberg war. Er lehnt die Diplomatie, die wir verfolgen, in Gänze ab. Es gibt ein Protokoll über Äußerungen, die Herr Tiefenbach in Château Blanc während des Empfangs gemacht hat. Ich zitiere: ‹Politik der Abschreckung – von Amerika aus schien sie mir plausibel. Aber hier, unmittelbar an der Nahtstelle der beiden Weltlager, denke ich anders darüber. Ich gehöre zu der Generation, die, mit Losungen gefüttert, für den Krieg schlachtreif gemacht wurde. Ich bin mißtrauisch geworden. Mir scheint, jetzt werden die Losungen an der Börse programmiert.› Soweit das Protokoll.»

Maihuber mußte sich eingestehen, daß er insgeheim immer noch um Tiefenbach rang. Seinen Favoriten, wie ihn die Präsidiumsmitglieder der Elektron nannten. Es ging hart auf hart in der entscheidenden Sitzung. Ein Präsidiumsmitglied hatte eigens seinen Urlaub unterbrochen. Dieser Höfig, Direktor der Glanzstoffwerke, legte sich besonders ins Zeug.

«Nach dem letzten Rundfunkvortrag unter dem Titel Hoffnung und Ausblick wußte ich bereits, was wir von Tiefenbach zu erwarten haben. Wer den Begriff ‹Maulwurfstheorie› aufgebracht hat, weiß ich nicht. Aber wie Tiefenbach damit in den Ring gestiegen ist und seinen alten Kollegen Klemt seziert hat, das war hanebüchen.»

Maihuber entgegnete scharf: «Darf ich Sie daran erinnern, daß Sie es sind, der im Präsidium am lautesten jammert – und das seit Jahren – über die Abwanderung unserer fähigsten Wissenschaftler. Die Leute werden systematisch abgeworben, das ist bekannt, aber wir können nichts dagegen tun. Die USA haben gut reden, wenn sie ihren Vorsprung immer mehr vergrößern, sie sparen ja die Ausbildungskosten ganzer Forscherteams ein. Tiefenbach ist einer der seltenen umgekehrten Fälle. Das wollten wir für uns nutzen. So liegen die Dinge, und ich halte es für notwendig, ihm einige Zugeständnisse zu machen.»

Dr. Schloth ergänzte bescheiden: «Wobei es einen aparten Effekt gegeben hätte, wenn gerade der Amerika-Rückkehrer für eine Stärkung der Westeuropa-Allianz an der Spitze von Dreieck Südwest gewirkt hätte.»

Lepp warf Wedelstedt einen vielsagenden Blick zu. Der wußte von Tiefenbach, was ihm bei der Fahrt nach Münster aufgefallen war.

Wedelstedt mischte sich ungern ein, aber Lepp schien zu befürchten, daß die Stimmung gegen den unsicheren Kandidaten ins Kippen kam, und dafür wollte er, der Generalsekretär der Fördergesellschaft, nicht verantwortlich sein.

«Herr Tiefenbach stammt vom Niederrhein. Er hat neulich bei einer Dienstfahrt die Gräber seiner Eltern besucht. Dagegen haben wir natürlich überhaupt nichts. Nur – es war gerade der erste Mai. Und irgendwie hat er seitdem ein merkwürdiges Interesse an den Tag gelegt für Dörfer in der Eifel und im Weserbergland. Mit denen – das ist bekannt – beschäftigt sich hämisch die linke Presse.»

Die Herren wußten Bescheid, Wedelstedt brauchte nicht deutlicher zu werden. Das übernahm Höfig:

«Eine dieser Gazetten ist die Aktuelle Umschau. Was ein gewisser Rubyschewski darin gegen unser Dreieck Südwest vom Stapel gelassen hat, wissen wir. Vielleicht ist bis in diesen Kreis noch nicht durchgedrungen, daß Herrn Tiefenbachs Braut für die Umschau schreibt.»

Aller Augen richteten sich auf Schloth, den Chefredakteur des Horizont. Nicht ohne Bedauern sagte er: «Wir haben uns in letzter Zeit von Fräulein Leonhard distanziert. Der Tatbestand ist nicht neu.»

Maihuber tat gelangweilt. Waren das nicht alles Bagatellen, weit hergeholt? Aber Lepp hatte noch zwei Trümpfe in seiner Mappe. Das eine war Tiefenbachs Treffen mit Professor Leupold in München. Dem hatte man goldene Brücken gebaut, doch er hatte sich zum Vizepräsidenten der Ostberliner Akademie der Wissenschaften küren lassen. Im Gegensatz dazu hatte Tiefenbach alle Bemühungen der Abendländischen Akademie, die bekanntlich ein patriotisches Programm verfolge, um seine Person in den Wind geschlagen. Das zweite, was Lepp vorzutragen hatte, war eine Information über einen frischgeknüpften Kontakt Tiefenbachs zu einem der Göttinger Achtzehn, einem Professor Gerlach. Lepp schloß demonstrativ seine Mappe.

«Last not least möchte ich noch einmal an Tiefenbachs reserviertes Verhalten in Château Blanc erinnern.»

Höfig sah auf die Uhr, es zog ihn in seinen Urlaubsort. «Wir wären sehr leichtsinnig, wenn wir diesen Herrn auf so einen vorgeschobenen Posten entsenden würden.»

Wedelstedt sah Maihuber fragend an. «Könnten wir ihn nicht auf ein Abstellgleis schieben und ihm ein bißchen auf die Finger sehen?»

Trocken warf Schloth ein: «Er würde sich ein Vergnügen daraus machen, uns auf die Finger zu sehen. Assistiert von seiner gescheiten Freundin.»

Endlich bequemte sich Maihuber, seine Meinung zu sagen. «Haben wir eigentlich Grund, uns davor zu fürchten? Unser Geschäft in Frankreich ist längst legalisiert, unter anderem durch die letzte Sitzung im Verteidigungsrat. Wir bereiten eine atomare Achse für Westeuropa vor, das ist alles. Herr Tiefenbach will da nicht mitspielen. Schade. Vielleicht sieht die Lage übers Jahr anders aus. Behalten wir ihn also im Auge. Ich stehe noch heute zur Devise: Köpfe sind wichtiger als Reaktoren.»

Tiefenbach hatte seine schriftliche Absage an die Elektron-Fördergesellschaft bereits entworfen, als die Einladung Maihubers zu einer Aussprache kam. Auch gut, so ging es nicht sang- und klanglos zu Ende, was folgenschwer genug für ihn sein würde. Maihubers bekanntes konziliantes Lächeln erschien ihm an diesem Tage wie eine Maske. Während der kurzen Vorrede wurde sie zunehmend starrer.

«Bei allem, was Sie an Vorbehalten drücken mag, Herr Tiefenbach, haben wir doch einen gemeinsamen Feind.»

«Ja, den Krieg.»

«Ich meine den Fall Rot.»

«Der ist eine Hypothese. Berechenbar dagegen sind die Ausmaße eines nuklearen Krieges . . .»

Maihuber lenkte ein. «In Genf sind zum zweitenmal die Vertreter der wichtigsten Weltmächte zusammengekommen. Wir alle sind begierig auf das Ergebnis. Gelingt es, die Bombentests einzuschränken und die ganze Atomrüstung unter ein Kontrollsystem zu bringen, werden wir die ersten sein, die dem Dreieck Südwest andere Perspektiven geben. Wir sind weder beutegierig noch abhängig von der Rüstung als Geschäft. Aber wir sind auch keine Philanthropen. Wir sind

Realpolitiker, die die Gegebenheiten des Tages recht gut überschauen.»

Nun war es heraus. Dreieck Südwest stand im Dienste einer auf französischem Boden etablierten atomaren Streitmacht. Tiefenbach durchzuckte der Gedanke, daß er im *heißen* Krieg nie die eigentliche Front kennengelernt hatte, daß er aber jetzt, im *kalten* Krieg, unmittelbar an der Front stand.

Maihuber setzte noch einmal an. «Wir hatten gehofft, in Ihnen alles vereint zu sehen, was das zukunftsträchtige Projekt erfordert: Die traditionsgebundene Besonnenheit des Europäers, die Entdeckerfreude und Freiheitsliebe des Amerikaners, den männlichen Ernst und die Rechtschaffenheit des Deutschen. Der Weg nach Château Blanc ist ein Schritt zum europäischen Gleichgewicht. Daß es verlorenging, ist einer der schwersten Verluste aus dem letzten Krieg.»

Tiefenbach schüttelte den Kopf. «Europäisches Gleichgewicht – zwischen Elbe und Atlantik? Das ist eine Illusion. Europa endet am Ural.»

Lepp, der sich als Zeuge fühlte und im Hintergrund geblieben war, konnte nicht an sich halten. «Die Zone der Freiheit endet an Werra und Elbe.»

Tiefenbach blieb ruhig. «Wollen wir weniger einsichtig sein als die Weltmächte in Genf? Dort sitzen Partner mit am Verhandlungstisch, die Sie, Herr Lepp, zum Beispiel schon ausgestoßen haben aus dem europäischen Völkerverbund. Für mein traditionsgebundenes Hirn verstößt Ihr Neo-Europäertum gegen alle Denkgewohnheiten.»

Lepps Gesicht verschloß sich. Maihuber versuchte es noch einmal mit Jovialität. «Welche Art Völkerverbund könnten Sie sich denn vorstellen, Herr Tiefenbach?»

«Als Koordinaten würden uns Mitteleuropäern Rhein und Donau gut zu Gesicht stehen.»

«Das hieße – Basel, Wien, Budapest? Und womöglich noch der Balkan?» Maihuber glaubte, nicht recht zu hören, als Lepp das herausstieß. Aber logisch war es. Er trommelte mit den Fingern ungeduldig auf der Schreibtischplatte. Seine Herren hatten recht behalten. Das Gespräch war für ihn beendet.

«Aufeinander zugehen – das ist entscheidend», sagte Tiefenbach und erhob sich. «Nichts anderes wollte ich damit ausdrücken.»

Eva wünschte sich Mechthild und Rudolf Kamprad als Trauzeugen. Rubyschewski erholte sich von dem «makabren Zwischenspiel», wie er es nannte, bei seiner Tochter Ilse. Die Briesangs waren zu dritt in die Hohe Tatra gefahren, eingeladen von der polnischen Gewerkschaft. So waren sie beim Essen im Séparée der Neckarstuben nur zu viert.

Hans Tiefenbach hatte rechtzeitig mit dem Wirt die Weinsorte vereinbart. Der hatte von der einen, ganz bestimmten Lage bei Meersburg eine Kiste voll beschafft. Eva war gerührt, als ein schmucker junger Kellner die sperrige Überraschung, mit Trauben und Weinlaub dekoriert, hereinschleppte. Auch daß es als Vorspeise Weinbergschnecken gab, war eine besondere Geste ihres Liebsten. Ihr waren sie mißraten bei ihrem ersten gemeinsamen Essen. «Trotzdem in allerbester Erinnerung», betonte er.

Als die Gläser mit dem Meersburger Kabinett gefüllt waren, zog Rudolf Kamprad einen Gegenstand hinter einer Grünpflanze hervor. Er war locker verpackt, hatte die Höhe eines ausgestreckten Armes und stand nun geheimnisvoll auf einem Hocker. Es sah nach einer Rede aus. So feierlich sollte dieses «Freundschaftsessen im Quadrat», wie Mechthild es in ihrem Toast beim Aperitif genannt hatte, eigentlich nicht vonstatten gehen.

Mechthild zwinkerte listig. «Keine Ansprache. Was hier druntersteckt, soll für sich selber sprechen.»

Rudolf nickte. «Nur eine Frage – zur Einstimmung. Was fällt euch ein zu dem Wort ‹Teck›?»

Eva und Hans stutzten. Dann kam es wie aus einem Munde: «Die Segelfliegerei.»

Mechthild sah triumphierend ihren Mann an. «Hab' ich's nicht gesagt? Nichts geht verloren – wer sie erlebt hat: die Rauhe Alb, die Aufwinde unter der Teck.»

Tiefenbach platzte heraus: «Wer hat euch denn davon erzählt?»

«Du meinst – die Sache mit der dritten Schwinge?» Kamprad tat geheimnisvoll.

«Ich – wer sonst?» Eva legte ihre Hand auf Tiefenbachs Rechte. «Im Segelflieger-Camp unter der Teck hast du sie nicht erreicht. Zu deinem Leidwesen. Der Krieg kam dazwischen. Davon habe ich in Klüterlingen gesprochen. – Na, warum wohl? Weil ich wollte, daß sie dich besser kennenlernen, von den Anfängen her – unsere gemeinsamen Freunde.»

Mechthild erinnerte sich genau an den Abend. Tiefenbach war in Château Blanc und Rubyschewski hatte in der Umschau blankgezogen. Eva war voller Unruhe zu ihnen gekommen. Die Idee für das Geschenk hatte dann Rudolf Kamprad. Bei einem Ausflug durch die Orte zwischen Kirchheim und Nürtingen – rund um die Teck – waren sie mit einem Holzbildhauer bekannt geworden.

Mechthild genoß die Spannung. «Nein, ihr bekommt kein Segelfliegermodell. Pack aus, Rudolf, ich sehe, Hans platzt fast vor Neugier.»

Hans Tiefenbach hatte tatsächlich wie gebannt auf das verhüllte Etwas gestarrt. Mechthild stellte sich neben ihren Mann, und mit einer gewissen Feierlichkeit schälten sie gemeinsam das Geschenk aus der Verkleidung.

Unwillkürlich erhoben sich Eva und Hans von ihren Plätzen, als deutlich wurde, daß es sich um eine Figur handelte. Kopf, Schultern, Arme traten hervor. Eine Plastik in Holz. Der Oberkörper leicht vorgeneigt, eine Hand drückt die Kappe ins Gesicht. Ein schreitender Mann, dessen weiter Mantel weht. Ein Wanderer, dem der Wind ins Gesicht bläst. Herb wie das Thema die Linienführung.

Die Kamprads berichteten, wie sie sich in der Werkstatt des Holzbildhauers umgesehen und sich gesagt hatten: Der hat sie beobachtet, die Zähen, die nicht aufgeben, auch wenn es rauh zugeht.

Die Beschenkten fanden nicht gleich Worte, betrachteten die Figur von allen Seiten, ließen das Licht drauf fallen. Dieses Geschenk – Mechthild hatte recht – sprach für sich selbst.

Eva legte ihre Fingerspitzen in die lang auslaufenden Falten des Mantels und verfolgte die Maserung.

Hans hatte seinen Arm um sie gelegt, er wollte wissen, was sie empfand.

Sie sagte: «Es ist ein warmer Stoff, aus dem er gemacht ist, der sich vorwärtskämpft – gegen den Wind.»

Mechthild trat von der anderen Seite an Eva heran und sagte leise: «Der weite Mantel – darunter ist Platz genug für euch beide.»

Tiefenbach hatte es gehört. «Ja», sagte er. «So sehe ich es auch. Wir danken euch.»

Nachwort zur Neuausgabe «Menschen im Gegenwind»

Romane schreiben – das sind Gedankenspiele, gegründet auf Beobachtungen, Erfahrungen, Einsichten. Selbst im Präsens geschriebene Geschichten schildern Vergangenes.

Das Umfeld, in dem sich das Schicksal der Eva Leonhard abspielt, ist heute längst Geschichte. Das gilt für beide Bände. Die Handlung, die im ersten Kriegsjahr des Zweiten Weltkrieges begann und im Roman «Insel ohne Leuchtfeuer» auf den Norden Deutschlands fixiert war, verlagert sich in «Menschen im Gegenwind» auf Süddeutschland.

Darin steckt keine Willkür der Verfasserin. Nicht immer enthüllen sich die inneren Gesetze einer Erzählung dem Leser auf den ersten Seiten. Verwunderung, ja Enttäuschung sind zu erwarten, wenn ein Fortsetzungsband zeitlich nicht unmittelbar anschließt. Mit dem Versprechen an meine Leser, das Schicksal der Eva L., des Hans Tiefenbach, Uhligs, Baers und anderer fortzuführen, hatte ich es übernommen, eine Stafette weiterzureichen. Sie steckt im letzten Satz des ersten Bandes:

Und sie vergaß es nie.

Sechs Jahre nach dem Erscheinen von «Insel ohne Leuchtfeuer» lag der zweite Band vor, erwartet von einer großen Lesergemeinde. Er geriet mir strenger im Ton. Auf Lesereisen in den sechziger, siebziger Jahren erfuhr ich, er sei schwieriger lesbar. Viele Leser übersahen, daß die Hauptfigur Eva einen komplizierten Reifeprozeß durchgemacht hat und daß aus ihren Erinnerungen Wegemarken entstanden waren, die sie immer wieder von den ebenen Straßen weg führten.

Auch gibt es im zweiten Band eine deutliche Verlagerung im Figuren-Ensemble. Eva, die weibliche Heldin, wird zum Medium für den männlichen Gegenpart. Hans Tiefenbach wird Hauptdarsteller. Für die Liebe der beiden finden sich genügend Ansatzpunkte aus der Vergangenheit, aber Evas Skepsis gegenüber seinem Tun ist neu. Was sie, die Journalistin, im wesentlichen nur als Theorie artikulieren kann, muß Tiefenbach, der renommierte Physiker, praktizieren: Verantwortungsbewußtsein als Wissenschaftler in einer zunehmend gefährdeten Gesellschaft.

Achtzehn Professoren hatten in Göttingen ihre Stimmen erhoben, warnend vor der Rüstungsspirale, die sich auf die atomare Bewaffnung hin bewegte. Das war die Situation 1957/58. Es war ein politischer Drehpunkt in der Bundesrepublik Deutschland. Bisher streng gehütete Geheimnisse waren zur Sprache gekommen bei der Atomenergiekonferenz in Genf. Die Öffentlichkeit horchte auf.

Als 1965 der zweite Band erstmalig erschien, waren die Bürgerbewegungen an Rhein und Ruhr noch sehr gegenwärtig. Jetzt, fast drei Jahrzehnte später, haben sich die Gewichte verschoben. Das Wissen um Fakten und Hintergründe der Forschung auf internationaler Ebene ist viel umfassender geworden. Ich kann als Autorin mehr voraussetzen, konnte beim Überarbeiten für die Neuausgabe Ballast abwerfen. Hinzugekommen sind Erfahrungen, die über Hiroshima und Nagasaki hinausweisen, und für die Ortsnamen stehen wie Gorleben, Wackersdorf – und Tschernobyl.

Verglichen mit der ersten Fassung des Romans stellt die Überarbeitung mehr Fragen, zieht häufiger Fakten in Zweifel, läßt größere Freiräume zum Nachdenken. Ich scheue mich nicht zu bekennen, daß ich Anfang der sechziger Jahre bei der Niederschrift des Nachfolgebandes andere Vorstellungen hatte von der Art und Weise des Aufeinander-Zugehens von Wissenschaftlern aus Ost und West als heute. Was die Folgejahre bewiesen haben, war jedoch in den Hauptlinien meiner handelnden Personen alles angelegt. Sie sind entworfen als Menschen, die sich irren und aus Verstrickungen lösen können.

Berlin im Januar 1993
Ruth Kraft

Leseprobe aus «Insel ohne Leuchtfeuer»

2
A4 fliegt

An einem klaren Herbsttag sahen alle, die in der Versuchsstelle Insel arbeiteten, das Produkt ihrer jahrelangen, mehr oder minder intensiven Bemühungen in die Ionosphäre steigen. A4 flog; zum erstenmal ohne Zwischenfall. Vor der letzten Überprüfung des Flugkörpers hatte der General noch einmal an den Stab der Hauptverantwortlichen appelliert: «Meine Herren, der Ausgang dieses Starts wird für das Schicksal der gesamten Versuchsstelle von großer Bedeutung sein. Wenn er nicht gelingt, haben wir im Waffenamt – und an höherer Stelle erst recht – unseren Kredit verloren. Projekt A4 kann von heute auf morgen aus der Liste der kriegsentscheidenden Waffen gestrichen werden. Das bedeutet Wegfall der höchsten Dringlichkeitsstufe, Wegfall vieler UK-Stellungen, Kleinkampf um jedes Gramm Material. Setzen Sie alle Kraft daran, die Minute X gut vorzubereiten. Der Reichsmarschall wird dem Startversuch beiwohnen.»

Die flachen Dächer der Werkstätten wurden an diesem Tage zu Logenplätzen. Traude Hörselmann war an Klemts Seite. Eva traf sich mit Marlies auf dem Sandhügel unweit des Windkanalgebäudes. Sie gehörten zur Masse derer, die da oben keinen Zutritt fanden. Der Soldat Axe machte sich den Wirbel des merkwürdigen Tages zunutze und suchte Marlies. Seit er ihre Einladung zu dem Hüttenfest abgelehnt hatte, waren sie nicht mehr zusammen gewesen. In einer Gruppe wurden Wetten abgeschlossen. «Das Ding fliegt doch wieder nicht.» – «Wenn's nicht hinhaut, bist du mit schuld», spottete Versuchsingenieur Immisch. «Die *gläubigen* Herzen sind es, die den Sieg erringen.»

Marlies wußte aus Gesprächen mit ihrem Vetter von den vielfältigen und komplizierten Vorbereitungen für die Minute X. Der Leiter des Versuchsfeldes hatte ein raffiniertes Kommando- und Zeitsystem entwickelt. Jetzt saßen die Meßingenieure an ihren Geräten, ständig der Durchsagen von der Schießleitung gewärtig. Auf den Plattformen der

Prüfstände und des Meßhauses waren Scherenfernrohre auf einen Punkt gerichtet. Fotografen und Kinooperateure machten ihre Apparate fertig, und im Bunker standen die Triebwerks- und Steuerungsingenieure vor den Schaltpulten. Eine bis ins kleinste eingespielte Organisation war nötig, um das Maximum an Steighöhe, präzise Umlenkung, Brennschluß und optimale Reichweite der Großrakete zu erzielen. Wenn starke Wünsche wirklich Kräfte wären, dann müßte das A4 diesmal fliegen. Aber es gab auch Gegenkräfte. Herbert Axes Gedankenwelt war ihr vertraut. Er wünschte das Versagen dieses großen, mühevollen Werks und hätte sogar ein Bombardement in Kauf genommen. Jedes Mittel war recht, das helfen konnte, den Krieg schnell zu beenden. «Dieser Krieg ist die Tat eines Größenwahnsinnigen», sagte er oft. «Unser Volk zerfleischt sich für die verdrängten Komplexe eines Gernegroß.» Zerquält ging sie nach solchen Gesprächen heim. Die einzige, mit der sie darüber zu sprechen wagte, war Eva. Bei ihrem Vetter fand sie nur fanatischen Arbeitswillen und Siegesglauben. Auch an die Ungeduld des Verwundeten im Swinemünder Lazarett mußte sie denken, der seinen «Haufen» nicht im Stich lassen wollte und seiner Rückkehr ins Baltikum entgegenfieberte. Wo war Verrat? Wo war Treue? Sie träumte manchmal davon, jemand habe sie durchschaut und in ein Lager gebracht. Sie war soweit, daß sie nichts mehr zu wünschen oder zu hoffen wagte, weder Sieg noch Niederlage.

Immisch zog die Uhr. «Gleich müßte sich der Kommandobunker melden.» Schon knackte es im Lautsprecher. Eine Stimme verkündete: «X minus drei. – Zeit läuft.» Immisch fuhr sich durchs Haar. «Die Steuerkreisel laufen schon. Verdammt noch mal, warum kann man jetzt die Zigarre nicht stehen sehen – frei auf ihrem Starttisch.»

«X minus zwei. – Zeit läuft.» Einige Nachzügler erklommen eilig den Sandhügel.

«X minus eins. – Zeit läuft.» Die Menschen hielten den Atem an. Eine Rauchpatrone stieg in die Luft.

«Gleich wird die kleine Stufe eingeschaltet.» Immisch fieberte. «Mit acht Tonnen Schub. Dann die Hauptstufe. Fünfundzwanzig Tonnen Schub. Fernsehen müßte man können. Wie sich der Rückstoß entwickelt –.»

Fast lautlos, da der Schall des Triebwerks die Wartenden noch nicht erreicht hatte, tauchte das A4 aus dem Walde auf, ein vierzehn Meter hohes metallenes Ungeheuer, dem ein fast gleichlanger Feuerschweif aus dem Heck schoß. Mit wachsender Geschwindigkeit gewann es Höhe. Ein Komet, von Menschenhand in die Atmosphäre geschleudert. Es flog schon einige Sekunden, ehe donnerartiges Brüllen die Ohren der weit im Gelände verstreuten Beobachter erreichte. Die schwarzweiße Flächenzeichnung ließ erkennen, daß es stabil seine steile Bahn zog.

Die Techniker auf dem Hügel rissen sich um die Ferngläser. Obgleich die meisten von ihnen die Daten des Aggregats aus Tabellen und Diagrammen kannten, obgleich sie wußten, daß in der Verbrennungskammer, wo sekündlich hundertfünfundzwanzig Liter Spiritus und Sauerstoff eingepumpt wurden, die Gase Temperaturen von zweitausendachthundert Grad erreichten und die frei werdenden Energien in der Endphase mit etwa sechshundertfünfzigtausend PS bewertet wurden, verschlug es ihnen jetzt, da sie diese Kräfte in Aktion sahen, fast den Atem. Der Gasstrahl schoß mit einer Geschwindigkeit von zweitausend Metern pro Sekunde aus der Düsenmündung. Der immer schneller werdende Flugkörper bog nach knapp fünf Sekunden Flugzeit in den vorgeschriebenen Umlenkbogen ein, als gehorche er einem unhörbaren Befehl.

«Schallgeschwindigkeit!» verkündete die Lautsprecherstimme. Das A4 flog knapp eine halbe Minute. Wieder hielten die Techniker den Atem an. Nicht umsonst sprachen die Fachleute von der Schallmauer. Diese imaginäre Barriere hatte noch keine Flüssigkeitsrakete überwunden. Aber das A4 hielt seine Bahn ein, als hätte es kein Kriterium gegeben.

«Jetzt sind zentnerschwere Steine gekullert», sagte Immisch.

Im Fernglas war die Rakete nur noch ein schimmernder Strich mit leuchtendem Flammenschweif. Zehn Kilometer schätzten einige Sachkundige die Höhe. Plötzlich zeigte sich am klarblauen Himmel ein feingezackter weißer Streifen. Berthel Drews schrie auf: «Es zerplatzt!» Auch andere mußte die Wahrnehmung beunruhigt haben. «Alles normal. Kondenserscheinungen», kam es aus dem Lautsprecher. Die

Strömungsunruhe in der Atmosphäre verursachte die Zakkenbildung.

Immisch ließ erst nach einer ganzen Weile das Glas sinken. «Jetzt müßte es dreiundzwanzig Kilometer hoch sein und viereinhalbmal schneller als der Schall fliegen. Wenn man hier den Meßton hören könnte, wüßte man es genau.» Wieder vergingen Sekunden, dann meldete der Kommandobunker: «Brennschluß.»

Das ganze Schauspiel hatte etwa eine Minute gedauert. «Siebzig Kilometer, höher steigt es nicht», sagte einer der Techniker. Immisch war optimistischer. «Auf achtzig wird es schon kommen. Der Schub war in Ordnung. Nun soll mal einer sagen, daß sich unsere Arbeit nicht lohnt!»

Herbert Axe war als erster vom Hügel gestiegen. Stumm folgte ihm Marlies. Außer Hörweite der anderen sagte er: «Da oben fliegt der Tod, und hier unten jubeln sie. Jetzt hat der Wahnsinnige die Waffe, die er braucht.»

Marlies war von dem technischen Wunderwerk tief beeindruckt. Sie schwieg schuldbewußt.

Axe bemühte sich, das Gesehene zu verdrängen. Es gelang ihm schlecht. «Man hat mich zum Werkbahnkommando versetzt. Ich male Sprüche an die Lokomotiven: ‹Räder müssen rollen für den Sieg.› Grotesk.» Als wolle er Marlies' Erwiderung zuvorkommen, sprach er hastig weiter: «Mene-mene-tekel. Der feurige Strahl – und man versteht alles, den Aberglauben der Alten, Hexenfurcht und Dämonenangst. Menschen, die solche Zeichen ihrer Macht brauchen, werden scheitern.»

«Wenn du dir dessen sicher bist, mußt du doch ruhiger werden», sagte Marlies.

«Vorher werden sie uns mit ins Chaos reißen.»

Sein Pessimismus macht mich krank, dachte sie. Man kann nicht dagegen an. Ich habe es so oft versucht. Jetzt kann ich nicht mehr.

Inmitten der Menschen, die aus dem Werkstättengelände zurückfluteten, traf Eva Jürgen Baer. «Na», sagte er herausfordernd, «bist du hin und her gerissen?»

«Ich fand es toll», bekannte sie.

«Wir hatten die Ehre, dem ersten Aufstieg einer Flüssig-

keitsrakete in die Ionosphäre beizuwohnen. Welturaufführung. Die wenigsten haben damit gerechnet, daß es so gut klappen würde. Das fliegende Laboratorium.» Er lachte auf. «War ganz schön launenhaft bisher. Aber so, wie es heute fliegt, ist es von der Kanalküste aus in fünf bis sechs Minuten in London. Fünfzehnhundert Meter in der Sekunde, nach unseren Berechnungen.»

«Und was wird nun?»

«Sie werden das Fertigungswerk schleunigst in Gang setzen. Hitler wird einen Wisch unterschreiben, daß die Versuchsstelle Insel jedes angeforderte Material zu bekommen hat. Höchste Dringlichkeitsstufe. Der Doktor kriegt einen Orden, und der General wird befördert. Oder auch nicht. Vielleicht kommen die Geier. Ja, sie werden angeschwirrt kommen, die bis jetzt keinen Pfifferling für das A4-Projekt gegeben haben. Aus der Industrie, vom Generalstab und natürlich die Goldfasane. Plötzlich wird ihnen das Riesenspielzeug Spaß machen.»

Vision Verlag Berlin 1991
ISBN 3-92878-00-4